高等院校经济管理类系列教材

U0368980

管理会计(微课版)

张荷玲　麦琳娜　吴珊珊　主　编
欧阳娜　副主编

清华大学出版社
北　京

内 容 简 介

　　管理会计是一门专注于为组织内部管理并提供决策和规划依据的会计学科，其注重为组织内部管理层提供成本计算、预算编制、绩效评估、投资分析等方面的信息，以帮助管理层制定决策、规划和控制组织的运营。本书主要介绍管理会计基础理论与方法(包括总论、成本性态分析和变动成本法、本量利分析等)、管理会计职能(包括预测、决策、预算、控制和考核与评价等)和管理会计新领域(包括作业成本会计、战略管理会计等)。

　　本书层次清晰，逻辑严谨，主线突出，针对性强，注重岗位技能与实践能力的培养，使学生能够熟悉相关的基础知识、基本理论，并掌握管理会计的基本技能。为方便教学，本书配有课后习题答案和扩展学习资料，读者可扫描书中或前言末尾左侧二维码学习或下载；针对教师，本书另赠 PPT 课件，教师可扫描前言末尾右侧二维码获取。

　　本书可作为高等院校会计学、财务管理和审计学等专业的教材，也可作为其他经济管理类专业学生进一步学习管理会计知识的参考资料。

图书在版编目(CIP)数据

　　管理会计：微课版 / 张荷玲，麦琳娜，吴珊珊主编. --北京 : 清华大学出版社，2025. 3.
(高等院校经济管理类系列教材). -- ISBN 978-7-302-68195-3

　　Ⅰ. F234.3

　　中国国家版本馆 CIP 数据核字第 20256C9R28 号

责任编辑：桑任松
装帧设计：李　坤
责任校对：吕春苗
责任印制：丛怀宇
出版发行：清华大学出版社
　　　　　　网　　　址：https://www.tup.com.cn, https://www.wqxuetang.com
　　　　　　地　　　址：北京清华大学学研大厦 A 座　　　　邮　　编：100084
　　　　　　社 总 机：010-83470000　　　　　　　　　　　邮　　购：010-62786544
　　　　　　投稿与读者服务：010-62776969, c-service@tup.tsinghua.edu.cn
　　　　　　质量反馈：010-62772015, zhiliang@tup.tsinghua.edu.cn
　　　　　　课件下载：https://www.tup.com.cn, 010-62791865
印 装 者：小森印刷霸州有限公司
经　　销：全国新华书店
开　　本：185mm×260mm　　　**印　张：**18.25　　　**字　数：**444 千字
版　　次：2025 年 3 月第 1 版　　　　　　　　　　**印　次：**2025 年 3 月第 1 次印刷
定　　价：55.00 元

产品编号：106327-01

前　言

随着中国社会进入新时代，管理会计的功能作用变得尤其重要。根据 2014 年 10 月我国财政部发布的《关于全面推进管理会计体系建设的指导意见》(以下简称《指导意见》)，明确了管理会计体系建设的指导思想和基本原则，提出了管理会计体系建设的总目标，并围绕该目标部署了相应的任务、具体措施和工作要求。以该《指导意见》为指导，2016 年财政部制定并发布了《管理会计基本指引》，将管理会计的普遍规律上升为标准，同时，财政部开始建设管理会计案例库，并积极推动管理会计咨询专家机制的建立。2017 年以来，财政部分批发布一系列《管理会计应用指引》。2021 年年底，财政部印发《会计改革与发展"十四五"规划纲要》(以下简称《纲要》)，《纲要》指出，推动会计职能对内拓展要加强对企业管理会计应用的政策指导、经验总结和应用推广，推进管理会计在加速完善中国特色现代企业制度、促进企业有效实施经营战略、提高管理水平和经济效益等方面发挥积极作用。2022 年，财政部发布《全面深化管理会计应用　积极推动会计职能拓展》，进一步强调要聚焦管理会计应用，深入推进管理会计理论创新，加强管理会计人才队伍建设，全面提高我国管理会计体系建设质量。

当前，企业财务职能的转换与变革已势不可挡，财务不仅需要从传统的"核算服务型"向"管理支持型"转变，同时，随着大数据和"互联网+"的高速发展，财务与业务之间的深度融合使得管理会计的价值管理达到了新的高度。企业迫切需要引入全面的管理会计理念，建立健全的管理会计体系，并结合社会实践提高其运用效率。企业急需培养具备通用能力、专业能力、业务能力的财会复合型人才，以应对企业财务管理转型的挑战，解决在管理会计实践中出现的问题，推动中国企业的财务管理转型和整体管理水平的提升。这对高校的财会人才培养提出了更高的要求。

本书内容共分为十二章，具体包括总论、成本性态分析和变动成本法、本量利分析、预测分析、短期经营决策、长期投资决策、全面预算、标准成本控制、存货控制、考核与评价、作业成本会计和战略管理会计等。全书内容设计循序渐进，先讲解相关基础知识，再介绍管理会计方法的应用，最后探讨知识新领域(作业成本会计和战略管理会计)。

本书内容新颖，紧跟时代要求和教学需求，坚持理论联系实际的原则，在基本理论、方法与技能的基础上，辅以实践案例进行讲解，以使学生能够牢固掌握知识技能，并最终能够学以致用。

本书由张荷玲、麦琳娜、吴珊珊担任主编，由欧阳娜担任副主编。本书主编人员拥有丰富的"管理会计"课程教学经验，并常年指导校企合作、学生实践工作，具有丰富的理

论知识和实践经验。在本书编写过程中，不仅遵循最新有关政策规定，还结合同类优质教材的特点进行反复打磨，力求编写出一本真正适合当下教学需求的优秀教材。

由于编者水平有限，书中难免存在疏漏及不当之处，敬请读者批评、指正。

编　者

读者资源下载

教师资源服务

目　　录

第一章

总　　论

【学习要点及目标】

- 熟练掌握管理会计的定义及相关基本理论。
- 了解管理会计的产生和发展。
- 理解管理会计与财务会计的关系。
- 掌握管理会计师的职业道德要求。

【核心概念】

管理会计　预测　决策　规划　控制　评价

【引导案例】 认识管理会计

第一节　管理会计的定义

关于管理会计(management accounting)的定义，国内外会计学界尚未达成共识。有学者认为管理会计就是预测、决策会计，也有学者认为管理会计是为企业内部管理人员提供决策信息的内部会计。

一、国外会计学界对管理会计定义的观点

国外会计学界对管理会计的定义先后经历了两个阶段，即狭义管理会计阶段和广义管理会计阶段。

(一)狭义管理会计阶段

20 世纪 20—70 年代，国外会计学界一直从狭义上定义管理会计，认为管理会计只是为企业内部管理者提供计划与控制所需信息的内部会计。

1958 年，美国会计学会管理会计委员会对管理会计作了如下定义：管理会计就是运用适当的技术和概念，处理企业历史的和计划的经济信息，以帮助管理人员制订合理的、能够实现经营目标的计划，以及为达到各项目标所进行的决策。管理会计包含进行有效计划的制订、替代方案的选择、对业绩的评价以及控制等所需的各种方法和概念。另外，管理会计研究还包括经营管理者根据特殊调查取得的信息以及与决策的日常工作有关的会计信息的收集、综合、分析和报告的方法。

1966 年，美国会计学会出版的《基本会计理论》认为：所谓管理会计，就是运用适当的技术和概念，对经济主体的实际经济数据和预计经济数据进行处理，以帮助管理人员制定合理的经济目标，并为实现该目标而进行合理决策。

1982 年，美国学者罗伯特(Robert)在《现代管理会计》一书中对管理会计作出了如下定义：管理会计是一种收集、分类、总结、分析和报告信息的系统，它有助于管理者进行决策和控制。

综合上述定义，狭义管理会计的核心内容为：①管理会计以企业为主体开展其管理活动；②管理会计是为企业管理者的管理目标服务的；③管理会计是一个信息系统，作为会计学的分支，其地位和财务会计并立。

(二)广义管理会计阶段

20 世纪 70 年代，国外会计学界对管理会计的定义出现了新的变化，扩大了管理会计的

外延，由此出现了广义的管理会计概念。

1981 年，美国管理会计师协会(Institute of Management Accountants，IMA)在管理会计公告中，将管理会计定义为："向管理当局提供用于企业内部计划、评价、控制以及确保企业资源的合理使用和经管责任的履行所需财务信息的确认、计量、归集、分析、编报、解释和传递的过程。"

1982 年，英国成本与管理会计师协会进一步把管理会计的范围扩大到除审计以外的会计的各个组成部分。管理会计是对管理当局提供所需信息的那一部分会计工作，使管理当局得以：①制定方针政策；②进行计划和控制；③保护财产的安全；④向企业外部人员反映财务状况；⑤向职工反映财务状况；⑥对各个行动的备选方案做出决策。

1988 年 4 月，国际会计师联合会(International Federation of Accountants，IFAC)的常设分会"财务和管理会计委员会"将管理会计定义为："管理会计是指在一个组织内部，对管理当局用于规划、评价和控制的信息(财务的和经营的)进行确认、计量、积累、分析、编报、解释和传输的过程，以确保其资源的利用并对它们承担经营责任。"

2008 年，IMA 将管理会计定义为："管理会计是一种参与企业的决策、计划和业绩管理系统的职业，以财务报告形式提供专业知识以帮助管理当局制定和实施组织的战略。"

综合上述定义，广义管理会计的核心内容包括以下几方面。

(1) 以企业为主体开展活动。

(2) 既为企业管理当局服务，又为外部非管理集团服务。

(3) 是一个信息系统，它提供解释实际和计划所需的货币和非货币信息。

(4) 从内容上看，既包括财务会计，又包括成本会计和财务管理。

二、国内会计学界对管理会计定义的观点

20 世纪 70 年代末 80 年代初，西方管理会计理论被介绍到中国。在国内，对于管理会计的定义存在不同的观点。

(一)边缘学科论

这种观点产生于西方管理会计理论被介绍到中国的初期，其认为管理会计是从传统的、单一的会计系统中分离出来的、与财务会计并列的独立学科，是一门新兴的综合性的边缘学科。

(二)学科融合论

余绪缨教授(1999)认为，现代管理会计是一门新兴的将现代化管理与会计融为一体的综合性交叉学科，是为企业的各级管理人员提供管理信息的会计事务，是企业管理信息系统的一个子系统。

(三)信息系统论

李天民教授(1995)认为，管理会计主要是通过一系列专门方法，利用财务会计提供的资

料及其他有关资料进行整理、计算、对比和分析，使企业各级管理人员能据此对日常发生的一切经济活动进行规划与控制，并帮助企业领导做出各种决策的一整套信息处理系统。

(四)会计分支论

汪家佑教授(1987)认为，管理会计是西方企业为了加强内部经营管理、实现最大利润，灵活运用多种多样的方式方法，收集、加工和阐明管理当局合理地计划和有效地控制经济过程所需的信息，围绕成本、利润、资本三个中心，分析过去、控制现在、规划未来的一个会计分支。

温坤教授(1989)认为，管理会计是企业会计的一个分支，它运用一系列专门方法，收集、分类、汇总、分析和报告各种经济信息，借以进行预测和决策，制订计划，对经营业务进行控制，并对业绩进行评价，以保证企业改善经营管理，提高经济效益。

吴大军教授(2012)认为，管理会计是在当代市场经济条件下，以强化企业内部经营管理、实现最佳经济效益为目的，通过对财务等信息的深加工和再利用，履行对经济过程进行预测、决策、规划、控制、责任考核评价等职能的一个会计分支。

可见，随着管理会计在经济社会中的地位和作用逐渐提升，管理会计的定义范畴也越来越深刻和广泛，其与管理、效益、创造价值等领域的关系也日益密切。

三、财政部对管理会计的定义

2014 年 10 月 27 日，中华人民共和国财政部印发的《关于全面推进管理会计体系建设的指导意见》认为：管理会计是会计的重要分支，主要服务于单位(包括企业和行政事业单位)内部管理需要，是通过利用相关信息，有机融合财务与业务活动，在单位规划、决策、控制和评价等方面发挥重要作用的管理活动。这一定义从广义上强调了管理会计的本质和应用。

结合管理会计的职能，本书认为：管理会计是符合当代市场经济条件的价值管理活动，它运用一系列专门的方式方法，通过对财务及其他价值链信息的深加工和再利用，实现对经济过程的预测、决策、规划、控制、责任考核评价等职能，为管理和决策提供信息，并参与企业经营管理。

正确研究和理解管理会计应注意以下四点。

(1) 从属性来看，管理会计属于企业会计的一个分支，但在加工、利用信息时不仅仅局限于财务信息。

(2) 从范围来看，管理会计既为企业管理当局的管理目标服务，同时也为股东、债权人、规章制度制定机构甚至国家行政机构等非管理集团服务。也就是说，其研究范围并不局限于企业，从目前看大有扩大研究范围的倾向。

(3) 从内容来看，管理会计既要研究传统管理会计所要研究的问题，也要研究管理会计的新领域、新方法，并且应把成本管理纳入管理会计研究的领域。

(4) 从目的来看，管理会计要运用一系列专门的方式方法，通过确认、计量、归集、分析、编制与解释、传递等一系列工作，为管理和决策提供信息，并参与企业经营管理，以达到提高经济效益、提升企业价值的目的。

第二节　管理会计的形成和发展

一、管理会计的历史沿革

管理会计的形成和发展受社会经济及经济理论的双重影响，一方面，社会经济的实际发展要求加强企业管理；另一方面，经济理论的形成又使这种要求得以实现。

管理会计的起源可追溯到 19 世纪早期企业管理层对内部计量的运用，经历了近两个世纪的发展，管理会计在社会经济中的地位越来越重要，依据其特性和作用，可把管理会计的发展划分为三个阶段。

(一)以成本控制为基本特征的管理会计阶段——传统管理会计阶段

19 世纪初期至 20 世纪 50 年代。19 世纪初，工业革命促使英国的企业生产规模迅速扩大，合伙经营、股份公司等企业组织形式相继出现，企业的所有者逐渐将企业经营权委托给专门的管理阶层，为适应所有权与经营权的分离，满足各有关方面如股东、债权人、经营者等对公司财务状况和经营成果的关心，公司需要编制会计报表，于是形成了从填制和审核凭证、登记账簿到编制会计报表的近代会计。20 世纪初，随着社会化大生产程度的提高和生产规模的日益扩大，企业之间的竞争开始激烈起来，企业的所有者和经营者都意识到企业的生存和发展并不仅仅取决于产量的增长，更重要的是取决于成本的高低，因此开始要求将成本的形成、累积和结转并入复式记账体系，实现成本会计与财务会计的结合。这促进了成本计算的系统化、科学化发展，于是，1920 年成本会计产生。

20 世纪初期，科学管理学说的产生促进了管理会计的萌芽。哈里森(G.C.Harrison)运用其原理，主张将科学管理方法、标准成本与会计结合起来，建立包括标准成本、预算控制和差异分析在内的标准成本会计系统，将严密的事前计算引入会计体系，实现事前计算、事中控制和事后分析的结合，完成会计与管理的融合。这为提高企业的效率起了很大的作用，于是形成了以成本控制为基本特征的管理会计，即传统管理会计阶段。

(二)以预测、决策为基本特征的管理会计阶段——现代管理会计阶段

20 世纪 50 年代至 80 年代。第二次世界大战之后，"经营的重心在管理，管理的重心在决策"成为企业管理新的指导方针。全局性的、以决策会计为主体、为全面提高企业生产经济效益服务的现代管理会计诞生了。1952 年国际会计师联合会正式通过"管理会计"作为专业术语的决议，标志着会计正式划分为"财务会计"和"管理会计"两大领域。财务会计侧重为外部的报表使用者提供信息，而管理会计则侧重为管理当局提供经营决策所需的相关信息。

在这个阶段，管理会计体系得以逐步建立和完善。其基本框架包括决策与计划会计(decision and plan accounting)和执行会计(executive accounting)两个部分。决策以经营决策经济效益的分析评价为核心，计划则是对经营决策选定的有关方案的数量表现进行加工和汇总，执行则是以责任会计为核心，着重于经营活动进程和效果的评价和控制，使生产经营

活动沿着计划预定的轨道卓有成效地进行。

(三)战略管理会计的产生与发展——管理会计新发展

进入 20 世纪 80 年代以后，企业经营环境发生了剧烈的变化，世界成为一个紧密联系的大市场，企业面临着越来越激烈的市场竞争。而随着经济的发展、社会的进步，顾客在需求方面更挑剔，希望以较低的成本获得高质量的产品和服务。企业为适应市场竞争的需要，在生产方式上进行了重大变革，从而使企业的计划和控制的重点发生了转变。

决策性管理会计，注重提供以直接人工为基础的成本信息，因此难以适应高科技和自动化条件下的制造环境变化，提供的总是被误导的信息，而忽视了企业的长期发展和外部环境。因此，管理会计面临创新的要求，由此产生了面向战略管理的新的成本和管理及业绩评价方法，即战略管理会计(strategic management accounting)。

二、管理会计在我国的发展

我国对管理会计的研究和应用起步较晚，开始于 20 世纪 70 年代末 80 年代初。时至今日，我国的管理会计无论是在理论上还是在实践上都取得了较大的发展。

(一)理论研究方面

1978 年改革开放以后，我国学术界对西方管理会计进行了大量的引进、消化和吸收工作，出版了大量的相关教材。1979 年，机械工业部组织翻译出版了第一部《管理会计》，高校、会计师资格和管理人员培训班也开设了"管理会计"课程，管理会计在我国开始普及、推广和发展。

20 世纪 80 年代初、中期，学术界就管理会计在我国的应用意义展开广泛讨论，管理会计教材的内容和体系也日趋成熟和完善，并就有关论题进行国际交流。国家有关部门委托国内著名专家教授编写的分别用于各种类型财经院校教学的两部《管理会计》教材于 1982 年前后与读者见面；之后，又大量出版了有关管理会计的普及性读物；财政部、国家教委先后在厦门大学、上海财经学院(今上海财经大学)和大连工学院(今大连理工大学)等院校举办全国性的管理会计师资格培训班和有关讲座，聘请外国学者来华主讲"管理会计"课程。

20 世纪 90 年代以来，管理会计的理论研究空前繁荣，实现了与多学科的交叉和融合，无论是广度上还是深度上都进入了一个全新的阶段，解决了在管理会计研究和运用过程中一些认识上的误区，从而有效地指导企业管理实践活动。特别是 1993 年财务会计管理体制转轨变型，会计界开始走上与国际惯例接轨的正确道路，为管理会计在中国的发展创造了新的契机。

2014 年 1 月 28 日中华人民共和国财政部印发《财政部关于全面推进管理会计体系建设的指导意见(征求意见稿)》。在 2014 年 2 月 20 日召开的中国总会计师协会第五次全国会员代表大会上，时任财政部部长的楼继伟指出打造中国会计工作"升级版"的重点就在于大力培育和发展管理会计。

目前，我国会计工作改革正在按照市场经济要求，全力推进管理会计体系建设，构建中国特色管理会计理论体系，加强管理会计人才培养和管理会计信息化建设。

(二)实际应用方面

改革开放以来，我国企业在建立、完善和深化各种形式经济责任制的同时，将厂内经济核算制纳入经济责任制，形成了以企业内部经济责任制为基础的具有中国特色的责任会计模式。比如：鞍钢的班组经济核算、首钢的全面内部经济责任制度在当时受到广泛的关注。许多大中型企业尝试采用了管理会计的一些方法后，在改进经营管理和提高效益方面，收到了一定的效果。成本控制渗透到各个环节，一些企业结合国情，推行了成本目标管理、价值工程和产品质量成本管理，形成了具有中国特色的标准成本制度。20世纪90年代后邯钢实行的"模拟市场，成本否决"引起了国内外的普遍关注，有人说邯钢经验是美国的"泰罗制"，邯钢的"成本否决"就是"泰罗制"的标准成本制度；也有人说邯钢经验完全称得上是战略管理会计运用的范例，是管理会计在我国应用的成功典范。

很多事实证明，我国管理会计已逐步从数量、定额管理过渡到成本、价值的管理，从项目、部门管理演变为全面管理、战略管理。随着理论研究的拓展和实践经验的积累，现代财务会计、财务管理、管理会计呈现出日趋融合之态势，管理者的目光已从过去转向现在和未来，开始用全局的观点、战略的眼光进行财务活动管理。管理会计的发展对于指导和改进我国经营管理、提高宏观经济效益发挥了积极作用。

三、会计转型和管理会计的发展方向

(一)会计转型

我国正处于经济转型时期，企业的内外部环境正在倒逼企业寻找更为有效的财务模式，企业财务组织需要成为衔接公司战略、运营与绩效的桥梁，开展公司整体资源配置，并进行准确衡量、全程控制和监督，以确保企业价值链的可持续发展，提升企业的综合竞争力。而这些要求正是管理会计服务的宗旨和致力追求的目标，管理会计是实施财务转型升级的重要工具。

当前，财务管理人员创造价值的战场已经转移，战略决策支持和运营过程管理与控制才是最能产生价值的领域，财务人员应从传统的会计核算角色进入管理会计创造价值角色。

财务转型最核心的是财务人员的转型，当前企业面临大量管理会计人才培养的需求。我国目前的大学财务教育仍处在重视会计的合规和交易处理上，对于面临转型或正在转型的企业来说，培养符合以上要求的高素质人才是目前的主要瓶颈，管理会计人才队伍建设显得尤为迫切。建立卓越绩效的管理会计团队，需要开阔的视野、出色的业务能力和强大的沟通协调能力，在价值创造和业务协作过程中不断发挥财务影响力，不断加强专业技能的深度和综合管理能力的广度，唯有如此，财务组织才能深入参与企业战略与运营等多个层面的工作。

(二)管理会计的发展方向

现代管理会计具有系统化、规范化、职业化、社会化和国际化的发展趋势，主要表现在以下几个方面。

(1) 设计和创新以管理会计为主导的企业管控系统，保证以企业价值创造为核心整合企业的各层级、各单位、各成员。

高速发展的社会经济和高科技信息技术使得企业传统的管理理念和经营方式发生了改变，从而影响传统管理会计的运行模式，迫使其做出变化，以此适应现代化企业的发展模式。管理会计的应用推广、引进融合、创新突破会在不同企业表现出来，但要实现这些必须以创新突破为主流。

(2) 从价值链入手，逐步建立规范的财务和非财务指标评价体系。

未来的管理会计将从价值链分析着手，将财务信息(如投资报酬率、剩余收益、经济增值额等)和非财务信息(如物流信息、生产过程质量周期控制、产品质量水平、市场占有率、顾客满意度等)结合起来，朝着综合评价方向发展。

(3) 管理会计将由制造业向非制造业扩张。

行政事业单位应用管理会计势在必行，行政事业单位将设置总会计师，总会计师的地位将得到提高。

(4) 管理会计文化与中国特色相结合的研究将日益重要。

将中国的管理会计与美国的管理会计相比较，无论是作业成本法还是平衡计分卡等，方法、手段都差不多，但应用的效果却不一样，一些方法应用到中国企业身上效果就不明显，这是由于文化氛围不同，在我国，一些企业的管理文化还没跟上。普及管理文化并将其与中国特色相结合将有利于管理会计的社会化。

(5) 世界经济一体化趋势促进形成国际化的管理会计。

当代世界经济呈现出一体化趋势，由于各国资金市场利率、通货膨胀率有所区别，造成各国货币的兑换汇率均有所差别，进而导致不同国家筹资、投资等经营风险存在差异，这就要求管理会计在提高国际企业整体效应和战略地位、协调国际企业间的生产经营、确保资源的合理配置以及投资效益等方面做出决策支持。因此，管理会计的目标应向更宽、更深层次领域扩展，形成一个新领域的国际管理会计。

(6) 管理会计的学术研究将呈现产学研结合的新趋势。

在学术研究领域，一方面，管理会计研究的目的是解释与预测管理会计现象，指导实践发展，为教育提供素材；另一方面，管理会计研究的方法体系包括学术研究方法和实务应用方法，现在以及未来搞研究的不仅仅是高校，企业也要搞研究，只是研究的内容不一样，未来管理会计学术研究的趋势必然是产、学、研的结合。

第三节　管理会计的基本理论

一、管理会计的基本假设

管理会计的基本假设是指为实现管理会计目标、合理界定管理会计工作的范围、统一管理会计操作方法和程序、满足信息搜集与处理的要求，而从纷繁复杂的现代企业环境中抽象概括出来的，组织管理会计工作不可缺少的一系列前提条件。

(一)多重主体假设

多重主体假设也称会计主体分层假设。由于管理会计主要是向内部管理者提供有用决策信息的内部会计，无须遵循公认的会计准则，因而管理会计的主体具有多重性。根据企业内部不同的管理需要，管理会计的主体可以是整个企业，也可以是企业内部各个责任层次的责任单位。比如网络的兴起与迅速发展，使"无实体公司"可以根据业务需要，在短时间内把若干个体通过网络连接起来一同工作，一旦业务完成即告解散；有些上市公司拥有多个子公司，而每个子公司又有许多关联企业、联营公司等。在这些情况下，管理会计主体的空间范围可以有不同的界定：可以是企业内部的各个责任单位；可以是单个企业整体；也可以是几个个体的联合体，如"无实体公司"及母子公司等。

(二)理性行为假设

管理会计对主体所进行的预测、决策分析，是基于主体的决策者是理性人这一前提的。决策者的理性要求他在选择方案时以企业利益最大化为标准，从客观现实出发，自觉按照科学的程序与方法办事。如果没有这一标准，管理会计所进行的任何分析都是没有意义的。

(三)合理预期假设

合理预期假设也称会计分期假设。管理会计的分期假设具有很大的弹性，可以根据企业内部经营管理的实际需要，灵活地进行分期，短到一天、一周或一季，长到十年、二十年，而不必局限于财务会计的按自然月、季、年来分期。因而管理会计分期假设具有很大的灵活性。

(四)充分占有信息假设

充分占有信息假设是基于信息搜集及处理的角度提出的：一方面，管理会计采用多种计量单位，不仅充分占有和处理相关企业内部、外部的价值量信息，而且还占有和处理其他非价值量信息；另一方面，管理会计所占有的各种信息在总量上能够充分满足现代信息处理技术的要求。

二、管理会计的目标

管理会计的目标是指管理会计工作所要达到的目的。管理会计是通过适应加强企业内部经营管理、提高企业竞争力的需要而产生和发展起来的，因此，管理会计的最终目标应设定为在满足社会需求的基础上实现价值的最大增值，提高企业的经济效益。

(一)管理会计的最终目标

管理会计作为企业决策支持系统，其最终目标与企业目标是一致的。随着社会经济知识化、智能化、全球化、网络化、竞争化等特点的体现，传统管理会计目标也进行了重新定位。

1. 工业经济时代管理会计的最终目标——企业利润最大化

工业经济时代，企业的生存发展取决于企业的财力资源和物力资源，企业追求的是生产规模、产量、产值、利润等，而智力因素、环境因素等往往被企业所忽视，企业管理会计工作也紧紧围绕着如何为企业创造丰厚的物质财富而进行，因此企业利润最大化成为工业经济时代管理会计的最终目标。

2. 知识经济时代管理会计的最终目标——企业价值最大化

知识经济使全球经济一体化，企业面临更加激烈的竞争，这些竞争已经不再单纯地表现在产量、质量、利润方面，更激烈的是市场竞争、知识竞争、人才竞争、风险管理竞争，竞争的加剧迫使企业更加注重知识创新和竞争力培植，以保持企业持续发展。因此，知识经济时代管理会计的最终目标应定位于企业价值最大化，并且企业价值最大化最终要通过顾客价值最大化来体现。

企业价值最大化的基本思想是将企业长期稳定发展的目标摆在首位，看似简单，实际却包含着丰富的内涵，具体如下。

(1) 强调风险与报酬均衡，将风险控制在企业可承担的范围内。

(2) 既要增量又要质变，加强企业核心竞争力培育，提升企业形象，增强竞争力，保持长期稳定发展。

(3) 顾客价值最大化。企业要想成功并不断地繁荣发展，必须设计提供消费者满意的产品服务，建立高效销售渠道，快速地将产品服务提供给消费者，从而提高顾客满意度、忠诚度，用顾客价值最大化换取企业价值持久化。

(4) 重视社会责任关系。经济的发展不能以牺牲生态环境为代价，社会效益和企业自身发展应协调统一，将企业价值最大化作为管理会计的战略目标，体现出的应该是企业经济效益与社会效益、短期利益与长期利益的统一。

(二)分级目标

为实现提高经济效益的最终目标，管理会计应实现以下两个分目标：一是为管理和决策提供信息；二是参与企业的经营管理。

三、管理会计的内容与职能

(一)管理会计的内容

管理会计主要为企业强化内部管理服务，管理当局需要什么信息，管理会计就应想方设法及时提供并参与，而且可以不拘一格地采用各式各样的方法和技术进行计算、对比、分析和论证，没有任何强制性。管理会计是为企业管理服务的，而企业管理诸职能中最关键的是"规划"和"控制"。因此，管理会计的基本内容不能脱离"规划"和"控制"这两个方面。若再把这两方面的重点提炼出来，就成为"规划与决策会计"和"控制与业绩评价会计"两大部分。

1. 规划与决策会计

"规划与决策会计"是为企业管理中的预测前景、参与决策和规划未来服务的。它首先是利用财务会计提供的资料和其他有关信息，在调查研究和判断情况的基础上，对企业在计划期间的各项重要经济指标(包括盈亏平衡点、利润、销量、成本和资金等)进行科学的预测分析，并对经营、投资等一次性的重要经济问题进行决策分析。然后把通过预测和决策所确定的目标和任务，用数量和表格的形式加以协调、汇总，编成企业在一定期间内的全面预算。再按照经济责任制的要求，把全面预算的综合指标层层分解，形成各个责任单位的责任预算，进而以此规划和把握未来的经济活动。总之，"规划与决策会计"可以保证企业的各项有限资源能得到最合理、最优化的配置和使用，以便企业获得最佳经济效益和社会效益。

2. 控制与业绩评价会计

"控制与业绩评价会计"是管理会计中的一个重要内容，它专注于分析企业过去的业绩，并据此对当前与未来的经济活动进行控制与评价。它首先是通过制定控制制度和开展价值工程活动，以及按照预算规定的指标，对即将发生和已经发生的经济活动进行调节和控制。其次是利用标准成本制度结合变动成本法，对日常发生的各项经济活动进行追踪、收集和计算。然后根据经济责任制的要求，由各责任单位编制一定期间内的业绩报告。最后通过对报告中的实际数与预算数的差异进行分析和研究，来评价和考核各个责任单位的实绩和成果，并根据行为科学的激励理论分别确定其应承担的经济责任和应接受的奖惩，同时把发现的重要问题立即反馈给有关部门，让其能迅速采取有效措施，及时加以解决。总之，"控制与业绩评价会计"可以保证企业的各项经济活动按预定的目标进行，合理分配利润，并充分调动全体职工的积极性和创造性，鼓励其为实现企业的总目标而奋斗。

(二)管理会计的职能

管理会计的职能作用，从财务会计单纯的核算(记录、反映)扩展到把解析过去、控制现在和筹划未来有机地结合起来。解析过去是由财务会计来完成的。现代管理会计解析过去主要是对财务会计所提供的资料做进一步的加工、改制和延伸，使之更好地适应筹划未来和控制现在的需要。管理会计的职能包括预测、决策、规划、控制、评价。

(1) 预测职能：对未来的经济状况作出预测，以利于决策。

(2) 决策职能：根据对未来的预测进行经营决策和长期决策。

(3) 规划职能：根据决策制订详细的执行规划。

(4) 控制职能：根据规划职能所确定的各项目标，对预期可能发生的和实际已经发生的各种有关信息进行收集、比较和分析，以便在事前和日常中对各项经济活动进行调节、控制，保证既定目标的实现。

(5) 评价职能：根据各级责任单位所编制的业绩报告，将实际数与预算数进行对比、分析，以此评价和考核各个责任单位履行经管责任的情况，以便进行奖罚，保证经济责任制的贯彻执行。

第四节　管理会计和财务会计的关系

现代企业会计由财务会计与管理会计两个子系统构成，管理会计是从财务会计中派生出来的，它们之间既有联系也有区别，彼此相互渗透、相互补充。

一、管理会计与财务会计的联系

(一)同属于现代会计

管理会计与财务会计源于同一母体，共同构成了现代企业会计系统的有机整体。两者相互依存、相互制约、相互补充。

(二)最终目标相同

管理会计与财务会计所处的工作环境相同，共同为实现企业管理目标服务。

(三)相互分享部分信息

管理会计所需的许多资料都来源于财务会计系统，其主要工作内容是对财务会计信息进行深加工和再利用，因而受到财务会计工作质量的约束。同时部分管理会计信息有时也会列入对外公开发表的范围。

(四)财务会计的改革有助于管理会计的发展

目前我国正处于经济转型期，经济转型带来了财务会计模式的转型与改革，会计不仅重视"核算"功能，今后将更加重视"监督"功能的发挥，这将极大地推动管理会计的发展。

二、管理会计与财务会计的区别

(一)会计主体不同

管理会计主要以企业内部各层次的责任单位为主体，更突出以人为中心的行为管理，同时兼顾企业主体；而财务会计往往只以整个企业为工作主体。

(二)具体工作目标不同

管理会计作为企业会计的内部管理系统，其工作侧重点主要是为企业内部管理服务；财务会计工作的侧重点在于为企业外部和内部的利益相关者提供会计信息服务。

(三)基本职能不同

管理会计主要履行预测、决策、规划、控制和考核的职能，属于"经营型会计"；财务会计履行反映、报告企业经营成果和财务状况的职能，属于"报账型会计"。

(四)工作依据不同

管理会计做什么、怎么做，更多的是依据企业内部管理的需要，而不像财务会计那样受"公认会计原则"的限制和约束。

(五)方法及程序不同

管理会计使用的方法灵活多样，工作程序性较差；而财务会计在核算时往往只需运用简单的算术方法，遵循固定的会计循环程序。

(六)信息特征不同

1. 管理会计与财务会计的时间特征不同

管理会计信息跨越过去、现在和未来三个时态；而财务会计信息则大多为过去时态。

2. 管理会计与财务会计的信息载体不同

管理会计大多以没有统一格式、不固定报告日期和不对外公开的内部报告为其信息载体；财务会计在对外公开提供信息时，其载体是具有固定格式和固定报告日期的财务报表。

3. 管理会计与财务会计的信息属性不同

管理会计在向企业内部管理部门提供定量信息时，除了价值单位外，还经常使用非价值单位，此外，还可以根据部分单位的需要，提供定性的、特定的、有选择的、不强求精确计算的，以及不具有法律效用的信息；财务会计主要向企业外部利益关系集团提供以货币为主要计量单位的信息，并使这些信息满足全面性、系统性、连续性、综合性、真实性、准确性、合法性等原则和要求。

(七)体系的完善程度不同

管理会计缺乏规范性和统一性，体系尚不健全，有待进一步完善；财务会计工作具有规范性和统一性，体系相对成熟，具有通用的会计规范和统一的会计模式。

(八)观念取向不同

管理会计注重管理过程及其结果对企业内部各方面人员在心理和行为方面的影响；财务会计往往不大重视管理过程及其结果对企业职工心理和行为的影响。

第五节　管理会计职业化和管理会计师的职业道德

一、管理会计职业化

　　管理会计职业化是影响管理会计应用和发展的一个重要因素。西方发达国家管理会计职业化已经达到相当高的程度，其中的一个主要标志就是具有专门的职业组织和执业资格认证考试。一流的管理会计师必须拥有会计和管理方面的相关知识，并且具备良好技能，包括认知技能和行为技能。认知技能分为专业能力、分析和设计能力以及理解能力；行为技能分为个人技能、人际关系能力和组织关系能力。管理会计师的角色，逐渐从辅助性决策支持者转为企业管理团队的一员，成为积极地参与战略管理的商业伙伴，管理会计师通过发现企业持续改进的机会和评价稀缺资源的最佳使用方案来促进企业各种变革的展开。

　　为了确保管理会计师的知识体系适应企业管理的需要，在西方的许多国家，管理会计师已成为一种专门的职业，并有自己的职业化组织。发达国家大多有专门的管理会计师协会，如美国管理会计师协会、英国皇家特许管理会计公会(Chartered Institute of Management Accountants，CIMA)等。美国管理会计师协会成立于 1919 年，前身为美国成本会计师协会，该机构从 1986 年起开始颁布管理会计公告(Statements of Management Accounting)，并且主办《战略财务》(*Strategic Finance*)和《管理会计季刊》(*Management Accounting Quarterly*)，组织美国注册管理会计师和财务管理师认证考试并授予证书。在国际上，美国管理会计师协会作为美国反虚假财务报告委员会下属的发起人委员会(Committee of Sponsoring Organizations of the Treadway Commission，COSO)的创始成员及国际会计师联合会的主要成员，在管理会计、公司内部控制与规划、风险管理等领域均已跻身全球前沿行列。

　　美国管理会计师协会于 1972 年举行了全美第一届执业管理会计师资格考试，这是管理会计界的一项权威资格认证考试。要想取得美国注册管理会计师执业资格，就必须通过四方面考试，具体范围如下。

　　(1) 经济、财务及管理。

　　(2) 财务会计和报告。

　　(3) 管理分析与报告。

　　(4) 决策分析和信息系统。

　　英国皇家特许管理会计师协会除了组织执业资格考试外，还出版了《管理会计》和《管理会计研究》，并负责发布和修订《管理会计正式术语》。要想取得英国皇家特许管理会计师资格，必须通过管理会计、财务会计、成本会计、财务管理、管理学、公司发展战略及市场学、法律、税收、经济学、定量分析技术与信息处理技术等方面的考试。

　　目前，美国管理会计师协会和英国皇家特许管理会计师协会已进驻我国，相关考试及推广工作在不断推进，受认可度也逐步提高，会员遍布工商界、学术界、政府部门及各类非营利组织，在提升企业和机构整体绩效方面发挥了重要作用。

　　目前我国没有专门的管理会计师协会，仅在中国会计学会下设管理会计与应用专业委员会。2017 年，我国首次开展初级管理会计师证书考试。

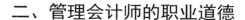

二、管理会计师的职业道德

管理会计人员在为企业管理层提供经营决策信息、实现企业价值最大化的同时，也必须遵守法律和职业道德规范。

美国管理会计师协会于 1982 年颁布的《管理会计师职业道德行为准则》，是目前世界上较为完整的关于管理会计师职业道德的规定。2005 年，美国管理会计师协会下属的管理会计师实务委员会又修订发表了公告《管理会计师职业道德准则》，主要包括以下四个方面。

(一)技能(competence)专业能力

技能专业能力包括以下几项。

(1) 不断提高自身的知识和技能，保持适当的专业技术水平。

(2) 遵守相关法律、规章和技术标准，一丝不苟地履行专业责任。

(3) 适当分析相关及可靠资料之后，编制完整而清晰的报告和提出建议。

(二)保密(confidentiality)

保密义务包括以下几项。

(1) 除法律规定外，未经核准，不得泄露工作中获得的机密信息。

(2) 向下属适当说明工作中获得的数据的机密程度，监督下属行为，恪守机密。

(3) 禁止将工作中获得的机密，经由本人或第三者用于牟取不正当的利益。

(三)廉正(integrity)、诚实正直

管理会计师有以下义务。

(1) 避免介入实际的或明显的利害冲突，并向任何可能的利害冲突者提出忠告。

(2) 不得从事道德上有害于其履行职责的活动。

(3) 拒绝收受影响或将影响其行动的任何馈赠、好处或宴请。

(4) 严禁主动或被动地破坏组织传统和道德目标的实现。

(5) 了解并沟通不利于作出职业判断，或者顺利完成职责的某些专业性限制或其他约束条件。

(6) 提供不利及有利的信息以及职业判断或意见。

(7) 不从事或支持任何有害于职业团体的活动。

(四)客观性 (objectivity)

管理会计师有以下义务。

(1) 公允而客观地沟通信息。

(2) 充分表达信息，以帮助使用者对各项报告、评论和建议形成正确的理解。

【阅读资料1-1】 为什么我们需要管理会计?

本 章 小 结

本章主要介绍了管理会计的产生和发展、管理会计相关理论及其与财务会计的关系等内容。

管理会计是管理科学和会计科学相互渗透的一门学科,它的发展经历了萌芽期、形成期、发展期等几个阶段。管理会计的主要目标是向企业内部经营决策者提供会计信息、加强企业内部经营管理、实现企业经济效益最大化。

现代会计的发展,使会计的管理职能越来越受到重视,从而使会计与管理直接结合的管理会计逐步从传统的会计中分离出来,形成了现代企业会计的两大分支——管理会计和财务会计。管理会计从传统会计中分离出来,是会计不断发展的必然结果。管理会计拓展了会计的管理职能,侧重研究企业内部未来和现在资金运动的规划与控制,它吸收了现代管理科学的一些成果。所以,管理会计是管理科学和会计科学相互渗透的一门学科。它具有预测、决策、规划、控制和考核与评价职能;它与财务会计的关系是既有区别又有联系,二者同属企业会计信息系统。管理会计的信息特征有准确性、相关性、时效性、简明性和效益性。管理会计师在履行其职责时必须遵循相应的职业道德规范。

自 测 题

一、单选题

1. 管理会计的雏形产生于(　　)。

    A. 19世纪末　　　　　　　　　　B. 20世纪上半叶

    C. 第二次世界大战之后　　　　　D. 20世纪70年代

2. 在管理会计发展史上,第一个被人们使用的管理会计术语是(　　)。

    A. 管理的会计　　　　　　　　　B. 管理会计

    C. 传统管理会计　　　　　　　　D. 现代管理会计

3. 20世纪50年代以来,管理会计进入了"以预测决策会计为主,以规划控制会计和责任会计为辅"的发展阶段,该阶段被称为(　　)。

    A. 管理会计萌芽阶段　　　　　　B. 管理会计过渡阶段

    C. 传统管理会计阶段　　　　　　D. 现代管理会计阶段

4. 在管理会计学中,将"为实现管理会计目标,合理界定管理会计工作的时空范围,统一管理会计操作方法和程序,组织管理会计工作不可缺少的前提条件"称为(　　)。

    A. 管理会计假设　　　　　　　　B. 管理会计原则

C. 管理会计术语   D. 管理会计概念

5. 下列项目中，能够规定管理会计工作对象基本活动空间的假设是( )。

    A. 多重主体假设   B. 理性行为假设

    C. 合理预期假设   D. 充分占有信息假设

6. 管理会计在核算方法上( )。

    A. 必须遵守国家规定的统一会计制度

    B. 全部采用会计的方法

    C. 只涉及初等数学

    D. 广泛应用数学法

7. 下列项目中，不属于管理会计系统能够提供的信息是( )。

    A. 不具有法律效用的信息   B. 全面精确的信息

    C. 非价值量信息   D. 定性信息

8. 管理会计的服务侧重于( )。

    A. 股东   B. 外部集团   C. 债权人   D. 企业内部的经营管理

9. 现代管理会计中占核心地位的是( )。

    A. 预测决策会计 B. 规划控制会计 C. 成本会计   D. 责任会计

10. 管理会计正式形成和发展于( )。

    A. 20 世纪初   B. 20 世纪 50 年代

    C. 20 世纪 70 年代   D. 20 世纪 80 年代

二、多选题

1. 管理会计属于( )。

    A. 现代企业会计   B. 经营型会计   C. 外部会计

    D. 报账型会计   E. 内部会计

2. 管理会计的职能包括( )。

    A. 参与经济决策   B. 控制经济过程   C. 规划经营目标

    D. 预测经济前景   E. 考核评价经营业绩

3. 下列项目中，可以作为管理会计主体的有( )。

    A. 企业整体   B. 分厂   C. 车间

    D. 班组   E. 个人

4. 下列关于管理会计的叙述，正确的有( )。

    A. 工作程序性较差   B. 可以提供未来信息

    C. 以责任单位为主体   D. 必须严格遵循公认会计原则

    E. 重视管理过程及其职工的作用

5. 现代管理会计的发展趋势可以简单地概括为( )。

    A. 系统化   B. 规范化   C. 职业化

    D. 社会化   E. 国际化

6. 下列各项中，属于管理会计基本假设的有( )。

    A. 多重主体假设   B. 理性行为假设   C. 合理预期假设

D. 充分占有信息假设　　　E. 货币计量假设

7. 管理会计与财务会计相比,有许多不同之处,如(　　)。

　　A. 会计主体不同　　　　　B. 基本职能不同　　　　　C. 依据的原则不同

　　D. 信息特征不同　　　　　E. 观念取向不同

8. 管理会计信息与财务会计信息相比,有许多不同之处,如(　　)。

　　A. 时间特征不同　　　　　B. 信息载体不同　　　　　C. 信息属性不同

　　D. 规范程度不同　　　　　E. 观念取向不同

9. 管理会计信息具有横跨过去、现在、未来三个时态的时间特征,其中能够体现未来时态特征的职能有(　　)。

　　A. 预测　　　　　　　　　B. 决策　　　　　　　　　C. 预算

　　D. 控制　　　　　　　　　E. 评价

10. 管理会计师职业团体主要从事的工作包括(　　)。

　　A. 组织纯学术研究　　　　　　B. 组织专业资格考试

　　C. 安排后续教育　　　　　　　D. 制定规范和标准

　　E. 推广管理会计方法

三、判断题

1. 管理会计是一个用于概括管理会计工作与管理会计理论的概念。　　　　　　　　(　　)

2. 现代管理会计的对象是现金流动。　　　　　　　　　　　　　　　　　　　　(　　)

3. 管理会计以帮助企业提高经济效益为核心。　　　　　　　　　　　　　　　　(　　)

4. 管理会计与财务会计具有相同的具体工作目标。　　　　　　　　　　　　　　(　　)

5. 管理会计与财务会计一样,重在反映过去。　　　　　　　　　　　　　　　　(　　)

6. 管理会计提交报告的对象一般局限于企业内部各管理层次,不负有法律责任。(　　)

7. 与财务会计相比,管理会计使用的方法更为灵活多样。　　　　　　　　　　　(　　)

8. 管理会计一般不涉及填制凭证和按复式记账法登记账。　　　　　　　　　　　(　　)

9. 管理会计必须服从会计准则。　　　　　　　　　　　　　　　　　　　　　　(　　)

10. 管理会计从传统的、单一的会计系统中分离出来,成为与财务会计并列的独立领域,它与财务会计有着明显的区别,没有内在的联系。　　　　　　　　　　　　　　(　　)

四、思考题

1. 如何理解管理会计? 简述管理会计的形成与发展。

2. 什么是管理会计的目标? 管理会计的职能是什么?

3. 管理会计的基本假设是什么?

4. 简述管理会计与财务会计的区别与联系。

第二章

成本性态分析和变动成本法

【学习要点及目标】

- 熟悉成本性态和相关范围的概念及其意义。
- 掌握固定成本、变动成本的概念、特征及其类型。
- 熟练运用成本性态分析方法。
- 掌握变动成本法和完全成本法的应用。

【核心概念】

成本性态　固定成本　变动成本　混合成本　变动成本法

【引导案例】 华达工艺制品有限公司业绩分析——完全成本法的缺点

第一节 成本性态分析

一、管理会计中的成本概念

(一)理论成本的概念

根据马克思的理论观点，$W=c+v+m$，其中：W 为商品价值；c 为生产中耗费的物化劳动的转移价值，如消耗的原材料、燃料、辅助材料等；v 为劳动者创造的价值中归劳动者个人支配的部分，即以工资形式付给劳动者的报酬；m 为剩余价值，指劳动者创造的价值中归社会支配的部分，即税收、利润等。成本价格相当于商品价值 W 中的 $c+v$，即物化劳动的转移价值和等价于劳动力价值的那部分劳动价值。这里强调的是成本的本质。

(二)财务会计的成本概念

财务会计中的成本是现实意义上的成本概念，这里突出的是成本的内容。

我国财务会计的成本概念：成本就是为生产一定数量(并达到一定质量标准)的商品所发生的全部耗费的货币表现。西方财务会计的成本概念：成本是企业为了获取某项资产或达到一定目的而做出的以货币测定的价值牺牲，成本的形成既可以通过直接牺牲一项资产来实现，也可以通过产生某项负债而导致未来付出价值牺牲的方式来实现。

(三)管理会计的成本概念

成本是指企业在生产经营过程中对象化的，以货币表现的为达到一定目的而应当或可能发生的各种经济资源的价值牺牲或代价。

成本时态可以是过去时、现在完成时(实际成本)或将来时(目标成本)，这与财务会计的历史成本概念有较大差异。

二、成本的分类

(一)成本按其核算的目标分类

按照核算目标，成本可分为业务成本、责任成本和质量成本。业务成本是为反映业务活动本身的耗费而核算的成本；责任成本是为明确有关单位的经营业绩而核算的成本；质量成本是为确保产品质量而核算的成本。

(二)成本按其实际发生的时态分类

按照实际发生的时态，成本可分为历史成本和未来成本。未来成本又包括标准成本、估算成本、计划成本和预算成本。历史成本是指前期已经发生或本期刚刚发生的成本，而未来成本是指预先测算的成本。

(三)成本按其相关性分类

按照相关性，成本可分为相关成本和无关成本。相关成本是指成本的发生与特定决策方案有关的成本。无关成本是指成本的发生与特定决策方案无关的成本。

(四)成本按其可控性分类

按照可控性，成本可分为可控成本和不可控成本。可控成本是指责任单位对其成本的发生可以在事先预计并落实责任、在事中施加影响以及在事后进行考核的成本。不可控成本是可控成本的对立概念。

(五)成本按其可辨认性分类

按照可辨认性，成本可分为直接成本和间接成本。直接成本是指那些与特定的归集对象有直接联系、能够明确判断其归宿的成本。间接成本是指那些与特定的归集对象并无直接联系或无法追踪其归宿的成本。

(六)成本按其经济用途分类

按照经济用途，成本可分为生产成本和非生产成本。生产成本是指在生产过程中发生的由产品负担的那部分费用。非生产成本是指不由产品负担，随生产经营持续期间的长短而增减，其效益随期间的推移而消逝，不能递延到下期去的费用，也称期间费用。

(七)成本按其可盘存性分类

按照可盘存性，成本可分为产品成本和期间成本。产品成本是指那些随产品实体流动而流动的成本。期间成本是指那些不随产品实体的流动而流动，而是随企业生产经营持续时间的长短而增减，其效益随期间的推移而消逝，不能递延到下期的成本。

(八)成本按其性态分类

成本按性态分类是管理会计中重要的成本分类方法，下面将详细讲解。

三、成本性态分类

成本的性态(cost behavior)，是指成本总额与产量之间的依存关系。成本性态分类是将成本表述为产量的函数，分析它们之间的依存关系，然后按照成本对产量的依存性，最终把全部成本区分为固定成本与变动成本两大类。它联系成本与产量的增减动态进行差量分析，是构成基础性管理会计的一项重要内容。在管理会计中，研究成本对产量的依存性，即从数量上具体掌握成本与产量之间的关联，具有重要意义。

按照成本与产量的依存关系，可将成本分为固定成本、变动成本和混合成本三类。

(一)固定成本

固定成本是指在一定产量范围内与产量增减变动没有直接联系的费用。其特点是：在相关范围内，成本总额不受产量增减变动的影响；但从单位产品分摊的固定成本看，它随着产量的增加而相应地减少。如厂房、机器设备的折旧等。

1. 固定成本的特点

(1) 固定成本总额的不变性，$y=a$，如图 2-1 所示。

(2) 单位固定成本反比例变动性，$y=a/x$，如图 2-2 所示。

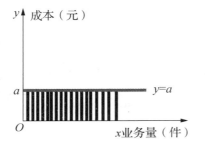

图 2-1　固定成本总额(用 a 表示)的不变性　　图 2-2　单位固定成本反比例变动性

2. 固定成本的分类(按照管理决策行动能否改变其数额)

(1) 约束性固定成本，亦称经营能力成本，是指不能通过当前的管理决策行动加以改变的固定成本。如固定资产折旧费、保险费、财产税、管理员工的工资等。这类成本属于企业"经营能力"成本，是企业为了维持一定的业务量所必须负担的最低成本。约束性固定成本在短时期内不能轻易改变，具有较强的约束性，如果刻意追求约束性固定成本的降低，可能会削减企业的生产经营能力。要降低约束性固定成本，只能从合理利用经营能力、降低单位固定成本入手。

(2) 酌量性固定成本，亦称选择性固定成本，是指通过管理当局的短期决策行为能够改变其数额的固定成本。如企业的研究开发费、广告费、职工培训费等。它是由企业管理部门按照经营方针的要求，通过确定未来某一会计期间的有关预算形式而形成的，因此，降低酌量性固定成本的有效途径就是通过方案和决策的选择降低其总额的支出，在预算时精打细算、厉行节约，在不影响生产经营能力的前提下，尽量减少其绝对额的支出。从较长的经营期间看，若经营时期较长，则这类成本支出数额的多少，可以依据企业每一会计期间的生产经营需求和财务负担能力而改变，但一经确定，一般在一个特定的预算期内保持不变。

(二)变动成本

变动成本是指在相关范围内，其成本总额随着产量的增减呈比例增减，但是从产品的单位成本看，它却不受产量变动的影响。

1. 变动成本的特点

(1) 变动成本总额具有正比例变动性，即 $y=bx$，如图 2-3 所示。

(2) 单位变动成本具有不变性，即 $y=b$，如图 2-4 所示。

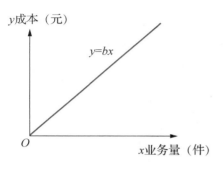

图 2-3　变动成本总额性态

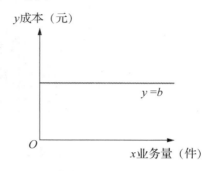

图 2-4　单位变动成本性态

2. 变动成本的分类

(1) 技术性变动成本，是指其单位成本由客观因素决定、消耗量由技术因素决定的那部分变动成本。要降低这部分成本，需要通过改进工艺、革新技术来实现。

(2) 酌量性变动成本，是指其单耗由客观因素决定，其单位成本主要受企业管理部门决策影响的那部分变动成本。要降低这部分成本，需要通过合理决策来实现。

(三)混合成本

1. 混合成本的定义

混合成本是指介于固定成本和变动成本之间，既随业务量变动又不呈正比例变化的那部分成本。混合成本兼具固定成本和变动成本的特性。

2. 混合成本的分类

(1) 阶梯式混合成本。阶梯式混合成本又称半固定成本，其特点是在一定业务量范围内成本不随业务量的变动而变动，类似固定成本，当业务量突破这一范围，成本就会跳跃上升，并在新的业务量变动范围内固定不变，直到出现另一个新的跳跃为止，如化验员、保养工、质检员、运货员的人工费等，如图 2-5 所示。

(2) 标准式混合成本。标准式混合成本又称半变动成本，它是由明显的固定和变动两部分成本组成的，如电话费、公用事业费、机器设备维修保养费等，如图 2-6 所示。

(3) 低坡式混合成本。其特点是在一定的业务量范围内其成本总额保持固定不变，一旦突破这个业务量限度，其超额部分的成本就相当于变动成本，如图 2-7 所示。

(4) 曲线式混合成本。曲线式混合成本通常有一个初始量，一般不变，相当于固定成本；在这个初始量的基础上，成本随业务量变动，但并不存在线性关系，其关系在坐标系中表现为一条抛物线。按曲线斜率的不同变动趋势，成本又可分为递减型混合成本和递增型混合成本。

① 递减型混合成本，其特点是成本的增长幅度小于业务量的增长幅度，成本的斜率随业务量的增长递减，在平面直角坐标图上表现为一条凸形曲线，如图 2-8 所示。

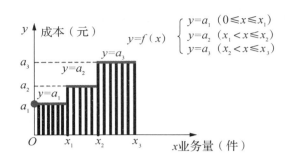

图 2-5　阶梯式混合成本性态

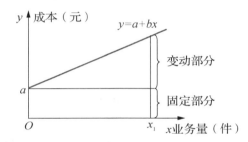

图 2-6　标准式混合成本性态

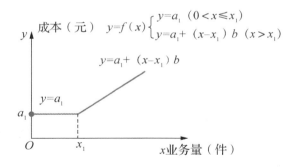

图 2-7　低坡式混合成本性态

② 递增型混合成本，其特点是成本的增长幅度随业务量的增长而呈更大幅度变化，成本的斜率呈递增趋势，在平面直角坐标图上表现为一条凹形曲线，如图 2-9 所示。

3. 混合成本分解的数学依据

成本性态分类最终要将全部成本分为变动成本和固定成本两大类，因此需要将混合成本做进一步的分解。

所谓混合成本分解，是指按照一定方法将混合成本区分为固定部分和变动部分的过程。如果用 a 表示混合成本中的固定部分，用 b 表示混合成本中变动部分的单位额，则每种类型的混合成本都可以直接或间接地用一个直线方程 $y=a+bx$ 表示，这就为成本性态分析中的混合成本分解提供了数学依据。

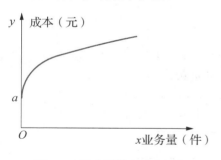

图 2-8　递减型混合成本性态

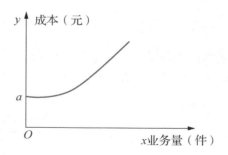

图 2-9　递增型混合成本性态

(四)固定成本与变动成本的相关范围

研究固定成本、变动成本必须考虑一定的时期和一定的业务量范围，因为不论是从较长时期看，还是从业务量的无限变动看，没有绝对不改变数额的成本，也不可能存在绝对呈正比例变动的成本。因此，研究成本性态必须充分考虑相关范围的影响，只要在相关范围内，不管时间多久、业务量增减变动幅度多大，固定成本总额的不变性和变动成本总额的正比例变动性都将存在，一旦超出这一范围，情况就会发生变化。

管理会计中，把不会改变固定成本和变动成本性态的有关期间、业务量的特定变动范围称为广义的相关范围，把业务量因素的特定变动范围称为狭义的相关范围。

1. 固定成本的相关范围

固定成本总额只有在一定时期和一定业务量范围内才是固定的，也就是说固定成本的固定性是有条件限制的，这里所说的一定范围叫作相关范围。例如，超过一定业务量，就需要增加生产设备的投资，从而导致其每月的固定折旧成本发生变化。

2. 变动成本的相关范围

在实际工作中，许多行业的变动成本总额和业务量总数之间的依存关系，同固定成本总额一样，也存在一定的"相关范围"。当产量增长到某一范围时，变动成本总额和业务量总数之间将呈现严格的、完全的线性关系，于是这个范围就称为变动成本的相关范围。超过了相关范围，变动成本也不再表现为完全的线性关系，而是非线性关系。

3. 相关范围的意义

由于固定成本和变动成本相关范围的存在，使得各项成本的性态具有相对性、暂时性和可转化性的特点，因此不应该对成本性态做绝对的理解。

四、成本性态分析原理

成本性态分析是指在明确各种成本的性态的基础上，运用一定的程序和方法，最终将全部成本区分为固定成本和变动成本两大类，并建立相应成本函数模型 $y=a+bx$ 的过程。

进行成本性态分析有以下两个思路。

(一)同步分析程序

所谓同步分析程序，是指运用一定的程序和方法，将全部成本直接区分为固定成本和变动成本两大类，并建立相应成本函数模型 $y=a+bx$ 的过程，如图 2-10 所示。

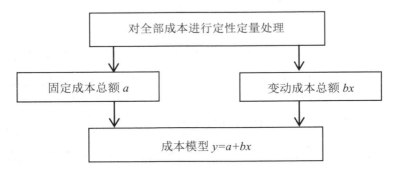

图 2-10　同步分析程序图

(二)分步分析程序

所谓分步分析程序，是指首先将全部成本区分为固定成本、变动成本和混合成本，然后运用一定的程序和方法将混合成本进一步分解为固定部分和变动部分，最后分别合并同类项，并建立相应成本函数模型 $y=a+bx$ 的过程，如图 2-11 所示。

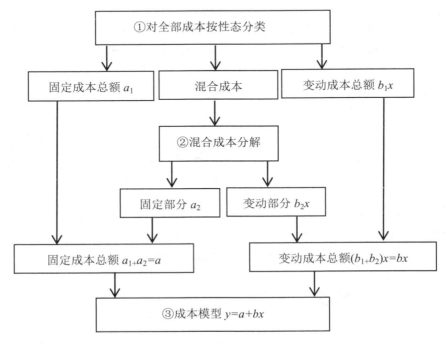

图 2-11　分步分析程序图

五、成本性态分析的方法

(一)历史成本分析法

历史成本分析法是指根据企业若干期成本与业务量的相关历史资料,运用数学方法进行数据处理,以完成成本性态分析任务的一种定量分析的方法。它包括高低点法、散布图法和回归直线法。

1. 高低点法

1) 定义

高低点法又叫两点法,是指观察一定相关范围内的各期业务量与相关成本所构成的所有坐标点,从中选出高低两点坐标,并据此来推算固定成本 a 和单位变动成本 b 的一种成本性态分析方法。

2) 高低点法的应用流程

(1) 选点,即选择高低点坐标。高低点的选择应当以业务量的高低为依据,高点坐标为(最高的业务量,同期成本),低点坐标为(最低的业务量,同期成本)。

(2) 利用公式(2.1.1)求 b 的值。

$$b = (y_{高} - y_{低}) / (x_{高} - x_{低}) \text{ 或者 } b = (y_{低} - y_{高}) / (x_{低} - x_{高}) \qquad 公式(2.1.1)$$

(3)利用公式(2.1.2)或公式(2.1.3)求 a 的值。

$$a = 高点成本 - b \times 高点业务量 = y_{高} - bx_{高} \qquad 公式(2.1.2)$$

$$a = 低点成本 - b \times 低点业务量 = y_{低} - bx_{低} \qquad 公式(2.1.3)$$

(4) 将 a 和 b 的值代入 $y = a + bx$。

需要注意的是,a、b 的经济意义取决于分析对象的内容。若分析对象是总成本,则 a 为固定成本,b 为单位变动成本;若分析对象是混合成本,则 a 为混合成本中的固定部分,b 为混合成本中变动部分的单位数额。

【例2-1】已知甲企业2018年上半年乙产品产量与某项混合成本资料如表2-1所示。

表2-1　甲企业2018年1~6月份乙产品产量及混合成本资料表

月份	1	2	3	4	5	6
产量(件)	5	4	6	7	9	8
混合成本(元)	140	120	170	190	230	235

要求:用高低点法进行混合成本分解,并建立相应的成本性态模型。

解:由题意高低点坐标分别为(9,230)、(4,120),则

$b = (230 - 120) \div (9 - 4) = 22(元/件)$

$a = 230 - 22 \times 9 = 32(元)$,或 $120 - 22 \times 4 = 32(元)$

成本性态模型为:$y = 32 + 22x$。

高低点法的优点在于简单易懂、便于操作;缺点在于在诸多的数据资料中只选择两组数据作为计算的依据,使建立起来的成本性态模型很可能不具有代表性,进而造成较大误

差。因此，这种方法适用于成本变化趋势较稳定的企业。

2. 散布图法

1) 定义

散布图法又称布点图法或目测画线法，是指将若干期业务量和成本的历史数据标注在坐标纸上，通过目测画一条尽可能接近所有坐标点的直线，并据此来推算固定成本 a 和单位变动成本 b 的一种成本性态分析方法。

2) 散布图法的应用程序

(1) 标出坐标点。

(2) 画线。

(3) 读出 a 值。

(4) 任选一点 P，确定 P 点坐标值(x_p, y_p)。

(5) 利用公式(2.1.4)求 b 的值。

$$b = (y_p - a)/x_p \qquad\qquad 公式(2.1.4)$$

(6) 将 a,b 的值代入 $y=a+bx$。

散布图如图 2-12 所示。

散布图法考虑了全部已经取得的历史成本资料，在这种意义上可以认为是对只考虑两个点的高低点法的一种改进。但是，成本直线是根据目测画出的，固定成本的数额也是在图上目测出来的，因此，不可能十分精确。采用散布图法分解成本，所得结果往往因人而异，这是其主要缺点。人们使用这种方法是因为它比较直观并且容易掌握。

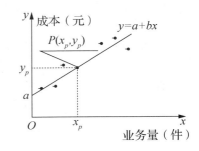

图 2-12　散布图

3. 回归直线法

1) 定义

回归直线法，也称最小二乘法，是根据一系列历史成本资料，用数学上的最小二乘法原理，计算能代表平均成本水平的直线截距和斜率，以其作为固定成本和单位变动成本的一种成本估计方法。

2) 原理

回归直线法的基本原理是：设 y 为成本，x 为产量，a 代表固定成本，b 代表单位变动成本，它们之间的关系为 $y = a + bx$。

经过计算求出 a、b 的值，然后建立半变动成本的直线方程式。

$$b = \frac{n\sum xy - \sum x \sum y}{n\sum x^2 - \left(\sum x\right)^2} \qquad\qquad 公式(2.1.5)$$

由于：

$$\sum y = na + b\sum x$$

所以：

$$a = \left(\sum y - b\sum x\right)/n \qquad\qquad 公式(2.1.6)$$

只有x与y之间基本上保持线性联系，通过回归方程来描述成本变动趋势才有意义。因此在采用这种方法之前，需要先计算半变动成本(y)与产量(x)之间的相关系数(r)，用以反映它们之间相互依存关系的密切程度。其计算公式如下：

$$r = \frac{n\sum xy - \sum x\sum y}{\sqrt{n\sum x^2 - (\sum x)^2}\sqrt{n\sum y^2 - (\sum y)^2}}$$

公式(2.1.7)

相关系数r的取值范围为-1～1，当$r = 0$，说明变量(成本与产量)之间不存在依存关系；当$r = +1$，说明变量之间有完全的正相关，也就是一个变量(成本)完全跟随另一个变量(产量)的变动而变动；当$r = -1$，说明两个变量(成本与产量)之间有完全的负相关，也就是一个变量(产量)增加或减少时，另一个变量(单位产品分摊的固定费用)却相应地减少或增加。

【例2-2】资料如例2-1。要求：用回归直线法进行混合成本分解并建立相应的成本性态模型。

解：依题意可以得到表2-2。

根据上述数据可计算得出模型

计算出b、a的值：

$b = (6 \times 74\,800 - 390 \times 1\,085) \div (6 \times 27\,100 - 390^2) = 2.44$ (元/件)

$a = (1085 - 390 \times 2.44) \div 6 = 22.23$ (元)

得出模型：$y = 22.23 + 2.44x$。

表2-2 回归直线法下的计算表

月份	产量(件)	混合成本(万元)	xy	x^2	y^2
1	50	140	7000	2500	19 600
2	40	120	4800	1600	14 400
3	60	170	10 200	3600	28 900
4	70	190	13 300	4900	38 100
5	90	230	20 700	8100	52 900
6	80	235	18 800	6400	55 225
n=6	$\sum x = 390$	$\sum y = 1085$	$\sum xy = 74\,800$	$\sum x^2 = 27\,100$	$\sum y^2 = 207\,125$

(二)工业工程法

工业工程法也称技术测定法，是指运用工业工程的研究方法，逐项研究决定成本高低的每个因素，在此基础上直接估算固定成本和单位变动成本的一种成本估计方法。

使用工业工程法估计成本的基本步骤如下。

(1) 选择需要研究的成本项目。

(2) 观察现行方法并记录全部事实，主要是投入的成本和产出的数量。

(3) 进行全面的科学分析，研究出最实用、最有效、最经济的新的工作方法。

(4) 把新的方法确定为标准的方法，并测定新方法每项投入的成本，将与产量有关的部分归集为单位变动成本，将与产量无关的部分归集为固定成本。

【例2-3】以甲企业一车间的燃料成本作为研究对象，通过观测和技术测定，寻找最佳的操作方法。该车间的燃料用于铸造工段的熔炉，具体分为点火(耗用木柴和焦炭)和熔化铁水(耗用焦炭)两项操作。通过对这两项操作进行观测和技术测定，每次点火要使用木柴 0.1 吨、焦炭 1.5 吨，熔化 1 吨铁水要使用焦炭 0.15 吨；每个工作日点火一次，全月工作 26 天，点火燃料属于固定成本；熔化铁水所用燃料与产量相联系，属变动成本。木柴每吨价格为 120 元。焦炭每吨价格为 200 元。

解：根据上述资料计算：

每日固定成本=0.1×120+1.5×200=312(元)

每月固定成本=312×26=8112(元)

每吨铸件变动成本=0.15×200=30(元)

设燃料总成本为 y，产量为 x 吨铸件。

则每月燃料总成本为：$y=8112+30x$。

工业工程法可以在没有历史成本数据、历史成本数据不可靠或者需要对历史成本分析结论进行验证的情况下使用。尤其是在建立标准成本和制定预算时，使用工业工程法比历史成本分析更加科学。这种方法可能是最完备的方法，它可以使用其他方法作为自己的工具，而其他方法都不是独立的方法，只能用于具备充分历史资料的情况或者个别的成本项目。

(三)账户分析法

账户分析法也称直接分析法，是根据各有关成本账户中成本的发生方式，首先确定变动成本、固定成本和混合成本三种形态，然后将混合成本近似地归类为变动成本或固定成本的一种分析方法。

由于每个账户所记录的成本内容不同，或者成本分解要求的准确性不同，因此这里分别采用近似分类和比例分配两种具体做法。

(1) 近似分类：根据各有关成本账户(包括明细账)的内容，结合其与产量的依存关系，判断其比较接近哪一类成本，就视其为哪一类成本，将比较接近固定成本的项目归入固定成本，将比较接近变动成本的项目归入变动成本。

(2) 比例分配：将不宜简单归入固定成本或变动成本的项目，按照一定比例分解成固定成本和变动成本两部分。

【例2-4】 甲企业某车间的 12 月成本如表 2-3 所示，要求采用账户分析法对成本进行分解。

表 2-3　甲企业某车间的 12 月成本资料

产量：5000 件

账　户	总成本(元)
原材料	12 000
直接人工	10 000
燃料、动力	5000
维修费	2000

续表

账　户	总成本(元)
间接人工	1000
折旧	10 000
行政管理费	5000
合　计	45 000

分析：

(1) 原材料和直接人工通常为变动成本。

(2) 燃料、动力费、维修费、间接人工等虽然都会随产量变动而不呈比例地变动，但由于不了解其他产量水平下的实际成本，无法对其进行成本性态分析，所以只能将其先视为变动成本。

(3) 行政管理费又具体包括许多杂项支出，其中大部分与产量没有明显的关系，但也可能会有变动的因素。基于上述同样的原因，将其视为固定成本。

根据上述分析，计算如表 2-4 所示。

可将该车间的总成本分解为"固定"和"变动"两个部分，并以直线方程 $y = a + bx$ 表示。

其中：$a = 15\,000$(元)，$b = 30\,000 \div 5000 = 6$(元/件)，即 $y = 15\,000 + 6x$。

账户分析法的优点：一是简便易行；二是如果实际总成本发生超支，还可据此进一步查明原因。但由于这种方法需要分析人员作出一定的主观判断，因而也存在一定的局限性：一是在确定成本性态时，很大程度上取决于对某一账户成本性态的主观判断；二是依赖于特定业务量水平下的一次观测值，无法反映业务量变动情况下成本相应的波动情况。克服上述弊端的最好方法就是设置多种产量水平进行成本性态分析。

表 2-4　账户分析法下的成本分解表

产量：5000 件

账　户	总成本(元)	固定成本(元)	变动成本(元)
原材料	12 000		12 000
直接人工	10 000		10 000
燃料、动力	5000		5000
维修费	2000		2000
间接人工	1000		1000
折旧	10 000	10 000	
行政管理费	5000	5000	
合　计	45 000	15 000	30 000

上述各种成本分解的方法，并不是完全独立的。不能指望使用某种方法就能解决全部成本分解问题，往往需要互相补充和印证。

工业工程法可能是最完备的方法，即可以用于研究各种成本性态，但它也不是完全独立的，在进入细节之后要使用其他技术方法作为工具。

账户分析法是一种比较粗略的分析方法，在判定某项成本的性态时还要借助契约检查法、工业工程法或历史成本分析法。

契约检查法只能用于明确规定了计费方法的项目，而许多项目并不是这样的。

高低点法、散布图法和回归直线法都属于历史成本分析的方法，它们仅限于有历史成本资料数据的情况，而新产品并没有足够的历史数据。

总之，应当把这些方法看成一个总体，根据不同的对象选择适用的方法，并尽可能用其他方法进行印证。如果使用不同的方法得出的结果有较大差距，则需要判断哪种方法更适合该对象。成本估计，实际上是一个对成本性态进行"研究"的过程，而不仅仅是一个计算过程。

【阅读资料 2-1】 成本性态分析在生产成本控制中的应用。

第二节　变动成本法

一、变动成本法和完全成本法的概念

变动成本法是指在组织常规的产品成本计算过程中，以成本性态分析为前提，只将变动生产成本作为产品成本的构成内容，而将固定生产成本及非生产成本作为期间成本，按贡献式损益确定程序计量损益的一种成本计算模式。

完全成本法是指在组织常规的成本计算过程中，以成本按其经济用途分类为前提条件，将全部生产成本作为产品成本的构成内容，只将非生产成本作为期间成本，并按传统式损益确定程序计量损益的一种成本计算模式。

从理论上讲，变动成本法概念的产生是基于管理会计与传统的财务会计对产品成本与期间成本的理解不同。变动成本法认为：只有变动生产成本才是产品成本；固定生产成本属于期间成本的一部分。具体内容如下。

(一)只有变动生产成本才是产品成本

按照管理会计的理论，产品成本必然与产品产量密切相关。在生产工艺没有发生实质性变化、成本水平不变的条件下，所产生的产品成本总额应当随着完成的产品生产业务量呈正比例变动。若没有产品这个物质承担者，就不应当有产品成本存在。因此，在变动成本法下，只有变动生产成本才是产品成本的构成内容。

(二)固定生产成本属于期间成本的一部分

在管理会计中，期间成本是指在企业生产经营过程中，那些与产品生产业务量没有直接关系、不随产品实体的流动而流动，而随企业生产经营持续期间变化而变化，必须由当期收入补偿的成本。期间成本的效益随会计期间的推移而消逝，不能递延到下期，其归属期只有一个,即在发生的当期直接转作本期费用计入利润表。因而它与产品实体流动的情况无关,不能计入期末存货成本。

按照管理会计的理论,并非在生产过程中发生的所有成本都是产品成本。例如,生产成本中折旧、管理人员工资等固定性制造费用,在相关范围内,它们的发生与各期的实际生产业务量无直接关系,它们只是定期地提供了生产能力条件。这些生产能力一旦形成,无论被利用的程度怎样,其成本一定会定期发生,因而与会计期间的联系更为密切。在这方面,它与销售费用、管理费用等定期提供维持企业经营必要条件的非生产成本一样具有时效性。换言之,在变动成本法下,固定生产成本(即固定性制造费用)与非生产成本共同构成期间成本。

二、变动成本法与完全成本法的区别

(一)应用的前提条件不同

变动成本法首先要求进行成本性态分析;完全成本法首先要求把全部成本按其发生的领域或经济用途分类。

(二)产品成本及期间成本的构成内容不同

在两种成本计算方法下,产品成本及期间成本的构成内容不同,如表 2-5 所示。

表 2-5 两种成本法下成本构成内容比较表

项 目	变动成本法	完全成本法
产品成本构成	直接材料	直接材料
	直接人工	直接人工
	变动制造费用	制造费用
期间成本构成	固定制造费用	
	管理费用	管理费用
	销售费用	销售费用
	财务费用	财务费用

(三)存货成本及销货成本的水平不同

如果企业有期初存货,并采用先进先出法结转存货成本(以后的例题中不加以说明均如此),在当期销售量大于或等于期初存货量时,两种成本法下企业本期销货成本和期末存货成本的通用公式为:

本期销货成本=期初存货成本+(本期销售量-期初存货量)×本期单位产品成本

公式(2.2.1)

期末存货成本=(期初存货量+本期生产量-本期销售量)×本期单位产品成本
          =期末存货量×本期单位产品成本

公式(2.2.2)

如果是在相关范围内，则企业的成本性态是不会变化的，即单位变动生产成本、固定生产成本是不变的。因此，变动成本法下的期初存货单位产品成本、本期生产单位产品成本和期末存货单位产品成本三者完全相同，即前后各期单位产品成本都等于单位变动生产成本。此时，企业本期销货成本和期末存货成本就可用下列简化公式计算：

$$本期销货成本=本期销售量×单位产品成本 \qquad 公式(2.2.3)$$
$$期末存货成本=期末存货量×单位产品成本 \qquad 公式(2.2.4)$$

而完全成本法下，即使前后期存货计价方法不变，产品生产过程中单位变动生产成本和固定生产成本不变，期初存货单位产品成本、本期生产单位产品成本和期末存货单位产品成本三者也不一定相同。完全成本法下，只有当前后期产量也不变时，上述三种单位产品成本才相同，才可直接运用以上简化公式计算销货成本和存货成本，但两种成本法下的单位产品成本水平是不同的。多数情况下，完全成本法需要按通用公式而不能按简化公式计算确定本期销货成本和期末存货成本。

【例2-5】甲企业只生产经营一种产品，投产后第2年有关的产销业务量、销售单价与成本资料如表2-6所示。

表2-6　甲企业业务量、销售单价与成本资料

单位：万元

存货及单价		成本项目	变动性	固定性	合计
期初存货量(件)	0	直接材料	48 000		48 000
本期投产完工量(件)	8000	直接人工	24 000		24 000
本期销售量(件)	6000	制造费用	8000	20 000	28 000
期末存货量(件)	2000	销售费用	1200	2000	3200
销售单价(万元/件)	20	管理费用	600	5000	5600
		财务费用	0	1200	1200

要求：分别按变动成本法和完全成本法确定产品的期末存货成本和本期销货成本，并分析造成差异的原因。

解：计算结果如表2-7所示。

表2-7　存货成本和销货成本的计算分析表

单位：万元

序　号	项　目	变动成本法	完全成本法	差　额
①	期初存货成本	0	0	0
②	本期产品成本	80 000	100 000	-20 000
③=①+②	可供销售商品成本合计	80 000	100 000	-20 000
④=③÷产量	单位产品成本	10	12.5	-2.5
⑤	期末存货量	2000	2000	0
⑥=④×⑤	期末存货成本	20 000	25 000	-5000
⑦=③-⑤	本期销货成本	60 000	75 000	-15 000

在本例中，变动成本法下的期末存货成本全部由变动生产成本构成，为20 000万元。在完全成本法下，期末存货成本为25 000万元，其中，除了包括20 000万元变动生产成本外，还包括5000万元(2.5万元/件×2000件)固定性制造费用，因而导致变动成本法下的期末存货成本比完全成本法下的存货成本少了5000万元。

同理，变动成本法下的60 000万元本期销货成本完全是由变动生产成本组成的，而完全成本法下的本期销货成本中包括了60 000万元变动生产成本和15 000万元固定性制造费用，由此导致变动成本法的本期销货成本比完全成本法少了15 000万元。

总之，上述两种差异，是由固定性制造费用产生的。变动成本法下，固定性制造费用20 000万元被全额计入了当期的期间成本，而在完全成本法下，这部分固定性制造费用则被计入了产品成本(最终有5000万元计入期末存货成本，15 000万元计入本期销货成本)。

(四)损益确定程序和结果不同

变动成本法和完全成本法在成本计算方面的差别，必然会影响到企业营业利润的确定程序和各会计期间营业利润的确定结果。

变动成本法模式下计量营业损益称为贡献式损益确定程序；完全成本法模式下计量营业损益称为传统式损益确定程序。

所谓贡献式损益确定程序，是指在损益计量过程中，首先用营业收入补偿本期实现销售产品的变动成本，从而确定贡献边际，然后再用贡献边际补偿固定成本以确定当期营业利润的过程。

所谓传统式损益确定程序，是指在损益计量过程中，首先用营业收入补偿本期实现销售产品的营业成本，从而确定营业毛利，然后再用营业毛利补偿营业费用以确定当期营业利润的过程。

1. 变动成本法的贡献式损益确定程序

$$营业收入-变动成本-固定成本=营业利润 \qquad 公式(2.2.5)$$
$$贡献边际-固定成本=营业利润 \qquad 公式(2.2.6)$$

其中：

$$变动成本=本期销货中的变动生产成本+变动非生产成本 \qquad 公式(2.2.7)$$
$$固定成本=固定生产成本+固定非生产成本 \qquad 公式(2.2.8)$$

2. 完全成本法的传统式损益确定程序

$$营业收入-营业成本-非生产成本=营业利润 \qquad 公式(2.2.9)$$
$$销售毛利-非生产成本=营业利润 \qquad 公式(2.2.10)$$

其中：

$$营业成本=期初存货成本+本期生产成本-期末存货成本 \qquad 公式(2.2.11)$$

【例2-6】仍以例2-5甲企业为例，资料见表2-6，计算两种成本法下的营业利润。

要求：分别按贡献式损益确定程序和传统式损益确定程序计算当期营业利润。

解：(1) 在贡献式损益确定程序下。

$$营业收入=20×6000=120 000(万元)$$

销货中的变动生产成本=10×6000=60 000(万元)

变动成本=60 000+1200+600=61 800(万元)

贡献边际=120 000-61 800=58 200(万元)

固定成本=20 000+2 000+5000+1200=28 200(万元)

营业利润=58 200-28 200=30 000(万元)

(2) 在传统式损益确定程序下。

营业收入=20×6000=120 000(万元)

营业成本=0+100 000-25 000=75 000(万元)

营业毛利=120 000-75 000=45 000(万元)

营业费用=3200+5600+1200=10 000(万元)

营业利润=45 000-10 000=35 000(万元)

(五)所提供的信息用途不同

由于变动成本法要求区分变动成本与固定成本，因此可将其分解落实到有关责任单位，便于开展业绩考核评价，调动各有关单位降低成本的积极性；而完全成本法则可能歪曲各部门努力降低成本的真实业绩。

【例 2-7】丙企业单位产品直接材料成本为 5 万元，直接人工成本为 3 万元，变动制造费用为 2 万元，每期发生固定生产成本 10 000 元，基期产量 4000 件。假定有两套计划经营方案可供选择：方案一是生产 5000 件产品，其他条件均不变；方案二是维持基期产量 4000件，但设法使本期直接材料成本降低 5%。其他条件均不变。

要求：从降低成本的角度，分别按两种成本法评价上述方案的优劣。

解：(1) 在变动成本法下。

基期：产品单位成本=5+3+2=10(万元/件)。

报告期：方案一，产品单位成本=5+3+2=10(万元/件)。

方案二，产品单位成本=5×(1-5%)+3+2=9.75(万元/件)。

分析：方案二的单位产品成本比基期下降了 0.25 万元/件；而方案一的单位产品成本则仍为 10 万元/件，没有变化。从降低成本的角度看，显然方案二优于方案一。

(2) 在完全成本法下。

基期：单位产品成本=5+3+2+10 000÷4000=12.5 万元/件。

报告期：方案一，单位产品成本=5+3+2+10 000÷5000=12 万元/件。

方案二，单位产品成本=5×(1-5%)+3+2+10 000÷4000=12.25 万元/件。

分析：方案一优于方案二。

由上例可见，对同样的方案，两种成本法会得出完全相反的结论。从降低成本的角度看，完全成本法的评价结论可能挫伤有关部门降低成本的积极性。如果实际市场容量仅为4000 件，那么，按完全成本法的评价结论组织生产，还会导致 1000 件产品的积压。这显然是不合理的。

三、两种成本法分期营业利润差额的变动规律

(一)两种成本法分期营业利润差额的含义

两种成本法营业利润差额是指分别采用完全成本法和变动成本法计算营业利润时产生的差额。不同期间两种成本法营业利润的广义差额可能大于、小于或者等于零。其中，不等于零的差额称为狭义差额。

两种成本法营业利润的广义差额的计算公式为：

某期两种成本法营业利润的广义差额=该期完全成本法的营业利润−该期变动成本法的营业利润　　　　　　　　　　　　　　　　　　　　　　　　　　　　　公式(2.2.12)

(二)导致两种成本法分期营业利润出现狭义差额的原因分析

在影响营业利润计算的主要因素中，单价、销售量、非生产成本、变动生产成本均不会导致两种成本法营业利润出现狭义差额，而固定生产成本即固定性制造费用，才是分期营业利润出现差额的根本原因。

因为，在变动成本下，计入当期利润表的是当期发生的全部固定生产成本；而在完全成本法下，计入当期利润表的固定生产成本的数额，不仅受到当期发生的全部固定生产成本水平的影响，而且还受到可能存在的期末存货和期初存货成本中所包含的固定生产成本水平的影响。

当完全成本法下期末存货吸收的固定生产成本与期初存货释放的固定生产成本的水平相等时，两种成本法计入当期利润表的固定生产成本的数额相同，两种成本法的当期营业利润也必然相等。当完全成本法下期末存货吸收的固定生产成本与期初存货释放的固定生产成本的水平不同时，就意味着两种成本法计入当期利润表的固定生产成本的数额不同，也一定会使两种成本法的当期营业利润不相等。

用公式来表示：

$$\text{完全成本法计入当期利润的固定生产成本} = \text{期初存货释放的固定生产成本} + \text{本期发生的固定生产成本} - \text{期末存货吸收的固定生产成本} \qquad \text{公式(2.2.13)}$$

$$\text{变动成本法下计入当期利润表的固定生产成本} = \text{本期发生的固定生产成本} \qquad \text{公式(2.2.14)}$$

$$\text{两种成本法计入当期利润的固定生产成本差额} = \text{完全成本法期初存货释放的固定生产成本} - \text{完全成本法期末存货吸收的固定生产成本} \qquad \text{公式(2.2.15)}$$

(三)广义营业利润差额简算法

广义营业利润差额的简算法公式如下。

$$
\begin{array}{c}
\text{两种成本法} \\
\text{当期营业利} \\
\text{润差额}
\end{array}
=
\begin{array}{c}
\text{完全成本法下期} \\
\text{末存货吸收的固} \\
\text{定生产成本}
\end{array}
-
\begin{array}{c}
\text{完全成本法下期} \\
\text{初存货释放的固} \\
\text{定生产成本}
\end{array}
\qquad \text{公式(2.2.16)}
$$

(四)广义营业利润差额的变化规律

在不考虑其他附加条件的情况下,广义营业利润差额的数量特征有如下一般规律。

(1) 若完全成本法下期末存货吸收的固定生产成本等于期初存货释放的固定生产成本,则两种成本计算法确定的营业利润差额必然为零,即它们的营业利润相等。

(2) 若完全成本法下期末存货吸收的固定生产成本大于期初存货释放的固定生产成本,则两种成本计算法确定的营业利润差额必然大于零,即按完全成本法确定的营业利润一定大于按变动成本法确定的营业利润。

(3) 若完全成本法下期末存货吸收的固定生产成本小于期初存货释放的固定生产成本,则两种成本计算法确定的营业利润差额必然小于零,即按完全成本法确定的营业利润一定小于按变动成本法确定的营业利润。

四、变动成本法的优缺点及该法在实践中的应用

(一)变动成本法的优缺点

1. 变动成本法的优点

(1) 变动成本法能够揭示利润和业务量之间的正常关系,有利于企业以销定产,防止盲目生产。完全成本法下,增加产量可以使单位产品所负担的固定性制造费用减少,从而降低产品单位成本,而这部分固定性制造费用并不一定全部计算在销售成本中,利润会出现增长的态势,这就容易产生注重生产、忽视销售的不良倾向;变动成本法下,固定性制造费用不计入产品成本,因此生产量的多少不会影响产品单位成本,营业利润与销售量直接挂钩,与销售量呈同方向变动。因此,变动成本法可以促进企业以销定产,搞好销售,避免盲目生产。

(2) 变动成本法可以提供有用的成本信息,便于企业科学地进行成本分析和成本控制。变动成本一般受消耗定额执行情况的影响,企业可以从控制和降低单位产品消耗量入手,继而控制和降低单位产品的变动成本,以达到降低企业总成本的目的。

(3) 变动成本法提供的成本和收益资料,便于企业进行短期经营决策。由于变动成本更加密切地反映成本和业务量之间的关系,因此变动成本法对短期经营决策有明显的作用,但不适合长期决策。

(4) 采用变动成本法可以简化成本核算工作。变动成本法下,固定性制造费用作为期间

成本，在计算利润时直接扣除，不需要在成本对象之间进行分配，从而大大简化了间接费用的分配过程，减少了产品成本计算的工作。另外，间接费用的分配需要采用一定的分配标准，而分配标准的选择具有一定的主观随意性。因此，变动成本法能够在一定程度上降低间接费用分配中的主观随意性。

2. 变动成本法的缺点

(1) 变动成本法所计算出来的单位产品成本，不符合传统的成本观念的要求。

(2) 变动成本法不能适应长期决策的需要。从长远来看，企业的生产能力、经营规模、技术水平都会发生变化，而且宏观经济环境也会有一定的变化。因此，固定成本和单位变动成本也就不可能长久保持不变。此外，变动成本法是在成本性态分析的基础上进行的，具有较大程度的假定性，而现实中具有大量混合成本的存在，无法把它们清晰地归为固定成本还是变动成本。同时，在成本性态分析中，无论是变动成本还是固定成本都有相关范围，突破这个范围就会导致结果发生变化。因此，变动成本法提供的资料不能充分满足长期决策的需要。

(3) 采用变动成本法会对所得税、股东股利产生一定的影响。企业如果从完全成本法改为变动成本法，在变动当期，就要将存货中的固定成本剔除，并作为期间费用进行处理，从而使期末存货的价值低估，并且使当期利润减少，这就延迟了税务机关征收所得税和股东股利的分配。尽管从长期来看，变动成本法和完全成本法所计算的利润是一致的，但由于用这两种方法计算出的利润各期分布不同，考虑到货币的时间价值，对相关方的利益还是会有一定影响的。

(二)变动成本法的应用

变动成本法和完全成本法相比具有独特的作用，其已经成为加强企业内部管理、企业规划、控制经济活动、制定经营决策方面的重要手段。因此，正确处理变动成本法与完全成本法的关系，充分应用和发挥变动成本法的重要作用，已经成为各界关心的热点问题。关于变动成本法的应用，目前有以下三种不同的观点。

(1) "双轨制"观点。在完全成本法的核算资料之外，另外设置一套变动成本法的核算系统，提供两套平行的成本核算资料，以分别满足不同的需要。这种观点的做法，技术上比较简单，但工作量较大，并且重复设账，会造成人、财、物和时间上的极大浪费。

(2) "单轨制"观点。以变动成本法完全取代完全成本法，最大限度地发挥变动成本法的优点。这种观点显然不符合现行会计准则的统一要求。按照现行会计准则，编制定期的会计报表、存货的计价和损益的确定等应采用完全成本法。

(3) "结合制"观点。将变动成本法与完全成本法结合使用，日常核算建立在变动成本法的基础之上，以满足企业内部经营管理的需要；期末对需要按完全成本反映的有关项目进行调整，以满足对外报告的需要。用变动成本法组织日常核算，对产品成本、存货成本、贡献边际和营业利润，都按变动成本法计算，以满足企业内部管理的需要；在编制会计报表时，对变动成本法计算的期间成本进行调整，计算符合完全成本法的税前利润。

期末调整公式为：

$$
\begin{array}{l}
某期完全成本法的期末存货成本 = 该期变动成本法的期末存货成本 + 该期完全成本法的期末存货吸收的固定生产成本
\end{array}
\qquad 公式(2.2.17)
$$

$$
\begin{array}{l}
某期完全成本法的营业利润 = 该期变动成本法的营业利润 + 该期两种成本法下营业利润的广义差额
\end{array}
\qquad 公式(2.2.18)
$$

【阅读资料 2-2】 制造成本和变动成本在应用上的区别。

本 章 小 结

成本的含义很广且有多种分类方法，但在管理会计中成本主要是按照其性态进行分类。成本性态通常又称为成本习性，是指成本总额与业务总量之间的依存关系。全部成本按其性态分类可分为固定成本、变动成本和混合成本三大类。但是经济生活中多数成本是以混合成本的形式存在的，需要将其进一步分解为固定成本和变动成本，这就需要进行成本性态分析。

在成本性态分析的基础上计算产品成本时，只将变动生产成本(直接材料、直接人工和变动性制造费用)作为产品成本的构成内容，而将固定性制造费用作为期间成本，直接计入当期损益的成本计算方法称为变动成本法，相对于传统的制造成本法而言，它是管理会计所采用的一种新的成本计算方法。

自 测 题

一、单选题

1. 对直接材料、直接人工和制造费用的划分或三者的构成有直接影响的是(　　)。
   A. 使用材料的政策
   B. 生产方式的改变和改进
   C. 对固定资产的投资
   D. 产品品种结构的改变

2. 下列费用中，属于酌量性固定成本的是(　　)。
   A. 房屋及设备租金
   B. 技术开发费
   C. 行政管理人员的薪酬
   D. 不动产税

3. 下列费用中，属于约束性固定成本的是(　　)。
   A. 照明费
   B. 广告费

C. 职工教育培训费　　　　　　　　D. 业务招待费

4. 成本性态分析要将(　　)进行分解，分为变动部分和固定部分。

A. 混合成本　　　　　　　　　　　B. 固定成本

C. 酌量性变动成本　　　　　　　　D. 技术性变动成本

5. 假设每个质检员最多检验 1000 件产品，即产量每增加 1000 件就必须增加一名质检员，且在产量一旦突破 1000 件的倍数时就必须增加。该质检员的工资成本属于(　　)。

A. 半变动成本　　B. 半固定成本　　C. 固定成本　　D. 变动成本

6. 当企业实行计时工资制时，其支付给职工的正常工作时间内的工资总额是固定不变的；但当职工的工作时间超过正常水平时，企业须按规定支付加班工资，且加班工资的多少与加班时间的长短呈正比例的关系。那么，上述这种工资成本属于(　　)。

A. 变动成本　　　　　　　　　　　B. 固定成本

C. 低坡式混合成本　　　　　　　　D. 阶梯式混合成本

7. (　　)是分解混合成本诸多方法中最为简单的一种，同时也是相关决策分析中应用比较广泛的一种。

A. 高低点法　　B. 账户分析法　　C. 回归直线法　　D. 工程分析法

8. 管理会计将成本区分为固定成本、变动成本和混合成本三大类，这种分类的标志是(　　)。

A. 成本的可辨认性　　　　　　　　B. 成本的可盘存性

C. 成本的性态　　　　　　　　　　D. 成本的时态

9. 采用散布图法分解混合成本时，通过目测在各成本点之间画出一条反映成本变动趋势的直线，这条直线与纵轴的交点就是固定成本，斜率则是变动成本。理论上这条直线距各成本点之间的(　　)最小。

A. 距离之和　　　　　　　　　　　B. 离差之和

C. 离差平方和　　　　　　　　　　D. 标准差

10. (　　)是本量利分析中最基本的假设，也是本量利分析的出发点。

A. 相关范围假设　　　　　　　　　B. 模型线性假设

C. 产销平衡假设　　　　　　　　　D. 品种结构不变假设

11. 造成"某期按变动成本法与按完全成本法确定的营业净利润不相等"的根本原因是(　　)。

A. 两种方法对固定性制造费用的处理方式不同

B. 两种方法计入当期损益表的固定生产成本的水平不同

C. 两种方法计算销售收入的方法不同

D. 两种方法将营业费用计入当期损益表的方式不同

12. 下列(　　)概念不是建立在成本性态可分假设之上的。

A. 贡献边际　　　　　　　　　　　B. 完全成本

C. 本量利分析　　　　　　　　　　D. 标准成本差异分析

二、多选题

1. 在相关范围内固定不变的是(　　)。

A. 固定成本   B. 单位产品固定成本

C. 变动成本   D. 单位变动成本   E. 历史成本

2. 下列各成本概念中,属于无关成本的是( )。

A. 专属成本   B. 沉没成本   C. 历史成本

D. 共同成本   E. 混合成本

3. 属于企业沉没成本的有( )。

A. 固定资产折旧   B. 无形资产摊销

C. 长期待摊费用   D. 在建工程已付费用

E. 产品材料成本

4. 下列各项目中,属于约束性固定成本的有( )。

A. 不动产的税金   B. 职工的培训费

C. 企业管理人员的工资   D. 企业发生的广告费

E. 厂房、设备等固定资产所提的折旧

5. 采用高低点法分解混合成本时,应当选择( )作为低点和高点。

A. (50,100)   B. (60,120)   C. (80,120)

D. (70,130)   E. (60,130)

6. 变动成本法下,产品成本包括( )。

A. 直接材料   B. 直接人工   C. 变动性制造费用

D. 固定性制造费用   E. 制造费用

7. 混合成本的分解方法很多,通常有( )。

A. 高低点法   B. 散布图法   C. 回归直线法

D. 账户分析法   E. 工程分析法

8. 下列各项中,属于完全成本法特点的有( )。

A. 强调不同的制造成本在补偿方式上存在的差异性

B. 强调生产环节对企业利润的贡献

C. 强调销售环节对企业利润的贡献

D. 符合公认会计准则的要求

E. 强调固定制造费用和变动制造费用在成本补偿方式上的一致性

9. 下列各项中,属于变动成本法特点的有( )。

A. 强调不同的制造成本在补偿方式上存在的差异性

B. 强调生产环节对企业利润的贡献

C. 强调销售环节对企业利润的贡献

D. 符合公认会计准则的要求

E. 以成本性态分析为基础计算产品成本

10. 下列各项中,体现变动成本法局限性的有( )。

A. 按变动成本法计算的产品成本至少目前不符合税法的有关要求

B. 按成本性态将成本划分为固定成本与变动成本往往基于某种假设

C. 当面临长期决策的时候,变动成本法的作用会随着决策期的延长而降低

D. 变动成本法不利于进行各部门的业绩考评

E. 变动成本法使成本计算工作更加烦琐

三、计算分析题

1. 假定甲公司为只生产单一产品的企业，2016 年各月的电费支出与产量的有关数据如表 2-8 所示。

表 2-8 电费和产量数据表

月份	1	2	3	4	5	6	7	8	9	10	11	12
产量（件）	1200	900	1350	1500	1200	1650	1500	1500	1350	1050	1800	1800
电费（元）	5000	4250	5625	6255	5375	6875	6150	6300	5800	4875	7200	7250

要求：

(1) 试分别采用高低点法和回归直线法对电费这一混合成本进行分解。

(2) 根据回归直线法的分解结果预测 2017 年 1 月的电费支出，假定 2017 年 1 月计划产量为 1700 件。

2. 已知乙公司从事单一产品的生产，2017 年一季度产量分别为 1000 件、1200 件和 800件，三个月的销量均为 1000 件。产品单位售价为 200 元/件；管理费用与销售费用均为固定费用，这两项费用各月总额均为 50 000 元；单位产品变动成本(包括直接材料、直接人工、变动制造费用)为 90 元；固定制造费用为 20 000 元。

要求：

(1) 根据上述资料，分别采用变动成本法和完全成本法计算各年税前利润(不考虑销售税金)。

(2) 根据计算结果，简单分析完全成本法与变动成本法对损益计算的影响。

3. 某公司甲产品的有关产量及成本资料如下：

生产量　　　　　　4000 件

销售量　　　　　　3500 件

期初存货量　　　　　0

贡献边际率　　　　50%

直接材料　　　20 000 元

直接人工　　　32 000 元

制造费用：

单位变动制造费用　　　　6 元

固定制造费用总额　　28 000 元

推销及管理成本：

单位变动推销管理成本　　　4 元

固定推销管理成本总额　21 000 元

要求:

(1) 分别采用两种成本计算法计算期末存货成本。

(2) 分别采用两种成本计算法来编制利润表(贡献式和传统式)。

(3) 分析说明采用这两种方法计算的营业利润出现差异的原因。

四、思考题

1. 变动成本法的理论依据是什么?

2. 变动成本法与完全成本法有何相同与不同之处?

3. 为什么说变动成本法可以促使企业重视市场销售?

4. 如何应用变动成本法与固定成本法结合制?

第三章

本量利分析

【学习要点及目标】

- 掌握本量利分析的相关概念。
- 熟练掌握损益平衡分析方法。
- 掌握利润的敏感性分析。

【核心概念】

本量利分析　贡献边际　贡献边际率　保本分析　保利分析　敏感性分析

【引导案例】 锦辉建材商店的决策

第一节 本量利分析概述

一、本量利分析的概念和意义

本量利分析是对成本、业务量与利润之间的关系进行分析的简称，它是指在成本性态分析和变动成本计算法的基础上，以模型与图式来揭示企业一定时期内成本、业务量、利润等因素之间的内在变化关系，为企业经营管理提供必要信息的一种定量分析方法。本量利分析也称为量本利分析、损益平衡点分析或者 CVP 分析。

企业的生产经营活动以利润为目标，企业管理人员决定生产和销售数量时，就想知道它对企业利润的影响。但是这中间又隔着收入和成本，对企业管理人员而言，成本较难把握，因为成本总额和业务量之间存在相互影响的关系。因此，管理人员需要一个分析方法或模型，在业务量和利润之间建立起一定的函数关系，据此研究业务量的变动对利润的影响，或者在目标利润变动时确定需要的业务量水平。建立这样一个模型，首先需要研究成本和业务量之间的关系，确立成本按性态的分类方法，然后在此基础上明确成本、业务量和利润之间的关系，这就是本量利分析。

二、本量利分析的假定条件

本量利分析是建立在一定的基本假设条件基础上的，其所涉及的成本、业务量和利润之间的关系需要在某些假定条件下才能够成立。如果忽略这些前提条件，就会影响本量利分析结果的精确性，从而导致企业决策者做出错误的预测和决策。在管理会计中，对于本量利分析研究应用的基本假设通常有以下几个方面。

(一)成本性态分析假定

本量利分析是建立在成本按性态分类基础上的一种分析方法，成本性态分析是本量利分析的基础工作。因此，若要进行本量利分析，需要先假定企业的全部成本均已经按照成本性态合理地划分为固定成本和变动成本两部分。

(二)相关范围及一元线性假定

该假定包括三个方面的内容：一是假定销售单价为常数，不论销量是多少，售价均保持不变，即销售收入与销售量呈正比例关系；二是在相关范围内(一定时期、一定业务量范围内)，单位变动成本为常数，变动成本总额与业务量呈正比例关系；三是固定成本总额保持不变，不受业务量变动的影响。

(三)产销平衡及产品品种结构稳定假定

在进行本量利分析时，应当假设当期产量与销量一致，产销平衡，当期生产出来的产品均能销售出去，不存在期初、期末存货水平变动的情况。另外，还需要假定在单一产品生产条件下，企业各期生产出来的产品总能在市场上找到销路，即能够实现产销平衡。对于生产多产品的企业，则需要假定在以价值形式表现的产销总量发生变化时，原来的各种产品的产销额在全部产品产销额中所占的比重是不变的。这种假定可以使分析人员能够把精力集中在价格、成本、业务量对营业利润的影响上。

(四)变动成本法假定

产品成本是影响企业利润指标大小的重要因素。因此，在进行本量利分析时，需要假定产品成本是按变动成本法计算的，即产品成本只包括变动生产成本，而固定制造费用全部作为期间成本一次性从当期损益中扣除。

(五)营业利润的假定

利润是本量利分析所涉及的一个重要指标，考虑到营业利润与企业经营中所发生的成本、业务量的关系密切，除特殊说明外，在本量利分析中的利润因素总是指营业利润，即假定营业外收支净额和投资净收益之和近似为零。

三、本量利分析的模型

(一)本量利分析的基本模型

在基本假定的前提条件下，本量利分析中所考虑的因素主要包括固定成本(a)、单位变动成本(b)、销售量(x)和单价(p)，且成本、业务量和营业利润之间的依存关系可以用公式(3.1.1)表示：

$$营业利润=销售收入-总成本$$
$$=销售收入-变动成本总额-固定成本总额$$
$$=(单价-单位变动成本)×销售量-固定成本总额 \qquad 公式(3.1.1)$$

这一基本模型又称为本量利分析的基本方程式，或称本量利分析的基本原理。

(二)贡献边际模型

贡献边际又称为边际贡献、贡献毛益。贡献边际是产品扣除自身变动成本后给企业所做的贡献，它首先用来收回企业的固定成本，如果收回后还有剩余则成为利润，如果不足以收回固定成本则造成亏损。贡献边际有贡献边际总额、单位贡献边际和贡献边际率三种形式。

1. 贡献边际总额

贡献边际总额(TCM)=销售收入总额-变动成本总额

$\qquad$ =(单价-单位变动成本)×销售量

$\qquad$ =$(p-b)x$

$\qquad$ =固定成本+营业利润

$\qquad$ =$a+P$ $\qquad\qquad$ 公式(3.1.2)

2. 单位贡献边际

单位贡献边际是指产品的销售单价减去单位变动成本后所得的差额。

单位贡献边际(CM)=单价-单位变动成本

$\qquad$ =$p-b$

$\qquad$ =贡献边际总额÷销售量 $\qquad\qquad$ 公式(3.1.3)

3. 贡献边际率

贡献边际率是相对数概念,是指贡献边际总额与其销售收入总额的比率,用 r 表示,它反映企业通过某种产品的产销来补偿固定成本的能力,用公式表示为:

$$贡献边际率(CMR) = \frac{贡献边际总额}{销售收入总额} \times 100\%$$

$$= \frac{单位贡献边际}{单价} \times 100\%$$

即:

$$贡献边际率(CMR) = \frac{(p-b)x}{px} \times 100\%$$

$$= \frac{p-b}{p} \times 100\%$$ $\qquad$ 公式(3.1.4)

4. 变动成本率

变动成本率是指变动成本占销售收入的比率。它表示每 1 元的销售收入所消耗的变动成本的数额,是与贡献边际率对应的概念,用公式表示为:

$$变动成本率(bR) = \frac{bx}{px} = \frac{b}{p} \times 100\%$$ $\qquad$ 公式(3.1.5)

无论是某一种产品的变动成本率,还是企业总的变动成本率,都与其对应的贡献边际率之间存在着下列互补的等式关系:

$$贡献边际率+变动成本率=1$$ $\qquad$ 公式(3.1.6)

因此,企业的销售收入分为变动成本和贡献边际两部分,前者是产品自身的耗费,后者是给企业做出的贡献,两者百分率之和为 1。凡变动成本率高的企业,其贡献边际率必然低,创利能力也低;反之,凡变动成本率低的企业,其贡献边际率必然高,其创利能力也高。

【例 3-1】某企业生产一种产品,单价为 20 元,单位变动成本为 12 元,本月计划销售 1000 件,月固定成本总额为 4000 元。

要求:

(1) 计算全部贡献边际指标、营业利润、变动成本率。

(2) 验证贡献边际率与变动成本率的关系。

解：

(1) 单位贡献边际(CM)=20-12=8(元/件)

贡献边际总额(TCM)=8×1000=8000(元)

贡献边际率(CMR)= 8÷20×100%=40%

营业利润(P)=TCM-a=8000-4000=4000(元)

变动成本率(bR)=12÷20×100%=60%

(2) 贡献边际率与变动成本率的关系验证：

贡献边际率+变动成本率=CMR+bR=40%+60%=1

【阅读资料3-1】 本量利。

第二节 盈亏平衡分析

一、盈亏平衡分析的意义

盈亏平衡分析是本量利分析的一项基本内容，亦称为盈亏临界分析或者保本分析。所谓盈亏平衡，是指企业在一定时期内收支相等，即利润为零，也称为处于保本状态。盈亏平衡分析研究的是企业处于保本状态下的本量利关系。盈亏平衡分析的关键是确定盈亏平衡点，也就是盈亏临界点。盈亏平衡点是指企业达到保本状态时的销售水平，包括销售量和销售额。当企业实际销售水平超过这个销售水平时，企业盈利；反之，企业则会亏损。

盈亏平衡点通常有两种表现形式：一是用实物量表示，称为盈亏平衡点销售量，即企业达到保本状态时的销售量；二是用金额表示，称为盈亏平衡点销售额，即企业达到保本状态时的销售额。

二、盈亏平衡点的确定

(一)单一产品生产条件下盈亏平衡点的测定

当企业只产销单一产品时，盈亏平衡点可以用盈亏平衡点销售量和盈亏平衡点销售额两种形式来表示，盈亏平衡点的计算方法具体包括公式法和图解法两种。

1. 公式法

公式法是指在本量利分析基本模型的基础上计算盈亏平衡点销售量或销售额的一种方法。盈亏平衡点销售量和销售额分别用 X_0、S_0 表示。因为在盈亏平衡状态下，贡献边际等于固定成本总额，即：

$$盈亏平衡点销售量 = \frac{固定成本}{单价 - 单位变动成本}$$

即:

$$X_0 = \frac{a}{p-b} \qquad\qquad 公式(3.2.1)$$

$$盈亏平衡点销售额=单价\times保本量(盈亏平衡点销售量) = \frac{固定成本}{贡献边际率}$$

即:

$$S_0 = pX_0 = \frac{a}{CMR} \qquad\qquad 公式(3.2.2)$$

【例 3-2】 假定某企业只产销 A 产品,预计该产品的单价为 16 元,单位变动成本为 9.6 元,年固定成本为 128 000 元。

要求:计算公司年度 A 产品的盈亏平衡点。

解:盈亏平衡点销售量 $X_0 = \dfrac{128\,000}{16-9.6} = 20\,000$(件)

贡献边际率=(16-9.6)÷16=40%

盈亏平衡点销售额 S_0=16×20 000=320 000(元)或=128 000÷40%=320 000(元)

2. 图解法

图解法就是指通过在直角坐标系中画出本量利分析图进行盈亏平衡点分析的一种方法。将成本、销售量、营业利润的关系反映在直角坐标系中,即为本量利图。图解法的优点是形象直观,能清晰地显示企业不盈利也不亏损时应达到的产销量,而且容易理解;缺点在于,由于它是目测绘制而成,数据和结果难以准确。企业通常综合使用公式法和图解法。

1) 基本式本量利图

基本式本量利图绘制方法是:以横轴表示销售量、纵轴表示金额,建立坐标系;在坐标系中,分别绘制销售收入线和总成本线。在正常情况下,两条线有一个交点 B,B 即为盈亏平衡点。B 点的横坐标 X_0 表示盈亏平衡点销量,B 点的纵坐标 S_0 表示盈亏平衡点销售额。在坐标系中只要量出 S_0、X_0 的长度,并根据画图时标尺的大小即可确定出其代表数。利用例 3-2 的资料绘制基本式本量利图,如图 3-1 所示。

基本式本量利图的特点是:能清晰地反映出固定成本总额不变性的特点,同时能揭示安全边际、盈亏平衡点、利润三角区与亏损三角区的关系,在实际工作中的应用较为广泛。

2) 贡献边际式的本量利图

贡献边际式本量利图的绘制方法是:先确定销售收入线和变动成本线,在纵轴上确定固定成本值,并以此为起点画一条与变动成本线平行的总成本线,它与销售收入线的交点即为盈亏平衡点,如图 3-2 所示。

贡献边际式本量利图的特点是:将总成本线置于变动成本线之上,能直观地反映贡献边际、固定成本及利润之间的关系。

3) 利量式本量利图

利量式本量利图是以横轴代表业务量,以纵轴代表利润或贡献边际,用以直观地反映业务量与贡献边际、固定成本和利润之间关系的图形。其绘制方法是:在直角坐标系中,先画一条贡献边际线,即 $y=cx$,然后过纵轴上的负数的固定成本作一条与贡献边际线平行的线，即为利润线，$y=cx-a$，利润线与横轴的交点则为盈亏平衡点。其图形如图 3-3 所示。

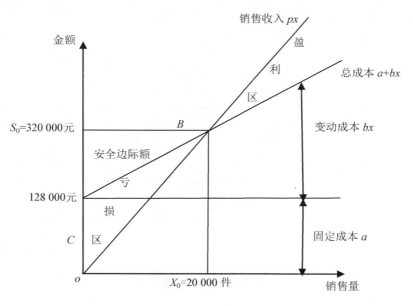

图 3-1 基本式本量利图

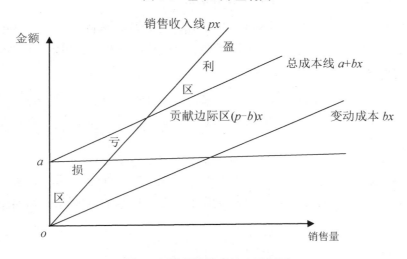

图 3-2 贡献边际式的本量利图

利量式本量利图的特点：能清晰地反映业务量变动对利润的影响，具有简单明了的优点；不足之处在于不能显示业务量变动对成本的影响。

通过观察图 3-3 可以得出下列规律。

(1) 在贡献边际大于零的条件下，当销售量为零时，企业的亏损额等于固定成本总额。

(2) 当产品销售价格和成本水平不变时，随着销售量的增加，企业亏损将逐渐减少，利润趋于增加，直至盈利；反之，随着销售量的减少，企业利润逐渐减少，亏损逐渐增加。

(3) 利润线的斜率由业务量的选择决定，当业务量为销售量时，利润线的斜率是单位贡献边际；当业务量为销售额时，利润线的斜率就是贡献边际率。

(4) 利润线与坐标系横轴的交点就是盈亏平衡点。固定成本不变的情况下，单位贡献边际或贡献边际率越大，利润线的斜率越大，盈亏平衡点就越靠近原点。

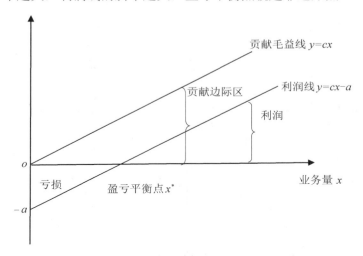

图 3-3　利量式本量利图

(二)多种产品生产条件下平衡点的测定

如果企业同时生产多种产品，由于不同产品的实物计量单位不同，其盈亏平衡点必须用销售额来表示。盈亏平衡点的确定方法主要有贡献边际法和联合单位法两种。

1. 贡献边际法

贡献边际法是指根据企业产品的综合贡献边际率计算盈亏平衡点的方法。

综合贡献边际率是指企业在同时生产多种产品时，贡献边际总额与其销售收入总额的比率，用 TCMR 表示。即：

$$TCMR=(各种产品贡献边际之和÷各种产品销售收入之和)\times100\%$$
$$=\sum(某产品贡献边际率\times该产品的销售额比重)\times100\% \qquad 公式(3.2.3)$$

即：$TCMR = \sum(W_i \times CMR_i)$，其中：$CMR_i$ 为某种产品的贡献边际率，W_i 为这种产品的销售额比重。

$$盈亏平衡点销售额 = \frac{固定成本}{综合贡献边际率} = \frac{a}{TCMR} \qquad 公式(3.2.4)$$

【例 3-3】某企业生产销售 A、B、C 三种产品，假定产销平衡，固定成本总额为 240 000元，其他资料如表 3-1 所示。

表 3-1　A、B、C 产品产销和成本资料表

项　　目	A	B	C
预计产销量	3000 件	6000 吨	6000 套
单位售价(元)	60	60	30
单位变动成本	30 元/件	39 元/吨	21 元/套

要求：计算盈亏平衡点。

解：

(1) 预计产品的全部销售额=60×3000+60×6000+30×6000=720 000(元)

(2) 计算得到三种产品的销售额比重：

A 产品的销售比重=(60×3000)÷720 000×100%=25%

B 产品的销售额比重=(60×6000)÷720 000×100%=50%

C 产品的销售比重=(30×6000)÷720 000×100%=25%

(3) 计算加权平均贡献边际率：

A 产品的贡献边际率=(60-30)÷60×100%=50%

B 产品的贡献边际率=(60-39)÷60×100%=35%

C 产品的贡献边际率=(30-21)÷30×100%=30%

加权平均贡献边际率=50%×25%+35%×50%+30%×25%=37.5%

(4) 盈亏平衡点销售额=240 000÷37.5%=640 000(元)

(5) A 产品的盈亏平衡点销售额=640 000×25%=160 000(元)

A 产品的盈亏平衡点销售量=160 000÷60=2667(件)

B 产品的盈亏平衡点销售额=640 000×50%=320 000(元)

B 产品的盈亏平衡点销售量=320 000÷60=5334(吨)

C 产品的盈亏平衡点销售额=640 000×25%=160 000(元)

C 产品的盈亏平衡点销售量=160 000÷30=5334(套)

2. 联合单位法

联合单位法是指在事先掌握多种产品之间客观存在的相对稳定产销实物量比例的基础上，确定每一联合单位的单价和单位变动成本，从而进行多品种本量利分析的一种方法。企业在达到保本状态时，有以下公式成立：

营业利润=(联合单价-联合单位变动成本)×联合单位销量-固定成本=0

$$联合保本量=固定成本÷(联合单价-联合单位变动成本) \qquad 公式(3.2.5)$$

$$某种产品的保本量=联合保本量×该产品的产销比 \qquad 公式(3.2.6)$$

【例3-4】根据例3-3的资料，计算各产品盈亏平衡点销售量。

解：三种产品的预计销售量的比例为3000∶6000∶6000，即1∶2∶2。

联合单价=60×1+60×2+30×2=240(元)

联合单位变动成本=30×1+39×2+21×2=150(元)

盈亏平衡点联合销售量=240 000÷(240-150)=2667(联合单位)

A 产品的盈亏平衡点销售量=2667×1=2667(件)

B 产品的盈亏平衡点销售量=2667×2=5334(吨)

C 产品的盈亏平衡点销售量=2667×2=5334(套)

由上可知，在企业生产多种产品的条件下，贡献边际法和联合单位法都是认为企业将按既定的品种构成持续生产和销售，企业会存在比较稳定的综合贡献边际率。尽管这两种方法在具体操作上不同，但却有着异曲同工之妙。可见，企业应根据具体情况，选择适合本企业特点的方法进行多品种产品的保本分析。

三、各因素变动对盈亏平衡点的影响

以上盈亏平衡点销售量(或销售额)的计算都是在假定相关范围内,单价、单位变动成本、固定成本和产品产销结构等基本因素始终保持不变的情况下进行的。但在实际经营活动中,每个因素都会发生变动,所以事先了解有关因素的变动对盈亏平衡点的影响,有助于为企业管理当局及时提供决策有用的信息,采取一切措施努力降低盈亏平衡点,对企业避免亏损或增加盈利具有十分重要的意义。

(一)单价对盈亏平衡点的影响

在其他因素保持不变的情况下,若提高产品单价,会使单位贡献边际和贡献边际率上升,企业盈亏平衡点则会相应降低;反之则会提高企业盈亏平衡点。所以,单价与盈亏平衡点的变化趋势相反。

(二)单位变动成本对盈亏平衡点的影响

在其他因素保持不变的情况下,当单位变动成本上升时,会使单位贡献边际和贡献边际率下降,相应地会提高盈亏平衡点;反之则会降低盈亏平衡点。所以,单位变动成本与盈亏平衡点的变化趋势相同。

(三)固定成本对盈亏平衡点的影响

在其他因素保持不变的情况下,当固定成本提高时,相应地会提高盈亏平衡点;反之则会降低盈亏平衡点。所以,固定成本与盈亏平衡点的变化趋势也相同。

(四)产品产销结构变动对盈亏平衡点的影响

当企业同时生产多种产品时,提高贡献边际率大的产品的销售比重,会使综合贡献边际率上升,相应会降低盈亏平衡点销售量;反之则会提高盈亏平衡点销售量。所以对于同时生产多种产品的企业而言,为了提高盈利水平,必须综合考虑产、供、销等各方面的有关因素,及时调整品种结构,适当地增大贡献边际率较高的产品的销售比重。

四、企业经营安全程度的分析

企业的经营目的在于获利,即实际销售水平超过盈亏平衡点销售水平越多越好。因此在盈亏平衡分析的基础上还需要进行企业经营安全性分析,以衡量企业生产经营的安全性。反映企业经营安全程度的指标通常有安全边际和盈亏平衡点作业率。

(一)安全边际

安全边际是企业实际或计划销售水平超过盈亏平衡点销售水平的差额,表明现有或计划销售水平降低多少就会导致企业发生亏损。企业实际或计划销售水平超过盈亏平衡点销售水平越多，安全边际就越大，企业经营就越安全；反之，则企业经营的安全性就越差。

安全边际有绝对数和相对数两种表示方法。其中绝对数具有两种形式，一种是实物量表示形式，称为安全边际销售量；另一种是货币量表示形式，称为安全边际销售额。相对数形式称为安全边际率。这三个指标都是正指标，即其值越大，表明企业经营越安全。

1. 安全边际销售量和安全边际销售额

安全边际销售量是指企业实际(或预计)销售量超过盈亏平衡点销售量的差额。安全边际销售额是指企业实际(或预计)的销售额超过盈亏平衡点销售额的差额。

$$安全边际销售量=实际(或预计)销售量-盈亏平衡点销售量 \qquad 公式(3.2.7)$$
$$安全边际销售额=实际(或预计)销售额-盈亏平衡点销售额$$
$$=安全边际销售量×销售单价 \qquad 公式(3.2.8)$$

2. 安全边际率

安全边际率是安全边际的相对数形式，它是指安全边际销售量(或销售额)与实际(或预计)销售量(或销售额)的比率，用公式表示为：

$$安全边际率 = \frac{安全边际销售量(或销售额)}{实际(或预计)销售量(或销售额)} ×100\% \qquad 公式(3.2.9)$$

安全边际率也是评价企业经营安全程度的正指标，指标值越大，说明企业发生亏损的可能性越小，企业经营越安全。人们根据企业实际经营安全程度等级和安全边际率经验数据的一定分布区间，得出评价企业经营安全程度的一般标准。西方一般用安全边际率来评价企业经营的安全程度，其评价标准如表 3-2 所示。

表 3-2　企业经营安全程度的评价标准经验值

安全边际率	10%以下	10%～20%	20%～30%	30%～40%	40%以上
安全程度	危险	值得关注	比较安全	安全	很安全

【例 3-5】某企业只产销一种产品，该产品的单价为 60 元，单位变动成本为 20 元，全年固定成本为 160 000 元，预计下一年度销量将达到 16 000 件。

要求：计算企业的安全边际指标。

解：盈亏平衡点销售量 $= \dfrac{160\,000}{60-20} = 4000(件)$

安全边际销售量=16 000-4000=12 000(件)

安全边际销售额=60×12 000=720 000(元)

安全边际率=12 000÷16 000×100%=75%

由于该企业的安全边际率在 40%以上，所以该企业下一年度的经营是很安全的。

(二)盈亏平衡点作业率

企业经营的安全程度还可以用盈亏平衡点作业率来反映。盈亏平衡点作业率，又称危险率，是指企业盈亏平衡点销售量(或销售额)与实际(或预计)销售量(或销售额)的比率，也

是反映企业经营安全程度的相对数指标之一。其计算公式为:

$$盈亏平衡点作业率=\frac{盈亏平衡点销售量(或销售额)}{实际(或预计)销售量(或销售额)}\times100\% \qquad 公式(3.2.10)$$

盈亏平衡点作业率是一个相对数反指标,数值越小说明企业经营的安全程度越高;反之,则说明企业经营的安全程度越低。当实际(或预计)销量(或销售额)等于盈亏平衡点销售量(或销售额)时,盈亏平衡点作业率等于100%,企业正好处于保本状态。

【例3-6】资料同例3-5。

要求:计算盈亏平衡点作业率。

解:盈亏平衡点作业率=4000÷16 000×100%=25%

盈亏平衡点的作业率是25%,说明该企业下一年度的经营很安全。

(三)安全边际率与盈亏平衡点作业率的关系

从以上分析可知,企业实际(或预计)的销售量(或销售额)分为盈亏平衡点销售量(或销售额)和安全边际销售量(或销售额)两部分,即:

实际(或预计)销售量(或销售额)=盈亏平衡点销售量(或销售额)+安全边际销售量(或销售额)

将该公式两边同时除以实际(或预计)销售量(或销售额),则得

$$安全边际率+盈亏平衡点作业率=1 \qquad 公式(3.2.11)$$

两者的关系如图3-4所示。

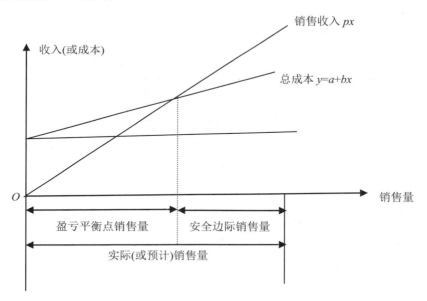

图3-4 盈亏平衡点作业率和安全边际率

由例3-5、例3-6可知:

安全边际率+盈亏平衡点作业率=75%+25%=1

(四)安全边际与营业利润的关系

安全边际销售量(或销售额)是超过盈亏平衡点的销售量(或销售额),因此只有达到安全边际才能为企业创造利润。保本销售额扣除变动成本后的余额,只能为企业收回固定成本,安全边际部分的销售额扣除安全边际部分的变动成本后的余额为企业利润。换言之,安全边际中的贡献边际就是企业的利润。因此,企业的营业利润可以借助安全边际这一概念计算,通过本量利分析模型可推导出其关系:

$$营业利润=贡献边际-固定成本$$
$$=销售收入×贡献边际率-固定成本$$
$$=销售收入×贡献边际率-盈亏平衡点销售额×贡献边际率$$
$$=(销售收入-盈亏平衡点销售额)×贡献边际率$$
$$=安全边际销售额×贡献边际率 \qquad 公式(3.2.12)$$

上述公式两边同时除以销售收入,得到:

$$销售利润率=安全边际率×贡献边际率 \qquad 公式(3.2.13)$$

(五)各因素变动对安全边际的影响

1. 单价单独变动的影响

在其他因素保持不变的情况下,当单价提高时,盈亏平衡点降低,安全边际指标增大;反之,企业的安全程度降低,企业向不利的方向发展。

2. 单位变动成本单独变动的影响

在销售量既定的情况下,单位变动成本的变动会使盈亏平衡点向同方向变动,会使安全边际向反方向变动。即单位变动成本降低时,盈亏平衡点会降低,安全边际指标会增大,企业向有利的方向发展,企业经营的安全程度提高;反之,则企业经营的安全程度降低,企业向不利的方向发展。

3. 固定成本单独变动的影响

固定成本的变动对安全边际的影响同单位变动成本对安全边际的影响一样。

4. 预计销售量单独变动的影响

提高销售量,可以提高安全边际指标,使企业向有利的方向发展;反之,则降低安全边际指标,使企业向不利的方向发展。

5. 产销结构变动的影响

当企业同时生产多种产品时,产品产销结构的变化会直接影响到综合贡献边际率的变化,进而对盈亏平衡点产生影响。如果提高贡献边际率大的产品的销售比重,会使综合贡献边际率上升,相应地会降低盈亏平衡点,从而提高安全边际指标;反之,提高贡献边际率小的产品的销售比重,会使综合贡献边际率降低,相应地会提高盈亏平衡点,从而降低安全边际指标。

【阅读资料 3-2】 教你如何做开店前的保本分析。

第三节　保　利　分　析

一、保利分析的意义

保利分析又称实现目标利润分析，它是在盈亏平衡分析的基础上，在单价和成本水平既定的情况下，对企业生产经营所做的进一步分析和研究，目的在于测定实现目标利润的途径。盈亏平衡分析是在假定企业的利润为零这样一个特殊条件下进行的本量利分析，而保利分析进一步研究企业在盈利条件下的本量利关系，是盈亏平衡分析的延伸和拓展。

在进行保利分析时，首先要确定企业计划期应达到的目标利润，然后再根据保利分析方法确定实现目标利润的产销水平，为实现目标利润提供各种有关生产和经营的可行性方案。保利分析在以目标管理为基本特征的现代企业管理活动中有重要的现实意义。

二、保利点的确定

保利点是指使企业实现目标利润状态时产品应达到的销售水平，具体包括保利销售量(简称保利量)和保利销售收入总额(简称保利销售额)两种表现形式。

(一)实现税前目标利润的保利点

(1) 单一产品情形。企业只生产单一产品时，保利点既可以用保利量表示，也可以用保利额表示，其计算公式为

$$保利量 = \frac{固定成本 + 目标利润}{单价 - 单位变动成本} = \frac{固定成本 + 目标利润}{单位贡献边际}$$

$$X^* = \frac{a + P}{p - b} \qquad 公式(3.3.1)$$

$$保利销售额 = 单价 \times 保利量 = p \times X^* \qquad 公式(3.3.2)$$

【例 3-7】某企业产销一种产品，单价为 60 元，单位变动成本为 40 元，固定成本为 60 000 元，企业的目标营业利润定为 40 000 元。

要求：计算企业为实现目标利润应达到的销售量和销售额。

解：保利量=(60 000+40 000)÷(60-40)=5000(件)

保利销售额=60×5000=300 000(元)

上述计算结果说明，该企业需要 5000 件的销售量才能保证实现目标利润 40 000 元。

(2) 多种产品情形。当企业同时生产多种产品时，保利点只能用销售额表示，其计算公

式为

$$保利销售额 = \frac{固定成本 + 目标利润}{综合贡献边际率}$$

$$S^* = \frac{a + P}{TCMR} \qquad 公式(3.3.3)$$

【例3-8】某企业同时生产甲、乙、丙三种产品,其销售比重分别为20%、30%、50%,其贡献边际率分别为10%、30%、30%,企业固定成本总额为30 000元,计划期目标利润为74 000元。

要求:计算企业保利销售总额及各产品的保利额。

解:

综合贡献边际率=10%×20%+30%×30%+30%×50%=26%

该企业的保利销售额=(30 000+74 000)÷26%=400 000(元)

甲产品的保利销售额=400 000×20%=80 000(元)

乙产品的保利销售额=400 000×30%=120 000(元)

丙产品的保利销售额=400 000×50%=200 000(元)

(二)实现税后目标利润的保利点

对于企业而言,所得税是一项必然的支出,只有缴纳了所得税以后的净利润才是企业能够实际支配的盈利,因此净利润才是企业管理者关心的利润指标。从税后利润的角度进行目标的规划和分析会更符合企业生产经营的实际情况,对企业确定保利点更为适用。

(1) 单一产品情形。企业只生产单一产品时,保利点既可以用保净利量表示,也可以用保净利额表示,其计算公式为

$$保净利量 = \frac{固定成本 + \dfrac{目标净利润}{1 - 所得税税率}}{单价 - 单位变动成本} \qquad 公式(3.3.4)$$

$$保净利额 = \frac{固定成本 + \dfrac{目标净利润}{1 - 所得税税率}}{产品贡献边际率} \qquad 公式(3.3.5)$$

【例3-9】资料同例3-7,将企业目标净利润改为40 000元,所得税税率为25%,其他资料不变。

要求:计算确定企业保净利点。

解:

保净利量=[60 000+40 000÷(1-25%)]÷(60-40)≈5667(件)

保净利销售额=60×5667=340 020(元)

(2) 多产品条件下。当企业同时生产多种产品时,保净利点只能用销售额表示,其计算公式为

$$保净利额 = \frac{固定成本 + \dfrac{目标净利润}{1 - 所得税税率}}{综合贡献边际率} \qquad 公式(3.3.6)$$

【例3-10】按例3-8的资料,并假定企业适用25%的所得税税率,企业计划实现净利

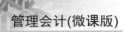

润 60 000 元。

要求：计算企业实现净利润的销售额。

解：

保净利销售额=[30 000+60 000÷(1-25%)]÷26%=423 077(元)

甲产品的保净利销售额=423 077×20%=84 615.4(元)

乙产品的保净利销售额=423 077×30%=126 923.1(元)

丙产品的保净利销售额=423 077×50%=211 538.5(元)

三、各因素变动对保利点的影响

(一)单价变动对保利点的影响

在其他因素不变的情况下，单价与保利点是呈反方向变动的。当单价提高时，会使单位贡献边际和贡献边际率上升，相应地会降低保利点，使企业经营状况向好的方向发展；反之则会提高保利点。

(二)单位变动成本变动对保利点的影响

在其他因素不变的情况下，单位变动成本与保利点是呈同方向变动的。当单位变动成本降低时，会使单位贡献边际和贡献边际率上升，相应地会降低保利点，使企业经营状况向好的方向发展；反之则会提高保利点。

(三)固定成本变动对保利点的影响

固定成本的变动对保利点的影响同单位变动成本对保利点的影响一样。

(四)所得税税率变动对保利点的影响

在其他因素不变的情况下，所得税税率与保利点呈同方向变动。当所得税税率降低时，会降低保利点；反之则会提高保利点。

(五)产销结构变动对保利点的影响

当企业同时生产多种产品时，产品产销结构的变化会直接影响到综合贡献边际率的变化，进而对保利点产生影响。提高贡献边际率高的产品的销售比重，会使综合贡献边际率上升，相应地会降低保利点；反之，提高贡献边际率低的产品的销售比重，会使综合贡献边际率降低，相应地会提高保利点。

四、利润敏感性分析

(一)利润敏感性分析的意义

敏感性分析就是研究某一变量相关因素发生变动时对该变量的影响程度的一种分析方

法。本量利关系的敏感性分析，主要研究与分析有关参数发生多大变化会使得盈利转为亏损，各参数变化对于利润变化的影响程度，以及各因素变动时如何调整销售量以保证原目标利润的实现等问题。利润本量利敏感性分析的主要任务是计算与利润有关的因素的敏感性指标，揭示各因素与利润的相对数关系，并利用敏感度指标进行利润预测。

(二)利润敏感性分析的假定条件

进行敏感性分析，通常以下列假设条件的成立为前提。

(1) 四因素假定。在现实经济生活中，任何一个相对重要的经济指标都不可避免地受到大量其他因素的直接或间接影响，为了简化利润敏感性分析的过程，一般假定影响利润的因素只有单价、单位变动成本、固定成本和销量四个因素。

(2) 各因素单独变动假定。各因素单独变动假定又称为因素不相关假定，即假定影响利润的一个因素变动时，其他因素不变。

(3) 变动幅度相同假定。进行敏感性分析还必须假定各因素单独变动的概率和幅度相同，这样各因素变动对利润的影响程度的大小具有可比性。

(4) 利润增长的假定。为了使利润敏感性分析的结论具有可比性，使每个因素的变动最终能够导致利润的增长，因此将属于正指标因素的变动率称为增长率，将属于反指标因素的变动率称为降低率。

(三)有关因素临界值的确定

从本量利分析可知，影响利润的因素主要有单价、单位变动成本、销量和固定成本。确定因素临界值是指计算出确保企业不亏损的各项因素的变动极限，即确定达到盈亏平衡时的销量和单价的最小允许值，以及单位变动成本和固定成本的最大允许值。如果超越了这些临界值，企业就会由盈利转为亏损，发生质的变化。敏感性分析的目的就是确定能引起这种质变的各因素变化的临界值。在企业生产单一产品情形下，本量利关系的基本公式为：

$$I = (p-b)x - a \qquad\qquad 公式(3.3.7)$$

当 $I=0$ 时，即 $(p-b)x - a = 0$ 时，便可求得各因素的盈亏临界值。

(1) 单价的最小允许值 $p = \dfrac{a+bx}{x}$。 公式(3.3.8)

(2) 销量的最小允许值 $x = \dfrac{a}{p-b}$。 公式(3.3.9)

(3) 单位变动成本的最大允许值 $b = \dfrac{px-a}{x}$。 公式(3.3.10)

(4) 固定成本的最大允许值 $a=(p-b)x$。 公式(3.3.11)

【例 3-11】企业只生产一种产品，单价为 2 元，单位变动成本为 1.2 元，预计明年固定成本为 40 000 元，产销量计划达到 100 000 件，假定不考虑其他因素。

要求：

(1) 计算计划期的营业利润。

(2) 计算单价、单位变动成本、固定成本和销售量的临界值。

解：

(1) 预计营业利润 $I=(2-1.2)\times100\ 000-40\ 000=40\ 000$(元)

(2) 确定各因素的临界值：

① 单价的最小允许值。假定单价的最小允许值为 $p*$，则$(p*-1.2)\times100\ 000-40\ 000=0$

$$p*=1.6(元/件)$$

单价降至 1.6 元时，企业由盈利转为亏损。

② 单位变动成本的最大允许值。假定单位变动成本最大允许值为 $b*$，则$(2-b*)\times100\ 000-40\ 000=0$

$$b*=1.6(元/件)$$

单位变动成本上升至 1.6 元时，企业由盈利转为亏损。

③ 固定成本最大允许值。假定固定成本最大允许值为 $a*$，则$(2-1.2)\times100\ 000-a*=0$

$$a*=80\ 000(元)$$

固定成本增至 80 000 元时，企业由盈利转为亏损。

④销售量最小允许值。假定销售量的最小允许值为 $x*$，则$(2-1.2)\times x*-40\ 000=0$

$$x*=50\ 000(件)$$

销售量为 50 000 件时，企业利润为 0。

(四)利润敏感程度分析

在影响利润的因素中，每一个因素的变化都会引起利润的变化，但利润对它们的敏感程度不同。有些因素发生微小的变化，就会使利润发生很大的变动，说明利润对该因素的变动非常敏感，这些因素被称为强敏感性因素；反之，有些因素虽有较大变化，但对利润的影响却不大，说明利润对该因素的敏感性弱，这些因素被称为弱敏感性因素。用来反映利润对各因素敏感程度大小的指标称为敏感系数。

某因素的敏感系数是指营业利润的变动率相对于引起营业利润变动的该因素变动率的倍数。其计算公式为：

$$敏感系数=\frac{利润变动率}{某因素变动率} \qquad 公式(3.3.12)$$

敏感系数绝对值大，说明该因素对利润的影响程度大；反之，敏感系数绝对值小，说明该因素对利润的影响程度小。确定敏感系数的目的是使经理人员清楚地知道，在影响利润的诸多因素中，利润对哪个因素的敏感性高，对哪个因素的敏感性低，以便分清主次，及时采取必要的调整措施，确保目标利润的完成。

根据敏感系数的计算公式，可推导出各因素敏感系数的简便公式：

单价的敏感系数=基期销售收入/基期利润　　　　　公式(3.3.13)

单位变动成本的敏感系数=-基期变动成本总额/基期利润　　　公式(3.3.14)

销量的敏感系数=基期贡献边际总额/基期利润　　　　公式(3.3.15)

固定成本的敏感系数=-固定成本总额/基期利润　　　公式(3.3.16)

从以上简便计算公式可以总结出：

单价的敏感系数+单位变动成本的敏感系数=销量的敏感系数　　公式(3.3.17)

销量的敏感系数+固定成本的敏感系数=1　　　　公式(3.3.18)

【例3-12】甲公司生产经营某种产品，单价为60元，单位变动成本为45元，固定成本为15 000元，基期实际销售量为4000件。

要求：计算各因素的敏感系数，并验证各因素敏感系数的关系。

解：

(1) 基期利润=(60-45)×4000-15 000=45 000(元)。

(2) 单位售价的敏感系数=(60×4000)÷45 000=5.33。

(3) 单位变动成本的敏感系数=-(45×4000)÷45 000=-4。

(4) 销售量的敏感系数=(60-45)×4000÷45 000=1.33。

(5) 固定成本的敏感系数=-15 000÷45 000=-0.33。

(6) 单价敏感系数+单位变动成本敏感系数=销售量敏感系数，即5.33+(-4)=1.33。

(7) 销售量敏感系数+固定成本敏感系数=1，即1.33+(-0.33)=1。

由例3-12可知，单价、销售量的敏感系数均为正指标，表明这两个因素的变动情况与利润的变动方向相同；而单位变动成本、固定成本的敏感系数均为负指标，表明这两个因素的变动情况与利润的变动方向相反。同时，企业正常盈利时，在影响利润的因素中，最敏感的是单价，其次是单位变动成本，再次是销量，最后是固定成本。

由于单价和单位变动成本是利润的最敏感因素，所以经理人员要注意这两个重要环节，但也不能拘泥于敏感系数的高低，而忽视了销量的影响。在销路看好、生产又有保障的情况下，可以大幅增加销量，而单价的增幅可能很小甚至不动；在市场供大于求、销量大幅下跌时，可降低售价以打开(或保证)销路。

【阅读资料3-3】　敏感性分析。

本 章 小 结

本量利分析是对成本、业务量(产量或销量)与利润之间的关系进行分析的简称(即CVP分析)，主要包括保本分析、保利分析、企业经营安全程度分析以及敏感性分析。

保本分析是专门研究当企业恰好处于不盈不亏时，成本与业务量之间存在的特殊关系的一种定量分析方法，其关键是确定盈亏平衡点。盈亏平衡点是指企业达到保本状态时的销售水平。保本状态时的销售水平是指企业收支相等、利润为零时的销售量或销售额，通常用保本量和保本额表示。

保利分析又称实现目标利润分析，它是在保本分析的基础上，在单价和成本水平既定的情况下，对企业生产经营所做的进一步分析和研究，其目的在于测定实现目标利润的途径。保本分析是在假定企业的利润为零这样一个特殊条件下进行的本量利分析，并进一步研究企业在盈利条件下的本量利关系。保利分析的关键是确定保利点，保利点是指企业实现一定目标利润时的销售量或销售额。

在影响盈亏平衡点和保利点的因素中,产品价格、销量的变动对企业盈亏平衡点和保利点的影响较大,而单位变动成本、固定成本对盈亏平衡点和保利点的影响较小。为此,企业管理者要高度重视产品的销售环节。这四个因素对利润的影响程度也不同,通过敏感性分析,可找出最敏感的因素作为企业控制的重点,并做出提升盈利水平的决策。

自 测 题

一、单选题

1. 甲公司生产一种产品,单价为 5 元,单价的敏感系数为 5。假定其他条件不变,甲公司盈亏平衡时的产品单价是( )元。

    A. 3   B. 3.5   C. 4   D. 4.5

2. 下列各项指标中,其数值越小,说明企业经营安全程度越大的是( )。

    A. 安全边际率   B. 盈亏平衡点作业率

    C. 贡献边际率   D. 销售净利润

3. 某产品销售单价为 8 元,单位贡献边际是 4 元,固定成本总额 10 000 元,目标净利润为 22 500 元,所得税税率 25%,则实现目标净利润的销售额水平为( )元。

    A. 60 000   B. 80 000   C. 50 000   D. 40 000

4. 企业只生产一种产品,单位变动成本为 45 元,固定成本总额为 60 000 元,产品单价为 120 元,为使安全边际率达到 60%,该企业的销售量应达到( )件。

    A. 800   B. 1280   C. 1333   D. 2000

5. 根据本量利分析原理,只能提高安全边际而不会降低盈亏平衡点的措施是( )。

    A. 提高单价   B. 增加产销量

    C. 降低单位变动成本   D. 压缩固定成本

6. 某产品的单位变动成本因耗用的原材料涨价而提高了 1 元,企业为抵消该变动的不利影响,决定提高产品售价 1 元,假定其他因素不变,则盈亏平衡点销售额( )。

    A. 不变   B. 提高   C. 降低   D. 以上三种情况均可

7. 假定甲公司只生产一种产品,变动成本率为 40%,盈亏平衡点作业率为 70%,则公司的息税前利润率为( )。

    A. 12%   B. 18%   C. 28%   D. 42%

8. 下列关于安全边际的说法中,不正确的是( )。

    A. 安全边际提供的贡献边际就是企业的利润

    B. 安全边际率越大越好

    C. 安全边际率是安全边际额与当年实际订货的比值

    D. 企业要提高销售税前利润率就必须提高安全边际率

9. 如果安全边际率为 58%,正常销售额为 150 000 元,单价 20 元,则盈亏平衡点销售量为( )件。

    A. 4350   B. 3150   C. 72 000   D. 无法计算

10. 假定其他因素保持不变,如果产品单位变动成本上升,则带来的结果是( )。

A. 单位贡献边际上升　　　　　　　B. 安全边际下降

C. 盈亏平衡点作业率下降　　　　　D. 盈亏平衡点销售量下降

二、多选题

1. 下列措施中，可能导致盈亏平衡点降低的是(　　)。

A. 销售量提高　　　　　　　　　　B. 单价提高

C. 单位变动成本降低　　　　　　　D. 固定成本提高

2. 下列各项中，可以作为判定企业处于保本状态的条件有(　　)。

A. 安全边际等于零　　　　　　　　B. 贡献边际等于零

C. 贡献边际等于固定资产　　　　　D. 盈亏平衡点作业率为100%

3. 下列关于本量利分析的说法中，正确的是(　　)。

A. 如果生产单一产品，经营杠杆系数和安全边际率互为倒数

B. 盈亏平衡点作业率×贡献边际额=固定成本

C. 在贡献边际式本量利图中，变动成本线的斜率等于单位变动成本

D. 销售税前利润率=安全边际率×贡献边际率

4. 企业只生产一种产品，当年的税前利润为20 000元，经过计算得到如下结果：单价的敏感系数为4，单位变动成本的敏感系数为-2.5，销售量的敏感系数为1.5，固定成本的敏感系数0.5。下列说法中正确的是(　　)。

A. 上述影响税前利润的因素中，单价是最敏感的，固定成本是最不敏感的

B. 如果单价提高10%，税前利润将增长8000元

C. 当单位变动成本的上升幅度超过40%时，企业将转为亏损

D. 企业安全边际率为66.67%

5. 下列关于安全边际和贡献边际的表述中，正确的有(　　)。

A. 安全边际表明销售额下降多少企业仍不至于亏损

B. 贡献边际率反映产品给企业做出贡献的能力

C. 提高安全边际和提高贡献边际率可以提高利润

D. 提高盈亏平衡点作业率，可以提高销售利润率

6. 企业只生产一种产品，单价为20元，单位变动成本为12元，固定成本为40 000元/月，每月正常销售量为20 000件，则下列说法正确的是(　　)。

A. 盈亏平衡点销售量为5000件　　B. 销量的敏感系数为1.1

C. 盈亏平衡点作业率为25%　　　　D. 安全边际率为60%

7. 企业只生产一种产品，下列各因素变动，既会对盈亏平衡点产生影响，又会对目标利润产生影响的有(　　)。

A. 固定资产　　　　　　　　　　　B. 单价

C. 单位变动成本　　　　　　　　　D. 销售量

8. 下列措施会引起贡献边际提高的有(　　)。

A. 其他因素不变时提高单价　　　　　B. 其他因素不变时降低固定成本

C. 其他因素不变时降低单位变动成本　　D. 其他因素不变时增加销售量

9. 企业只生产一种产品，单价为12元，单位变动成本为8元，固定成本为300万元，

销售量为 100 万件,所得税税率为 25%,要想实现税后利润 120 万元,可以采取的措施有( )。

    A. 单价提高到 12.6 元   B. 固定成本降低到 250 万元

    C. 单位变动成本降低到 7.4 元   D. 固定成本降低 20 万元

三、计算分析题

1. 企业只生产一种产品,去年变动成本总额为 84 000 元,单价为 10 元,变动成本率为 80%,获利 11 000 元。假定今年需要追加 2000 元广告费,其他条件保持不变。

要求:

(1) 计算今年的固定成本。

(2) 计算今年的盈亏平衡点销售水平。

(3) 计算今年实现 20 000 元目标利润的销售额。

(4) 如果企业要保证 40%的安全边际率,至少要销售多少件产品?

(5) 如果今年销售量只比去年增长 20%,实现的利润是多少?能否完成今年的利润任务?

2. 企业产品单位售价为 1 元,其成本 y 与销售额 x 的函数的关系为: $y=40\ 000+0.6x$。

要求:

(1) 计算盈亏平衡点的销售额和销售量。

(2) 假定所得税税率为 25%,为实现目标净利润 15 000 元,应实现的销售额为多少?

(3) 当产品的销售量为多少时,该产品的销售利润率达到 20%?

3. 企业生产销售甲、乙两种产品,产品的单价分别为 2 元和 10 元,贡献边际率为 20%和 10%,全年固定成本为 45 000 元。

要求:

(1) 假定甲、乙两种产品预计分别销售 50 000 元和 30 000 元,试计算下列指标: 综合盈亏平衡点销售额; 甲、乙两种产品的盈亏平衡点销售量; 用金额表示的安全边际; 预计利润。

(2) 如果增加广告费 5000 元可以使甲产品销售量增至 60 000 件,而乙公司的销售量会减少到 20 000 件。试计算此时的综合盈亏平衡点销售额,并说明采取这一广告措施是否合算。

4. 甲公司生产 A、B、C 三种产品,三种产品共用一条生产线,该生产线每月生产能力为 12 800 机器小时,目前已经满负荷运转。为使公司利润最大,公司正在研究如何调整三种产品的生产结构,相关资料如下。

(1) 公司每月固定制造费用为 400 000 元,每月固定管理费用为 247 500 元,每月固定销售费用为 300 000 元。

(2) 三种产品当前的产销数据如表 3-3 所示。

(3) 公司销售部门预测,产品 A 还有一定的市场空间,按照目前市场情况,每月销售量可以达到 2000 件,产品 B、C 的销售量不受限制; 市场部门提出,产品 B 受技术工人数量的限制,每月最多可以生产 1500 件,产品 A、C 的产量不受限制。

表3-3 三种产品产销数据

项 目	产品 A	产品 B	产品 C
每月产销量(件)	1400	1000	1200
销售单价(元)	600	900	800
单位变动成本(元)	400	600	450
单位生产产品需要机器工时(小时)	2	4	5

要求:

(1) 计算当前 A、B、C 三种产品的贡献边际总额、加权平均贡献边际率、盈亏平衡点的销售额。

(2) 计算调整生产结构后 A、B、C 三种产品的产量、贡献边际总额、甲公司每月的税前利润。

5. 某公司下一年度的部分预算资料如表3-4所示。

表3-4 预算资料

项 目	总成本(元)	单位成本(元/件)
直接材料	160 000	2
直接人工	320 000	4
变动制造费用	80 000	1
固定制造费用	400 000	5
销售费用(全部为变动费用)	240 000	3
管理费用(全部为固定费用)	600 000	7.5
合计	1 800 000	22.5

假定公司生产和销售平衡,适用所得税税率为25%,计算结果取整数。

要求:

(1) 如果下一年产品单价为22元,计算盈亏平衡点产品销售量。

(2) 如果下一年销售 100 000件产品,计算使销售净利率为12%的产品售价和安全边际率。

6. 企业只产销一种产品,上年盈亏平衡点销售量为600件,单价为150元,单位成本为130元,其中单位变动成本为120元。

要求:通过计算回答下列问题。

(1) 若使本年利润比上年增长 20%,应当采取哪些单项措施才能实现目标利润,并计算各项措施的敏感系数。

(2) 如果计划年度保证该产品不亏损,应把有关因素的变动控制在什么范围?

(3) 假定企业拟实现 42 000 元的目标利润,可通过降价10%来扩大销售量实现目标利润,但是由于生产能力的限制,销售量只达到所需销售量的55%,为此还需要降低单位变动成本,但是分析人员认为,经过努力单位变动成本只能降到110元,因此还需要进一步压缩固定成本支出。针对上述情况,应当如何落实目标利润?

四、思考题

1. 什么是本量利分析？它有哪几种模型？

2. 贡献边际率有何作用？它和变动成本率的关系如何？综合贡献边际率如何计算？

3. 测定盈亏平衡点有何意义？多种产品的盈亏平衡点如何测定？

4. 各种盈亏平衡点图示法有何特点？

5. 比较说明贡献边际与安全边际、贡献边际率与安全边际率的实际含义。

6. 影响盈亏平衡点的因素有哪些？其与盈亏平衡点有何关系？

7. 影响保利点的因素有哪些？它们的变动对保利点会产生何影响？

8. 如何进行利润敏感性分析？

第四章

预测分析

【学习要点及目标】

● 理解预测分析的概念及特征。
● 熟悉预测分析的步骤与基本方法。
● 掌握销售预测、成本预测、利润预测及未来融资需求预测的方法。
● 掌握经营杠杆系数在管理会计中的应用。

【核心概念】

预测分析　销售预测　成本预测　利润预测　未来融资需求预测

【引导案例】 提高销售预测准确度

第一节　预测分析概述

一、预测分析的概念

预测分析是运用一定的专门方法，根据过去与现在来预测未来，根据已知推测未知的过程。在激烈的市场竞争中，企业需要科学地预测未来将要发生的经济活动的一些情况，然后根据预测结果进行各种理性决策。准确地预测未来的经济活动可能产生的经济效益和发展趋势是企业做出正确决策的基础。

由于各种不可预测因素的影响，企业预测的情况一定会与实际情况有所出入。从表面上看，不准确的预测会导致企业制定出不准确的决策和计划，似乎预测与决策、计划没有什么意义。但是，预测的真正目的在于展示企业未来的前景，促使企业能够制定出各种应急策略，提高企业对不确定事件的应变能力，从而减少不利事件带来的损失，增加利用有利机会带来的收益。提前进行预测与计划本身是一个提前思考的过程，有助于企业提高对未来发展前景和各种可能情况的认识。

二、预测分析的内容

在管理会计中，单项预测分析的主要内容通常包括销售预测、成本预测、利润预测和资金预测等方面内容；综合预测分析的内容主要是预测企业的资产负债表、利润表和现金流量表。本章只介绍单项预测分析。

1. 销售预测

销售预测是根据历史销售资料，运用一定的方法对有关产品在一定时期内各种条件下的销售水平及其发展变化趋势所进行的估计和推断。销售预测是企业预测的起点，一般情况下其他预测会把销售数据视为已知数，因此销售预测是其他各项预测的前提和基础，销售预测完成后才能进行其他各项预测。

2. 成本预测

成本预测是根据历史成本资料，运用一定的方法对有关产品或劳务在一定时期内各种条件下的成本水平和变动趋势所进行的估计和推断。在进行成本预测分析时，应当多方面考虑各种因素，包括生产技术、生产组织和经营管理等方面，对未来时期的产品或劳务的成本水平或不同方案的成本进行测算、分析和比较。

3. 利润预测

利润预测是指在销售预测和成本预测的基础上，根据企业未来发展目标和其他相关资料，预测企业未来应达到和可望实现的利润水平及其变动趋势的过程。

4. 资金预测

从广义角度看，资金预测是根据企业未来经营发展目标，并考虑影响资金的各项因素，运用一定的方法预测企业未来一定时期内或一定项目所需要的资金数额、来源渠道、运用方向及其效果的过程；而狭义的资金预测仅仅是指对未来融资需求量的预测。本章只介绍狭义的资金预测。

三、预测分析的基本步骤

预测分析一般可按以下步骤进行。

1. 明确预测分析的目的

企业预测分析目的不同，预测的内容和项目所需要的资料以及运用的方法都会有所不同。企业需根据经营活动的需要明确预测分析的具体要求，并根据具体要求拟定预测项目、制订预测计划，以保证预测分析顺利进行。

2. 确定预测分析的对象

预测分析对象就是指要对什么进行预测。在明确了预测分析的目的后，需要进一步确定预测分析的对象，即确定预测分析的内容、范围，进而有针对性地做好各阶段的预测分析工作。

3. 搜集整理所需要的资料

客观、充分的资料是进行预测分析的基础，充分、准确、可靠地搜集资料是进行预测分析的重要一环，包括经济、技术、市场等方面的计划资料和实际资料。在占有大量资料的基础上，按照一定的方法对所搜集的资料进行整理、归纳，尽力从中找出与预测对象相关的各因素之间的相互依存关系。

4. 选择预测方法

预测方法是保证预测有效性的重要保障。不同的预测对象和内容应当选择不同的预测方法。预测方法分为定性预测分析方法和定量预测分析方法两大类。

5. 进行预测分析

预测分析就是应用选定的预测方法和建立的预测模型，根据搜集的各种资料，分别进行定性和定量分析与判断，从而给出实事求是的预测结果。

6. 分析预测误差并修正预测值

任何预测都不可能完全精确，尤其是中、长期预测更容易出现不可控的变动因素。因此在经过一定时间后，企业需要对上一阶段的预测结果进行验证、分析和评价，然后分析原因，以便及时修正预测方法。对于预测误差，企业可以使用定性或定量方法来修正预测结果，使得预测结果更加贴近现实。

7. 报告预测结果

报告预测结果就是根据上一阶段的修正、补充，将最终的预测结果以一定的形式、通过一定的程序报告给企业管理当局，以助其进行理性管理决策。

四、预测分析的方法

预测分析方法可以分为定性预测分析法和定量预测分析法两大类。

(一)定性预测分析法

定性预测分析法，又称为非数量预测分析法，是指预测人员依靠自己丰富的实践经验和主观分析判断能力，在考虑经济形势、市场变化等诸多因素的前提下，结合预测对象的特点进行综合分析，对事物的未来状况和发展趋势进行预计和判断的方法。定性预测分析方法的特点是简单、方便、费用低，且容易被接受，但是这类方法对预测人员的专业技能和综合分析能力有较高要求。常见的定性预测分析方法包括调查分析法、判断分析法，其中判断分析法又包括个人判断法、专家会议法、德尔菲法。

(二)定量预测分析法

定量预测分析法，又称为数量预测分析法，是指在掌握与预测对象相关的各种要素定量资料的基础上，运用一定的数学方法进行数据的处理，并据此建立能够反映有关变量之间规律性联系的各类预测模型以做出预测的方法体系。按具体做法的不同，定量预测分析法又可以分为趋势分析法和因果分析法两类方法。

1. 趋势分析法

趋势分析法，又称趋势外推法，是以某个指标本身过去的变化趋势作为预测的依据，而把未来看作过去与现在的延伸的一种预测方法。该方法认为，影响有关指标的各种因素，会在目前和将来都起作用，因而根据这种作用的延续趋势可以预测未来的发展和变化。常用的趋势分析法包括算术平均法、移动平均法、加权平均法、移动加权平均法、平滑指数法和修正的时间序列回归分析法等。

2. 因果分析法

因果分析法是根据预测对象与其他相关指标之间相互依存、相互制约的规律性联系，建立相应的数学模型并进行预测的一种方法。该方法是依据所掌握的资料找出所要预测的变量及与其相关联的变量之间的关系，从而建立起相应的因果预测模型的一类预测方法。常用的因果分析法包括回归直线法、投入产出法、经济计量法等。

【阅读资料4-1】 如何面对不确定的未来。

第二节 销 售 预 测

一、销售预测的意义

销售预测就是对企业未来的销售量(或销售额)进行预测。市场经济条件下,企业被推向市场,市场决定着企业的生存与发展,企业的生产经营基本策略是"以需定销""以销定产",因此,销售预测对企业经营有着重要的意义。

首先,销售预测是规划企业经营活动的基础。市场经济是自由竞争的经济模式,企业的经营活动应当以市场为导向,根据市场需求情况安排生产经营。通过销售预测,企业可以较全面地了解和掌握产品市场需求的基本动态和发展变化规律,使企业能够更加理性地规划企业未来经营活动,促使企业的经营活动有效、合理地进行。

其次,销售预测是成本预测、利润预测和资金预测的前提。尽管各项预测各有其特点和内容,但它们均与销售预测有着密切关系,销售预测在整体预测体系中处于先导地位,它指导着其他预测的内容,如果没有销售预测,其他预测将无据可循并失去意义。

二、销售的定性预测

(一)调查分析法

调查分析法就是根据对某种产品在市场上的供需情况变化的详细调查,来预测其销售量(或销售额)的一种专门方法。需要调查的基本内容包括:产品寿命周期、消费者的情况、市场竞争力的情况、国内外或本地区经济发展趋势等。在上述四个方面的调查基础上,再对调查资料进行综合、整理、加工、计算,就可以对产品的销售做出预测,公式如下:

本企业预测销售量=(本区域(市、县等)年需求量+外地年需求量-外地年供应量)×
本企业市场占有率   公式(4.2.1)

【例 4-1】2017 年某生产空调的厂商对其生产的变频空调销售量情况进行调查。该产品已经试销一年,截至年度末,本市已经拥有 1.5 万个用户,本市共有居民 100 万户。根据调查,2017 年外地从本市订购该型空调 3000 台,本市从外地订购该型空调 2000 台。已知该空调寿命的介绍期为 1~3 年,产品普及率为 1%~5%,该厂商的市场占有率为 25%。

要求:预测该厂商的变频空调销售量。

解:本市该变频空调的平均年需求量=1 000 000×(5%-1.5÷100)÷(3-1)=17 500(台)

本企业预测销售量=(17 500+3000-2000)×25%=4625(台)

(二)判断分析法

在运用判断分析法进行销售预测时，需要选择本企业或企业外部有经验、有分析能力和资源、有责任心的人士，如销售员或者专家进行分析。如果选择不同的人员进行预测，需要对他们的预测结果进行综合分析和平衡。

【例4-2】某公司有三名经验丰富的销售人员，他们对下一年度公司销售量的预测结果如表4-1所示。

表4-1 销售人员预计销售量及概率表

销售人员	销售量(吨)	概率	销售量×概率(吨)
甲销售人员：			
最高	520	0.1	52
正常	500	0.7	350
最低	480	0.2	96
平均值			498
乙销售人员：			
最高	550	0.2	110
正常	510	0.6	306
最低	490	0.2	98
平均值			514
丙销售人员：			
最高	530	0.1	53
正常	520	0.8	416
最低	500	0.1	50
平均值			519

要求：预测本公司的销售量。

解：本公司销售量的预测值=(498+514+519)÷3=511.33(吨)

三、销售的定量预测

(一)趋势分析法

1. 算术平均法

算术平均法，又称为简单平均法，是直接将过去若干期实际销售量的算术平均值作为销售量预测值的一种预测方法。该方法的原理是一视同仁地看待 n 期内各期销售量对未来预测销售量的影响。其计算公式为：

$$\overline{Q}_{n+1} = \frac{\sum Q_t}{n}$$

公式(4.2.2)

式中：$\bar{Q}_{n+1}$——销售量预测值；

$\quad\quad Q_t$——第 t 期实际销售量；

$\quad\quad n$——总期数。

算术平均法的优点是计算过程简单；缺点是没有考虑远近各期销售量的变动对预测期销售状况的不同程度的影响，从而使不同时期资料的差异简单平均化。因此，该方法适用于各期销售量比较稳定的商品的预测，如没有季节性变动的食品和日用品等。

【例 4-3】某企业生产一种产品，20×8 年 6 月至 11 月的销售量资料如表 4-2 所示。

表 4-2 企业销售量资料

单位：吨

月份	6	7	8	9	10	11	合计
销量	150	180	172	190	182	170	1 044

要求：按算术平均法预测该企业该年 12 月份的销售量。

解：12 月份销售量的预测值=(150+180+172+190+182+170)÷6=174(吨)

2. 移动平均法

移动平均法，是指在掌握 n 期销售量的基础上，按照事先确定的期数(记作 m)逐期分段计算 m 期的算术平均数，并以最后一个 m 期的平均数作为第$(n+1)$期的预测销售量的一种预测方法，即预测值等于最近 m 期销售量的算术平均数。其计算公式为：

$$\bar{Q}_{n+1} = \frac{Q_{n-m+1} + Q_{n-m+2} + \cdots + Q_{n-1} + Q_n}{m} \qquad \text{公式(4.2.3)}$$

【例 4-4】同例 4-3 的销售量资料。

要求：按照移动平均法预测该企业该年 12 月份的销售量(假定 m=4)。

解：12 月份的销售量=(172+190+182+170)÷4=178.5(吨)

移动平均法虽然能够克服算术平均法忽视远近期销售量对预测值影响程度不同的缺点，有助于消除远期偶然因素的不规则影响。但是由于它只考虑了 n 期数据中的最后 m 期的资料，仍然存在代表性差的弱点。该方法适用于销售业务略有波动的产品预测。

也有的观点认为，这样计算出的平均值只反映预测前一期的销售水平，应当在此基础上按照趋势值对其进行修正。假设趋势值用 b 表示，则其计算公式为：

$$b=\text{最后移动期的平均值}-\text{上一个移动期的平均值} \qquad \text{公式(4.2.4)}$$

修正的移动平均法按照以下公式进行销售量预测：

$$\bar{Q}_{n+1} = \text{最后 } m \text{ 期的算术平均数}+\text{趋势值} \qquad \text{公式(4.2.5)}$$

【例 4-5】仍同例 4-3 中的销售量资料和例 4-4 的计算结果。

要求：按照修正的移动平均法预测该企业该年 12 月的销售量。

解：例 4-4 中最后移动期的平均值为 178.5 吨。

上一个移动期的平均值=(180+172+190+182)÷4=181(吨)

趋势值 b=178.5-181=-2.5

则 12 月份的预测销售量=178.5-2.5=176(吨)

3. 加权平均法

加权平均法，是指在掌握全部 n 期销售资料的基础上，按"近大远小"的原则确定各期权数，并据以计算加权平均销售量的一种预测方法。一般来说，距离预测期越近的实际资料对其影响越大，距离预测期越远的实际资料对其影响越小。假定预测销售量为 $\bar{Q}$，其计算公式为：

$$\bar{Q} = \frac{\sum Q_t \cdot W_t}{\sum W_t}$$
公式(4.2.6)

上述公式满足：

$$W_{t+1} > W_t (t = 1, 2, \cdots, n)$$

其中，权数的确定有两种方法。

(1) 自然权数法。该方法要求按照自然数 1，2，$\cdots$，n 的顺序确定权数。即：$W_1 = 1$，$W_2 = 2$，$\cdots$，$W_n = n$。

因此上述预测销售量公式可变为：

$$\bar{Q} = \frac{\sum (Q_t \cdot W_t)}{\sum W_t}$$
公式(4.2.7)

(2) 饱和权数法。该方法要求各期权数为大于 0 且小于 1 的正数，其所有权数之和为 1。例如，当$n=3$时，可令 $W_1 = 0.2$，$W_2 = 0.3$，$W_3 = 0.5$；再如，当$n=5$时，可令 $W_1 = 0.04$，$W_2 = 0.08$，$W_3 = 0.13$，$W_4 = 0.25$，$W_5 = 0.5$。

依此类推，按照此法预测销售量公式可变为：

$$\bar{Q} = \sum (Q_t \cdot W_t)$$
公式(4.2.8)

加权平均法的优点是既可以利用全部历史数据，又充分考虑了不同期间对未来的不同影响；缺点是不能按照统一、客观的方法确定各期的权数值。

【例 4-6】按例 4-3 的销售量资料。

要求：分别用自然权数法、饱和权数法预测该企业该年 12 月份的销售量。

解：

(1) 在自然权数法下，12 月份的预测销售量计算如下：

$$\sum (Q_t \cdot W_t) = 150 \times 1 + 180 \times 2 + \cdots + 170 \times 6 = 3716(吨)$$

$$\sum W_t = 1 + 2 + 3 + 4 + 5 + 6 = 21$$

则 12 月份的预测销售量=3716÷21=176.95(吨)

(2) 在饱和权数法下，需要对各期销售量赋予加权平均的权数。假定权数分别为：$W_1 = 0.04$，$W_2 = 0.08$，$W_3 = 0.13$，$W_4 = 0.2$，$W_5 = 0.25$，$W_6 = 0.3$。

则 12 月份的预测销售量=150×0.04+180×0.08+⋯+170×0.3=177.26(吨)

4. 平滑指数法

平滑指数法，是指在综合考虑前期有关预测销售量和实际销售量信息的基础上，利用事先确定的平滑指数预测未来销售量的一种预测方法。平滑指数法实质上也是一种饱和权数的加权平均法，它是以平滑指数 α 和 $(1-\alpha)$ 为权数进行加权。其计算公式为：

预测销售量($\bar{Q}$)=平滑指数×前期实际销售量+(1-平滑指数)×前期预测销售量

即：

$$\overline{Q} = \alpha \bullet Q_{t-1} + (1-\alpha) \bullet \overline{Q}_{t-1}$$ 公式(4.2.9)

其中，α 表示平滑指数，这是一个经验数据，取值范围为[0,1]，通常情况下在 0.3～0.7 之间。平滑系数具有修正实际数所包含的偶然因素对预测值的影响的作用，通常由预测者根据过去销售实际数与预测值之间的差异的大小确定，因而有一定的主观因素。平滑系数取值越大，则近期实际值对预测结果的影响就越大；平滑系数取值越小，则近期实际数对预测结果的影响就越小。因此，进行近期或销售量波动较大时的预测，应采用较大的平滑系数；进行长期或销量波动较小时的预测，可采用较小的平滑系数。

【例 4-7】同例 4-3 的销售量资料，假定原来 11 月份的销售量预测值为 210 吨，平滑指数为 0.6。

要求：按照平滑指数法预测 12 月份的销售量。

解：由公式(4.2.9)得计算结果如下。

12 月份的预测销售量=170×0.6+210×(1-0.6)=186(吨)

5. 修正的时间序列回归法

通过分析一段时间内的销售量和时间的函数关系，来建立回归模型并据此进行预测的方法称为时间序列回归法。在此只介绍修正的时间序列回归法。

按照一般直线回归法原理，假定销售预测模型为：

$$y = a + bx$$

其中，a 和 b 为回归系数，y 为销售量(因变量)，x 为未经过修正的时间自变量。根据最小二乘法原理，回归系数的计算公式为：

$$a = \frac{\sum y - b \bullet \sum x}{n}$$ 公式(4.2.10)

$$b = \frac{n\sum xy - \sum x \sum y}{n\sum x^2 - (\sum x)^2}$$ 公式(4.2.11)

如果按照时间序列的特点对 x 值进行修正，使得 $\sum x = 0$，则可将回归系数的计算公式简化为：

$$a = \frac{\sum y}{n}$$ 公式(4.2.12)

$$b = \frac{\sum xy}{\sum x^2}$$ 公式(4.2.13)

对于需要修正的时间自变量 x 值，可分以下两种情况进行讨论。

(1) 如果 n 为奇数，将 $x=0$ 置于历史观察值的中间，其余前后各期以该期为中心，x 取值间隔期为 1，如表 4-3 所示。

表 4-3　各期修正 x 值结果

时期	1	2	3	4	5	6	7	$n=7$
修正 x	−3	−2	−1	0	+1	+2	+3	$\sum x = 0$

(2) 如果 n 为偶数，将 $x=+1$ 和 $x=-1$ 置于历史观察值的中间两期，x 的取值间隔为

2，即其余各期以 2 为间隔，依次递增或递减，如表 4-4 所示。

表 4-4　各期修正 x 值结果

时期	1	2	3	4	5	6	$n=6$
修正 x	-5	-3	-1	$+1$	$+3$	$+5$	$\sum x=0$

【例 4-8】同例 4-3 的销售量资料。

要求：

(1) 按照修正的时间序列回归法建立销售量预测模型。

(2) 分别预测 12 月、下一年 1 月份的销售量。

解：(1)依题意整理和计算有关数据如表 4-5 所示。

表 4-5　有关数据计算表

期数	销售量 y(吨)	修正的 x	xy	x^2
1	150	-5	-750	25
2	180	-3	-540	9
3	172	-1	-172	1
4	190	$+1$	$+190$	1
5	182	$+3$	$+546$	9
6	170	$+5$	$+850$	25
$n=6$	$\sum y=1044$	$\sum x=0$	$\sum xy=124$	$\sum x^2=70$

代入公式(4.2.12)与公式(4.2.13)可得到回归系数：

$$a = \frac{\sum y}{n} = 174$$

$$b = \frac{\sum xy}{\sum x^2} = 1.77$$

则回归模型为：$y = 174 + 1.77x$。

(2) 12 月份的 x 值为+7，则 12 月份的预测销售量=174+1.77×7=186.39(吨)。

次年 1 月份的 x 值为+9，则次年 1 月份的预测销售量=174+1.77×9=189.93(吨)。

(二)因果分析法

因果分析法，又称为相关预测分析法，是利用事物发展的因果关系来推测事物发展趋势的一种预测方法。它是根据已掌握的历史资料，找出预测对象的变量与其相关事物的变量之间的依存关系，建立相应的因果预测的数学模型，据此预测计划期的销售量。

因果分析法采用的方法很多，最常用而且比较简单的是最小二乘法，亦称回归直线法。该方法的优点是简便易行，成本低廉。

回归直线法已在第二章成本性态分析中介绍过，这里不再赘述。

【例 4-9】某企业通过调查发现，甲产品的销售量与当地居民人均月收入有关。已知本地区连续 6 年的历史资料如表 4-6 所示，该企业生产甲产品的市场占有率为 25%，假设

20×9 年居民人均月收入为 1750 元。

表 4-6　该地区人均月收入和销售量的历史资料

年　份	20×3	20×4	20×5	20×6	20×7	20×8
人均月收入 x (元)	1500	1550	1600	1620	1650	1700
销售量 y (吨)	10	11	12	14	15	16

要求：

(1) 用回归直线法建立甲产品的销售量预测模型。

(2) 预测 20×9 年本地区甲产品的销售量。

(3) 预测 20×9 年本企业甲产品的销售量。

解：(1)根据所给资料，列表计算有关数据如表 4-7 所示。

表 4-7　有关数据计算表

年　份	人均月收入 x(元)	销售量 y(吨)	xy	x^2	y^2
20×3	1500	10	15 000	2 250 000	100
20×4	1550	11	17 050	2 402 500	121
20×5	1600	12	19 200	2 560 000	144
20×6	1620	14	22 680	2 624 400	196
20×7	1650	15	24 750	2 722 500	225
20×8	1700	16	27 200	2 890 000	256
n=6	$\sum x = 9620$	$\sum y = 78$	$\sum xy = 125\,880$	$\sum x^2 = 15\,449\,400$	$\sum y^2 = 1042$

相关系数为：

$$r = \frac{n\sum xy - \sum x \sum y}{\sqrt{[n\sum x^2 - (\sum x)^2][n\sum y^2 - (\sum y)^2]}}$$

将表 4-7 中的有关数据代入 r 的计算公式得到 $r = 0.9736$。

因为相关系数趋近于 1，表明销售量与人均月收入基本正相关，可以建立一元线性回归模型，代入模型的回归系数计算公式可得：

$$a = -35.1 \ , \quad b = 0.03$$

则甲产品的预测销售量的模型为：$y = -35.1 + 0.03x$。

(2) 20×9 年本地区甲产品的预测销售量 $= -35.1 + 0.03 \times 1750 = 17.4$(吨)。

(3) 20×9 年本企业甲产品的预测销售量 $= 17.4 \times 25\% = 4.35$(吨)。

【阅读资料 4-2】　销售预测不准怎么办

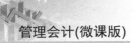

第三节 成本预测

一、成本预测的意义

成本预测是指根据企业的经营目标及有关资料和数据，结合企业未来的发展前景和趋势，并在考虑企业现有的生产经营能力和影响因素的基础上，采用一定的方法对未来一定时期的成本水平和目标成本进行预测的过程。

成本预测是成本管理的重要内容，也是进行成本管理的起点，其意义有以下几方面。

(一)成本预测有利于加强企业成本控制

成本管理是企业管理的一项重要内容。在产品价格一定的情况下，产品成本的高低直接决定企业的利润水平。通过成本预测，可以预知企业未来时期内的成本水平及其变动趋势，并能及时采取各种方法和措施，加强成本控制和管理，从而降低产品成本。

(二)成本预测有利于实行目标管理

目标管理是现代企业管理的一个重要方法。它通过预先制定企业未来一定时期内的经营目标和方针，并采取有效的方法和措施保证目标得以实现，借此达到控制企业经营活动的目的。实行成本目标管理是降低成本的重要途径。为了搞好成本的目标管理，必须加强成本预测。只有通过成本预测才能为制定科学合理的成本目标提供更加准确和合理的依据。

(三)成本预测能为经营决策提供科学依据

经营决策的正确与否，关系到企业经营的成败。通过成本预测，可以预知企业在一定时期内和一定情况下的成本水平，为合理地确定企业的经营方向、产品结构和产品价格等，提供科学的决策依据；通过成本预测，还可以揭示影响企业成本的因素和程度，从而能够制定控制或降低成本的有效措施和方法。

二、成本预测的方法

成本预测方法很多，在此介绍几种常用的方法。

(一)技术测定法

技术测定法是在充分挖掘生产潜力的基础上，根据产品设计结构、生产技术条件和工艺方法，对影响人力、物力消耗的各项因素进行技术测试和分析计算，从而确定产品成本的一种方法。技术测定法需要专业技术方面的知识，在使用时，需要有关技术部门人员的参与。

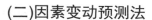

(二)因素变动预测法

产品成本包括在取得或制造产品过程中所消耗的各种材料，人工及设备磨损、转移的成本。因此，影响产品成本的因素很多，相应的测算方法也有一定的区别。

1. 材料变动对产品成本影响的预测方法

材料费用是构成产品成本的主要项目之一，尤其是对传统制造业而言，材料成本在产品成本总额中占有较大比重。在保证产品质量的前提下，合理、节约地使用材料，降低材料费用，是降低产品成本的重要途径。而通过分析材料成本的变动情况，就可以对产品成本做出合理的预测。

某材料单位产品消耗量变动对单位成本的影响=(计划期单位产品消耗量－基期单位产品消耗量)×基期材料单价　　公式(4.3.1)

某材料单价变动对单位成本的影响=(计划期材料单价－基期材料单价)×计划期单位产品的材料消耗量　　公式(4.3.2)

【例 4-10】某企业生产 A 产品，耗用甲、乙两种材料，基期单位产品耗用材料情况为：甲材料 2 千克，单价 20 元；乙材料 1.5 千克，单价 10 元。而计划期预测单位产品耗用材料情况为：甲材料 1.8 千克，单价 25 元；乙材料 1.2 千克，单价 9 元。

要求：测试材料变动对产品成本的影响。

解：

(1) 材料的单位产品消耗量对于 A 产品单位成本的影响：

甲材料：(1.8-2)×20=-4(元)

乙材料：(1.2-1.5)×10=-3(元)

(2) 材料的单价变动对于 A 产品单位成本的影响：

甲材料：(25-20)×1.8=9(元)

乙材料：(9-10)×1.2=-1.2(元)

因此，由于计划期甲材料单位产品消耗量的变动使得产品单位成本下降 4 元，加上计划期甲材料单价的变动使得产品单位成本上升 9 元，因此甲材料导致产品成本上升 5 元。同时可以看到，由于计划期乙材料单位产品消耗量的变动使得产品单位成本下降 3 元，加上计划期乙材料单价的变动使得产品单位成本下降 1.2 元，因此乙材料导致产品成本下降 4.2 元。整体看，A 产品的单位成本上升了 0.8 元。

2. 人工变动对产品成本影响的预测方法

产品中人工费用的多少取决于生产工人的工资增长率和劳动生产率增长率的高低。如果工资的增长幅度高于劳动生产率的增长幅度，产品成本就会上升；反之，如果工资的增长幅度低于劳动生产率的增长幅度，产品成本就会下降。利用两者的关系，可以预测劳动生产率和工资的变动对产品成本的影响。

工资和劳动生产率变动对产品单位成本的影响=[1-(1+工资增长率)÷(1+劳动生产率增长率)]×基期单位产品的工资成本　公式(4.3.3)

【例 4-11】承例 4-10，企业基期 A 产品的单位产品工资费用为 20 元，预测计划期工资增长率为 12%，劳动生产率增长率为 10%。

要求：测算计划期工资水平和劳动生产率变动对单位产品成本的影响。

解：计划期工资水平和劳动生产率变动对单位产品成本的影响=[1-(1+12%)÷(1+10%)]×20≈ -0.36(元)。

此结果表明，计划期由于工资水平和劳动生产率变动使得单位产品成本下降约 0.36 元。

3. 产品产量变动对产品成本影响的预测方法

根据本量利有关分析可知，固定成本在相关范围内保持不变，如果产品产量增加，单位产品分摊的固定成本将减少；反之，如果产品产量减少，单位产品分摊的固定成本将增加。根据这种关系，可以预测产量变动对成本的影响程度。

产品产量变动对产品成本中固定成本的影响=[1-1÷(1+产品增长率)]×基期单位产品的
固定成本　　　　公式(4.3.4)

【例 4-12】承例 4-10、例 4-11，假定基期企业 A 产品中固定成本总额为 60 000 元，产品产量为 10 000 件，预计计划期产品产量为 12 000 件。

要求：测算产品产量变动对于产品成本的影响。

解：基期单位产品的固定成本=60 000÷10 000=6(元)

产品产量增长率=(12 000-10 000)÷10 000=20%

产品产量变动对产品成本中固定成本的影响=[1-1÷(1+20%)]×6=1(元)

此结果表明，由于产品产量变动使得单位产品中的固定成本增加 1 元。

综合例 4-10、例 4-11 及例 4-12 的结果可知，由于材料、人工及产品产量变动，使得企业 A 产品的单位成本增加了约 1.44 元。

(三)历史资料分析法

历史资料分析法，是指在掌握有关成本等历史资料的基础上，采用一定的方法进行数据处理，建立有关成本模型，并据此预测未来成本的一种方法，具体包括高低点法、加权平均法和回归直线法三种。

1. 高低点法

【例 4-13】某机床厂只产销甲种机床，最近 5 个月的产量及成本数据如表 4-8 所示。假定计划第 6 个月产量为 80 台。

要求：采用高低点法预测计划月份产品总成本和单位成本。

表 4-8　产品历月成本资料

月　份	产量(台)	单位变动成本 b(元)	固定成本总额 a(元)
1	20	6	400
2	45	5	500
3	60	3	540
4	50	4	480
5	70	3	570

解：

(1) 找出产量高低点和对应的总成本金额。

最高点(70,780)；最低点(20,520)

b =(780−520)÷(70−20)=5.2(元)

a =780−5.2×70=416(元)　或 a =520−5.2×20=416(元)

(2) 计算计划期月份产品总成本和单位成本。

计划期月份产品总成本预测值(y)=416+5.2×80=832(元)

计划期月份产品单位成本预测值=832÷80=10.4(元)

2. 加权平均法

【例 4-14】按例 4-13 的资料，且假定各月份权数依次为 0.03、0.07、0.15、0.25 和 0.5，用加权平均法预测计划月份产品的总成本和单位成本。

解：把资料代入计算公式得

计划期月份产品总成本预测值=(400×0.03+500×0.07+540×0.15+480×0.25+570×0.5)+(6×0.03+5×0.07+3×0.15+4×0.25+3×0.5)×80=811.4(元)

计划期月份产品单位成本预测值=811.4÷80=10.14(元)

3. 回归直线法

【例 4-15】同例 4-13 的资料，用回归直线法预测计划期月份产品的总成本和单位成本。

解：

(1) 编制回归直线计算表，如表 4-9 所示。

表 4-9　回归直线计算表

月份	产量 x (台)	成本 y (元)	xy	x^2	y^2
1	20	520	10 400	400	270 400
2	45	725	32 625	2025	525 625
3	60	720	43 200	3600	518 400
4	50	680	34 000	2500	462 400
5	70	780	54 600	4900	608 400
$n=5$	$\sum x=245$	$\sum y=3425$	$\sum xy=174\,825$	$\sum x^2=13\,425$	$\sum y^2=2\,385\,225$

(2) 求相关系数。

$$r = \frac{5\times174\,825 - 245\times3425}{\sqrt{[5\times13\,425 - 245^2]\cdot[5\times2\,385\,225 - 3425^2]}} \approx 0.94$$

因此，相关系数近于 1，说明 x 与 y 基本正相关，可以建立回归模型。将有关数据代入回归系数的计算公式，可得到预测成本的模型为：

$$y = 443.43 + 4.93x$$

(3) 预测成本。

计划期月份产品总成本预测值=443.43+4.93×80=837.83(元)

计划期月份产品单位成本预测值=837.83÷80=10.47(元)

比较上述三种方法，预测结果略有差异，企业应根据自身情况合理选择。高低点法简单方便，但由于其采用的历史资料较少，计算结果比较粗略，该方法主要适用于成本比较稳定的企业。加权平均法适用于掌握详细的固定成本和变动成本历史资料，且各期成本水平变动较频繁的企业。回归直线法借助模型进行预测，较为科学准确，但计算繁杂，在电算化时代，此问题亦容易解决。

【阅读资料4-3】 成本管理规范化的6个基本内容。

第四节 利 润 预 测

一、利润预测的意义

利润预测是按照企业经营目标的要求，根据企业未来发展目标和其他相关资料，通过对影响利润变化的成本、产销量等因素的综合分析，预测未来应当达到或期望实现的利润水平及其变动趋势的过程。鉴于营业外活动的偶然性和难以预料性，对于企业利润的预测，最主要的是对营业利润的预测。

企业进行利润预测的目的和意义在于，将预测利润与目标利润进行比较，研究目标利润制定得是否科学合理、先进可行，以及应在哪些方面采取措施确保目标利润的实现。总之，利润预测是为规划目标利润服务的，规划好企业的最优目标利润，就可以落实产量、成本、价格等方面的指标，并据以上指标可编制全面预算。

二、利润预测的方法

(一)比例预测法

比例预测法就是根据一定的利润率指标(如销售利润率、成本利润率等)来预测计划期内产品销售利润的一种方法。

1. 根据销售利润率预测

销售利润率(即销售收入利润率)是产品销售利润与产品销售收入的比率，表明每1元的销售收入所创造的利润是多少。只要预计出计划期产品的销售收入，就可以利用下列公式预测计划期的销售利润：

$$计划期产品销售利润=计划期预计销售收入×产品销售利润率 \qquad 公式(4.4.1)$$

2. 根据成本利润率预测

成本利润率(即销售成本利润率)是产品销售利润与产品销售成本的比率，表明每1元的销售成本所取得的利润是多少。只要预计出计划期产品的销售成本，就可以利用下列公式预测计划期的销售利润：

计划期产品销售利润=计划期预计销售成本×产品成本利润率 　　　公式(4.4.2)

(二)因素分析法

因素分析法就是在基期已实现利润的基础上，充分估计计划期内影响产品利润的各有关因素增减变动的可能，来预测企业计划期内产品销售利润的数额。一般来说，影响产品销售利润的因素包括产品销售量、销售价格、产品成本以及企业的产品品种结构等。通过分析这些因素的变动情况，在考虑影响利润的基础上对利润额进行预测。

(三)经营杠杆系数预测法

1. 经营杠杆的含义

根据成本性态分析原理，在相关范围内产销量的变化不会改变固定成本总额，但随着产销量的变动，单位固定成本呈反方向变动趋势。因此，企业在相关范围内增加产销量，一方面会直接引起利润的增加；另一方面由于单位产品分摊的固定成本减少，从而间接地使利润再增加，导致利润的变动幅度大于产销量的变动幅度，人们将这种利润变动率大于产销量变动率的特殊现象称为经营杠杆效应。

经营杠杆与企业的成本结构有关。在企业的成本总额中，固定成本总额比重大，经营杠杆功能强，则销售量变动对企业利润的影响程度就深，企业经营的风险加大。

2. 经营杠杆系数

经营杠杆分析中经营杠杆效用的高低以及经营风险的大小通常采用经营杠杆系数来衡量。经营杠杆系数(DOL)，是指在一定业务量的基础上，利润的变动率相对于产销量变动率的倍数，又称经营杠杆率，其计算公式为：

经营杠杆系数=销售利润变动率÷销售量(额)变动率 　　　公式(4.4.3)

【例4-16】某企业有关资料如下：2016年销售量为120 000件，单位贡献边际为40元，固定成本为3 600 000元；2017年销售量为160 000件，单位贡献边际和固定成本均不变；2018年销售量为180 000件，单位贡献边际和固定成本仍然不变。

要求：计算2017年、2018年的经营杠杆系数。

解：2016年至2018年的利润分别如下。

2016年：40×120 000-3 600 000=1 200 000(元)

2017年：40×160 000-3 600 000=2 800 000(元)

2018年：40×180 000-3 600 000=3 600 000(元)

2017年利润变动率=(2 800 000-1 200 000)÷1 200 000×100%≈133.33%

2017年销售量变动率=(160 000-120 000)÷120 000×100%≈33.33%

2017年经营杠杆系数=133.33%÷33.33%=4

2018年利润变动率=(3 600 000-2 800 000)÷2 800 000×100%≈28.57%

2018年销售量变动率=(180 000-160 000)÷160 000×100%≈12.5%

2018年经营杠杆系数=28.57%÷12.5%≈2.29

上述计算公式必须以掌握利润变动率和产销量变动率为前提，这不便于利用经营杠杆系数进行预测。为了事先能够确定经营杠杆系数，实践中可按以下简化公式计算：

$$经营杠杆系数=基期贡献边际÷基期利润 \qquad 公式(4.4.4)$$

如上例：2017 年的经营杠杆系数=40×120 000÷1200 000=4

2018 年的经营杠杆系数=40×160 000÷2 800 000≈2.29

经营杠杆系数的变动规律有以下几方面。

(1) 只要固定成本不等于零，经营杠杆系数就恒大于 1。

(2) 在前后期单价、单位变动成本和固定成本不变的情况下，产销量越大，经营杠杆系数越小；产销量越小，经营杠杆系数越大。所以产销量的变动与经营杠杆系数的变动方向相反。

(3) 在同一产销量水平上，经营杠杆系数越大，利润变动幅度越大，风险也就越大。

3. 经营杠杆系数在利润预测中的应用

(1) 预测产销量变动对利润的影响。在已知经营杠杆系数、基期利润和产销量变动率的情况下，可以按下列公式预测未来利润变动率和利润预测额：

$$未来利润变动率=产销量变动率×经营杠杆系数 \qquad 公式(4.4.5)$$
$$利润预测额=基期利润×(1+未来利润变动率) \qquad 公式(4.4.6)$$

【例 4-17】 某企业 2018 年销售量为 10 000 件，利润为 120 000 元；2019 年的经营杠杆系数为 2，预计销售量为 13 000 件。

要求：计算 2019 年利润变动率和利润预测值。

解：2019 年销售量变动率=(13 000−10 000)÷10 000×100%=30%

则根据经营杠杆系数计算原理得：利润变动率=2×(+30%)=+60%

因此 2019 年利润预测值=120 000×(1+60%)=192 000(元)。

(2) 预测为实现目标利润应采取的调整产销量措施。

在经营杠杆系数、基期利润以及目标利润(或目标利润变动率)已知的情况下，可以按下列公式预测销售量变动率：

$$销售量变动率=[(计划期利润−基期利润)÷基期利润]÷经营杠杆系数$$
$$=利润变动率÷经营杠杆系数 \qquad 公式(4.4.7)$$

【例 4-18】 某企业 2018 年的实际利润为 20 000 元，2019 年经营杠杆系数为 2.5，目标利润为 26 000 元。

要求：测算为确保目标利润实现的销售量变动率。

解：利润变动率=(26 000−20 000)÷20 000×100%=30%

根据经营杠杆系数计算原理得：销售量变动率=30%÷2.5=12%。

【阅读资料 4-4】 我的利润在哪里？

第五节　未来融资需求预测

一、未来融资需求预测的意义

拥有足够的资金是企业进行生产经营活动的必要条件。对企业未来资金需求量进行预测是企业财务预测的重要内容。许多企业的衰败并非因为销售出现问题，而是资金链断裂或难以维持。科学地进行资金预测，不仅能为企业生产经营活动的正常开展确定相应的资金需求量，而且也能为经营决策、提高资金利用效率创造条件。

资金预测有广义和狭义之分，广义的资金预测包括资金需求量及来源预测、现金流量预测、资金运动状况预测和投资效果预测等内容；狭义的资金预测仅指估计企业未来的资金需求，包括固定资产项目资金需求量预测、流动资金需求量预测和追加资金需求量预测。通俗而言，就是指估计企业在正常经营活动中以及重大的投资活动中需要多少资金。本节主要介绍狭义的资金预测。

二、未来融资需求预测的方法

估计未来融资需求有多种方法，包括销售百分比法、回归分析技术预测法、计算机预测法等，这里只介绍销售百分比法。

销售百分比法是通过分析资产负债表中各个项目与销售收入的关联程度，来确定企业未来一定期间的资金需求量的方法。该方法的基本思想是，假定资产负债表中的某些项目能够与销售收入保持相对稳定的比例关系，通过分析资产(即资金需求量)和负债及股东权益(即资金提供量)的关系，从而确定需要向外部融资的数额。采用销售百分比法进行预测的具体步骤如下。

1. 划分敏感项目和非敏感项目

企业资产负债表中的许多项目会随着销售收入的增减而增减变化，且大体能维持一个稳定的比例关系，这类项目称为敏感项目。与此相反，资产负债表中的某些项目与销售收入的增减变动没有多大关系，基本保持稳定，这类项目称为非敏感项目。

(1) 资产类项目。通常而言，存货、应收账款、应收票据这类资产项目属于敏感项目。而固定资产项目则视企业现有生产经营能力而定，如果固定资产的生产能力已经达到饱和状态，则销售量的增加必然要求企业增加固定资产投资，此时固定资产项目就会随着销售量的增加而增加，因而属于敏感项目；反之，如果固定资产的现有生产经营能力完全能够满足销售量增长的需求，则不需要增加固定资产的资金投入，因而属于非敏感项目。而其他长期资产，如无形资产、长期股权投资等通常属于非敏感项目。

(2) 负债类和所有者权益类项目。负债类项目中的应付账款、应付票据、预收账款、应交税费属于敏感项目；而其他长期负债一般不随着销售额的变动而变动，属于非敏感项目。所有者权益类项目较为复杂，通常而言，股东权益的核心来源是股东投资及企业实现的净利润，前者是外部筹资方式，而净利润中的留存收益则构成内部资金来源。销售额的增加如果实现了净利润，则必然增加留存收益；而企业资金的不足又可以通过发行股票和接收股权投资的方式予以解决，但这些变化并未与销售收入保持稳定的比例关系。因此，在划分敏感项目与非敏感项目时，一般将所有者权益类项目作为非敏感项目处理。

2. 根据基期数据计算敏感项目占销售收入的百分比

$$敏感资产占销售收入的百分比 R_1 = 基期敏感资产总额 \div 基期销售收入 \qquad 公式(4.5.1)$$
$$敏感负债占销售收入的百分比 R_2 = 基期敏感负债总额 \div 基期销售收入 \qquad 公式(4.5.2)$$

3. 确定计划期需要追加的资金

既然非敏感资产不会随着销售收入的变化而变化，因此计划期内不需要对这部分资产追加资金投入，只有敏感资产才会产生追加资金的要求。另外，敏感负债的变化为敏感资产导致的追加资金提供了一部分或全部资金来源。假定基期的销售收入为 S_0，计划期的销售收入为 S_1，则可得下列公式：

$$计划期增加的资金额 = (S_1 - S_0) \times (R_1 - R_2) \qquad 公式(4.5.3)$$

4. 确定企业内部资金来源

企业计划期的内部资金来源由多个部分组成，包括计提的固定资产折旧扣除用于更新改造的金额、计划期的实现的留存收益、部分金融资产变现等。

5. 确定需要从外部融入的资金额

根据上述步骤 3、4 间的关系即可测算需要从企业外部追加的融资额。假定计划期计提的折旧扣除用于固定资产更新改造的金额后的余额为 D_1，计划期的税后销售利润率为 R，计划期股利发放率为 d_1，计划期的零星资金(即在计划期不会直接形成敏感资产而是直接计入费用)需求量为 M_1，则企业最终需要追加的融资额计算如下：

$$计划期追加的融资额 = (S_1 - S_0) \times (R_1 - R_2) - D_1 - S_1 \times R \times (1 - d_1) + M_1 \qquad 公式(4.5.4)$$

【例4-19】港龙公司 2018 年度的实际销售收入为 20 000 000 元，税后净利为 1 000 000 元，支付股利为 600 000 元，假定企业的厂房设备已经达到饱和状态。该公司 2017 年年末简化资产负债表如表 4-10 所示。

表 4-10　港龙公司 2017 年年末简化资产负债表

单位：元

资　产		负　债	
项　目	金　额	项　目	金　额
库存现金	150 000	应付账款	950 000
应收账款	1 000 000	应交税费	250 000
存货	2 000 000	长期负债	1 500 000
厂房设备(净额)	5 500 000	普通股股本	5 000 000
无形资产	1 350 000	留存收益	2 300 000
资产总计	10 000 000	负债总计	8 800 000

假定该公司计划 2019 年度销售收入总额增至 22 000 000 元，销售净利率、股利发放率保持不变；折旧准备提取数为 180 000 元，其中 70%用于改造现有厂房设备；计划期零星资金需求量为 150 000 元。

要求：预测企业 2019 年需要追加的资金需求量。

解：

(1) 确定 2018 年资产负债表中的敏感项目。

敏感资产类项目：库存现金、应收账款、存货和厂房设备。

敏感负债类项目：应付账款、应交税费。

非敏感资产类项目：无形资产。

非敏感负债类和所有者权益类项目：长期负债、普通股股本、留存收益。

(2) 计算 2018 年资产负债表中敏感项目占销售收入的百分比。

敏感资产金额=150 000+1 000 000+2 000 000+5 500 000=8 650 000(元)

敏感负债金额=950 000+250 000=1 200 000(元)

敏感资产占销售收入的百分比=8 650 000÷20 000 000×100%=43.25%

敏感负债占销售收入的百分比=1 200 000÷20 000 000×100%=6%

(3) 计算 2019 年需要增加的资金额。

2019 年需要增加的资金额=(22 000 000−20 000 000)×(43.25%−6%)=745 000(元)

(4) 计算 2019 年企业内部资金来源。

折旧提供的资金额 D_1=180 000×(1−70%)=54 000(元)

销售净利率 R=1 000 000÷20 000 000×100%=5%

股利支付率=600 000÷1 000 000×100%=60%

留存收益增加额=22 000 000×5%×(1−60%)=440 000(元)

(5) 确定 2019 年追加的资金需求量。

追加的资金需求量=745 000−54 000−440 000+150 000=401 000(元)

如果计算得出最终追加的资金需求量为负数，表明企业的资金有剩余，可以用于发放股利或者进行金融资产投资。

销售百分比法比较充分地利用了财务数据之间的内在联系，并延续了上期的财务状况，使用起来简便易行。但是该方法也有一定的局限性，敏感和非敏感项目存在假设性，事实上，这种假定往往难以成立，导致预测结果和企业实际情况有一定的差距。因此，企业在使用销售百分比法时，需要充分考虑企业的自身实际情况，对该预测方法进行改进。

【阅读资料 4-5】 金融租赁：前景看好的融资方式。

本 章 小 结

　　预测分析是按照一定的原则和程序，运用专门方法预测、推断事物发展的必然性和可行性的行为，即根据过去和现在预测未来、由已知推断未知的过程。预测分析方法一般可分为定性预测分析法和定量预测分析法两大类。

　　定性预测分析法又称非数量预测分析法，是指预测人员依靠自身丰富的实践经验和知识，以及主观分析判断能力，在考虑政治经济形势、国家经济政策、市场变化、消费倾向的基础上，结合预测对象的特点进行综合分析，对事物的未来状况和发展趋势进行预测和推测的方法。常见的定性分析法有调查分析法和判断分析法两大类。

　　定量预测分析法又称为数量预测分析法，是指在完整掌握与预测对象相关的各种要素定量资料的基础上，运用现代数学方法对有关的数据资料进行加工处理，并据此建立能够反映有关变量之间规律性联系的各类预测模型的方法体系。常见的定量分析法包括趋势分析法和因果分析法。

　　定性预测分析法和定量预测分析法各有优缺点，企业可以根据实际情况将两者结合使用，以便取得更佳的预测效果。

自 测 题

一、单选题

1. 下列各项中，属于因果分析法的是(　　　　)。

　　A. 算术平均法　　　　　　　　　　B. 平滑指数法

　　C. 回归直线法　　　　　　　　　　D. 移动平均法

2. 在企业的预测系统中，处于先导地位的是(　　　　)。

　　A. 利润预测　　　　B. 成本预测　　　　C. 销售预测　　　　D. 资金预测

3. 某企业在当年 1~4 月份实际销售量的基础上，利用修正的时间序列回归法预测 5 月份的销售量，代入预测模型 $Q = a + bt$ 中的 t 值为(　　　　)。

　　A. 3　　　　　　B. 4　　　　　　C. 5　　　　　　D. 6

4. 预测分析方法包括定量预测分析法和(　　　　)两大类方法。

　　A. 算术平均法　　　　　　　　　　B. 定性预测分析法

　　C. 回归直线法　　　　　　　　　　D. 平滑指数法

5. 如果上一年营业利润为 100 000 元，下一年的经营杠杆系数为 1.4，销售量变动率为 15%，则下一年的营业利润为(　　　　)元。

　　A. 140 000　　　　　B. 150 000　　　　　C. 121 000　　　　　D. 125 000

6. 经营杠杆系数为 1，说明(　　　　)。

　　A. 固定成本为 0　　　　　　　　　B. 固定成本大于 0

　　C. 固定成本小于 0　　　　　　　　D. 与固定成本无关

7. 假定平滑指数为 0.6，9 月份实际销售量为 600 千克，原来预测 9 月份销售量为 630

千克，则 10 月份预测销售量为(　　)千克。

  A. 618　　　　　　　B. 600　　　　　　　C. 612　　　　　　　D. 630

  8. 上一年营业利润为 200 000 元，下一年的经营杠杆系数为 1.8，预计销售量变动率为 20%，则下一年营业利润的预测金额为(　　)元。

  A. 200 000　　　　　B. 240 000　　　　　C. 272 000　　　　　D. 360 000

  9. 预测分析内容不包括(　　)。

  A. 销售预测　　　B. 利润预测　　　C. 资金预测　　　D. 所得税预测

  10. 甲公司上一年的资产销售百分比为 40%，负债的销售百分比为 15%；预计本年的资产销售百分比为 50%，负债的销售百分比为 20%。已知上一年的销售收入为 5000 万元，预计本年会增加 1000 万元，预计本年的留存利润为 100 万元，假定不存在可动用的金融资产，则甲公司本年的外部融资额为(　　)万元。

  A. 150　　　　　　　B. 200　　　　　　　C. 450　　　　　　　D. 550

  11. 公司 2018 年年末资产和负债总额分别为 5600 万元和 1000 万元，年末金融资产为 200 万元，为可动用的金融资产。预计 2019 年的销售收入将增长 20%，留存收益将增加 250 万元，假定资产、负债占销售收入的百分比不变。则公司采用销售百分比法预测 2019 年的外部融资额为(　　)万元。

  A. 670　　　　　　　B. 920　　　　　　　C. 470　　　　　　　D. 无法确定

二、多选题

  1. 经营杠杆系数的计算公式有(　　)。

  A. 利润变动率÷销售量(额)变动率　　　B. 销售量(额)变动率÷利润变动率

  C. 基期贡献边际÷基期利润　　　　　　D. 基期利润÷基期贡献边际

  2. 较大的平滑指数可以用于(　　)情况的销售预测。

  A. 近期　　　　　　B. 远期　　　　　　C. 波动较大　　　　D. 波动较小

  3. 下列属于趋势分析法的是(　　)。

  A. 移动平均法　　　B. 平滑指数法　　　C. 回归直线法　　　D. 调查分析法

  4. 平滑指数法实质上属于(　　)。

  A. 趋势分析法　　　　　　　　　　　　B. 算术平均法

  C. 因果分析法　　　　　　　　　　　　D. 特殊的加权平均法

  5. 下列销售预测方法中，属于定性分析方法的是(　　)。

  A. 调查分析法　　　　　　　　　　　　B. 趋势分析法

  C. 因果分析法　　　　　　　　　　　　D. 德尔菲法

  6. 具有生产能力潜力的企业采用销售百分比法预测资金需求量时，下列各项应列入随销售额变动的资产项目的有(　　)。

  A. 应收账款　　　B. 存货　　　C. 无形资产　　　D. 固定资产

  7. 下列成本预测方法中，通过建立总成本预测数学模型 $y = a + bx$ 进行成本预测的是(　　)。

  A. 高低点法　　　　　　　　　　　　　B. 回归直线法

  C. 加权平均法　　　　　　　　　　　　D. 因果分析法

  8. 满足销售增长引起的资金需求增长的途径包括(　　)。

  A. 动用金融资产　　　　　　　　　　　B. 增加内部留存收益

  C. 股权融资　　　　　　　　　　　　D. 负债的自然增长

 9. 下列关于销售百分比法的计算公式中，正确的有(　　)。

  A. 筹资总需求=计划期预计资产合计-基期资产合计

  B. 外部融资额=增加的资产+增加的金融资产-留存收益的增加

  C. 留存收益的增加=预计净利润×(1-基期股利支付率)

  D. 可动用的金融资产=年初金融资产-最低金融资产保留额

三、计算分析题

 1. 20×9 年某电动自行车厂对其生产的电动自行车的销售情况进行调查，该产品已经试销 1 年，截至年底本市已经拥有 1.4 万用户，本市共有居民 100 万户，假定一户一辆。根据有关调查咨询公司的资料，20×9 年外地从本市订购该类型产品 4500 辆，本市从外地订购该类型产品 3000 辆。已知该产品的寿命周期的介绍期为 1~3 年，产品普及率为 2%~5%，该厂产品市场占有率为 40%。

 要求：预测该厂 20×9 年电动自行车的销售量。

 2. 企业生产一种产品，20×6 年 1~12 月份的产品销售量资料如表 4-11 所示。

表 4-11　产品销售量资料　　　　　　　　　　单位：吨

月份	1	2	3	4	5	6	7	8	9	10	11	12
销量	26	24	27	28	22	25	32	30	29	25	31	35

 要求：

 (1) 采用自然权数法预测 20×7 年 1 月的产品销售量。

 (2) 假定平滑指数为 0.3，且 1 月份预测销售量为 26 吨，要求采用平滑指数法预测 20×7 年 1 月的产品销售量。

 3. 企业通过调查发现，甲产品销售量与当地居民人均月收入有关，已知企业连续 6 年的历史资料如表 4-12 所示，假设 20×7 年居民人均收入为 800 元。

表 4-12　企业最近 6 年甲产品销售量和居民人均收入表

年　份	20×1	20×2	20×3	20×4	20×5	20×6
居民人均收入(元)	400	360	420	500	450	550
甲产品销售量(吨)	8	10	11	12	14	16

 要求：采用回归直线法预测企业 20×7 年甲产品的销售量。

 4. 企业 20×6 年 1~6 月份费用总额及销售额资料如表 4-13 所示。

表 4-13　费用总额和销售额资料

月　份	费用总额 y (万元)	销售额 x (万元)
1	9.8	260
2	10.2	240
3	10	200
4	10.8	230
5	12.7	350
6	11.5	280

假定同年 7 月份的预计销售额为 400 万元。

要求：分别采用高低点法、回归直线法预测企业 7 月份需要支出的费用总额。

5. 企业 A 产品计划年销售量 2000 台，每台售价 550 元，单位变动成本为 350 元，全年固定成本总额为 90 000 元。

要求：预测该企业计划期的目标利润。

6. 企业上一年实际销售收入为 640 000 元，实现利润 50 000 元，预计下一年度销售收入为 720 000 元。

要求：采用销售增长率分析法预测企业下一年度的目标利润。

7. 企业上年末资产负债表(简化)如表 4-14 所示。

表 4-14　资产负债表(简化)

单位：万元

项　目	期 末 数	项　目	期 末 数
经营资产	620	应付票据	36
金融资产	20	应付账款	64
		长期负债	156
		股本	180
		资本公积	70
		留存收益	134
资产总计	640	负债及股东权益总计	640

根据历史资料可知，企业的经营资产、经营负债项目与销售收入呈正比，金融资产为可动用的金融资产，企业上年度销售收入 800 万元，实现净利润 100 万元，支付股利 60 万元。预计本年度销售收入 1000 万元，预计本年度销售净利率增长 10%，股利支付率与上年相同。

要求：采用销售百分比法预测本年度所需外部融资额。

四、思考题

1. 为什么说预测是一项特别困难的工作？怎样才能做到有效预测？

2. 比较定性预测方法与定量预测方法的优劣。

3. 简要评价销售量预测各个方法的优缺点。

4. 成本预测很重要吗？成本预测中的"成本"包括哪些内容？

5. "利润预测"中的"利润"与财务会计中的"营业利润""利润总额"及"净利润"有区别吗？

6. "利润预测"是否能成为企业的猜字游戏，甚至是人为操作的把戏？

7. 企业较为准确地预测自身未来资金需求量的意义何在？预测资金需求量时的最大障碍是什么？

第五章

短期经营决策

【学习要点及目标】

● 掌握短期经营决策的基本方法。
● 掌握生产决策的内容和方法。
● 掌握定价决策的方法。

【核心概念】

相关收入 相关成本 无关成本 差量分析法 成本无差别点分析法 专属成本

【引导案例】　福特野马的辉煌

第一节　决策概述

一、决策的概念和种类

决策是指人们为了实现某一特定目标，在占有必要信息的基础上，借助于科学的理论和方法，进行必要的计算、分析和判断，从若干可供选择的方案中选择一个最优方案的过程。决策是管理的中心，决策分析在现代企业管理中是非常重要的。企业各级管理人员针对未来经营活动面临的问题，制定的经营战略、方针、目标、方法与措施的决策过程称为决策分析。决策分析贯穿经营活动的全过程，可按照不同的标准对决策进行分类。

(一)按决策规划时期长短分类

按决策规划时期长短分类，决策可分为短期(经营)决策和长期(投资)决策。

1. 短期决策

短期决策，也称为经营决策，一般是指在一个经营年度或者一个经营周期内能够达到其目标的决策。这类决策主要包括生产决策、定价决策、采购决策等内容。短期决策能使现有资源在短期内得到充分利用，一般不涉及大量资金的投入，例如固定资产投资。

2. 长期决策

长期决策，也称为投资决策，一般是指在较长时期内(超过一年)能够达到其目标的决策。与短期决策相比，长期决策需要大量的资金投入以满足企业生产能力增加的需求，具有实现时间长和风险较大的特点。

(二)按决策条件的肯定程度分类

按决策条件的肯定程度分类，决策可分为确定型决策、风险型决策、不确定型决策。

1. 确定型决策

确定型决策，也称为标准决策，是指在已知各备选方案的各项条件的前提下，方案的实施只有一种确定的结果。

2. 风险型决策

风险型决策是指在已知各备选方案的各项条件的前提下，方案的实施会出现两种或者两种以上的结果，可以依据有关数据通过预测确定客观概率。

3. 不确定型决策

不确定型决策是指各备选方案的各项条件，只能以决策者的经验判断所确定的主观概率作为依据。此类决策比风险型决策实施难度更大。

(三)按决策方案之间的关系分类

按决策方案之间的关系分类，决策可分为接受或拒绝方案决策、互斥方案决策和组合方案决策。

1. 接受或拒绝方案决策

接受或拒绝方案决策是指只存在一个备选方案，且只需要对这一个方案做出接受或拒绝的选择，这类决策又称单一方案决策。例如，在企业中亏损产品是否停产的决策、是否接受加工订货的决策等。

2. 互斥方案决策

互斥方案决策是指在两个或两个以上的备选方案中，选择一个最优方案的过程。这类决策一旦选择某一方案，其他方案就必须放弃，即各备选方案之间是相互排斥的，该决策属于多方案决策。例如，企业需要的零部件是自制还是外购决策、产品是否进一步加工决策、开发哪种新产品决策等。

3. 组合方案决策

组合方案决策是指在两个或两个以上的备选方案中，选择一组最优的组合方案。各备选方案可能同时被选中，这类决策也属于多方案决策。例如，在几种约束条件下，如何选定生产不同产品的最优组合决策；在资本总额定量的情况下，如何选择不同投资项目的最优组合决策等。

二、决策的程序

决策程序实际上是一个提出问题、分析问题、解决问题的分析和判断过程。通常而言，决策可以概括为以下几个步骤。

1. 提出决策问题，确定决策目标

决策是为了实现某项预期目标，首先要厘清一项决策要解决什么问题，要达到什么目的，然后针对问题确定目标。决策目标是决策的出发点和归属点，需要具体明确且具有现实可能性。

2. 广泛地搜集与决策目标有关的信息

当决策目标确定后，决策者应当针对确定的决策目标，大量广泛地搜集与决策目标相关的信息。这是决策程序中的重要步骤。搜集的信息必须符合决策所需的质量要求，同时注意定性和定量信息的结合、财务信息和非财务信息的结合。

3. 拟定达到目标的各种可能的行动方案

决策是对各种可能行动方案的选择过程。为了做出最优决策，必须拟定达到目标的各种可能的行动方案，以便通过分析比较，从中选取最满意的方案。可见，拟定达到目标的各种可能的行动方案是决策分析的重要环节，是科学决策的基础与保证。

4. 选择最满意的方案

选择最满意方案是整个决策过程中最关键的环节。这个阶段，必须对各种可能的行动方案的可行性进行充分论证，并做出定性和定量、财务和非财务的综合分析，全面权衡有关因素的影响，通过不断比较、筛选，确定最满意的方案。

5. 组织与监督方案的实施、反馈

决策方案选定后就应将其纳入计划，具体组织实施。在方案实施过程中，应对实施情况进行检查监督，并将实施结果与决策目标的要求进行比较，找出偏离目标的差异之处及其原因，做好信息反馈工作。决策者要根据反馈信息，采取相应措施。必要时，也可以对原方案的要求进行适当修正，使之尽量符合客观实际。

【阅读资料 5-1】 互斥项目和非互斥项目。

第二节　短期经营决策概述

一、短期经营决策的含义和内容

短期经营决策简称短期决策，是指决策结果只会影响或决定企业近期经营实践的方向、方法和策略，为了从资金、成本、利润等方面充分利用企业现有的资源和经营环境，以取得尽可能大的经济效益而实施的决策。

短期经营决策的主要内容有生产决策、定价决策、存货决策等。生产决策用于决定在短期内，企业是否生产、生产什么、生产多少、如何生产等问题。定价决策用于确定产品短期内的销售价格。存货决策是在保证生产和销售正常进行的前提下，选择存货成本低、效率高的最优存货方案，目的是使存货占用资金得到最经济合理的利用，并对存货实施有效控制。

二、短期经营决策相关的概念

(一)生产经营能力

生产经营能力是指在一定时期(通常为一年)内和一定生产技术、组织条件下，企业内部

各个环节直接参与生产过程的生产设备、劳动手段、人力资源和其他服务条件，能够生产的各类产品产量或加工处理一定原材料的能力。它是企业自身各种条件综合配置和平衡的结果，也是企业技术能力和管理能力的综合。

1. 最大生产经营能力

最大生产经营能力也称为理论生产经营能力，即企业在不追加资金投入的前提下，百分之百有效利用工程技术、人力及物力资源可能实现的生产经营能力，它代表着生产经营能力的上限。

2. 正常生产经营能力

正常生产经营能力也称为计划生产经营能力，即已经纳入企业年度计划，充分考虑到现有市场容量、生产技术条件、人力资源状况、管理水平，以及可能实现的各种措施等情况所必须达到的生产经营能力。

3. 剩余生产经营能力

剩余生产经营能力是指暂时未被利用的生产经营能力。

4. 追加生产经营能力

追加生产经营能力是指根据需要和可能，通过追加资金投入等措施而增加的，超过最大生产经营能力的那部分生产经营能力。

(二)相关收入和无关收入

相关收入是指与特定决策方案相联系的、能对决策产生重大性影响的、在短期经营决策中必须予以充分考虑的收入，又称有关收入。如果某项收入只属于某个经营决策方案，即如果这个方案存在，就会发生这项收入，否则就不会发生这项收入，那么这项收入则为相关收入。与相关收入相对立的概念是无关收入。无论是否存在某决策方案，均会发生某项收入，则可以断定该项收入是该方案的无关收入。显然，在短期经营决策中无关收入是无须考虑的收入，否则就有可能导致决策失误。相关收入和无关收入的计算都要以特定决策方案的相关业务量为依据。

(三)相关成本

相关成本是指与特定决策方案相联系的、能对决策产生重大影响的、在短期经营决策中必须予以考虑的成本，又称有关成本。如果某项成本只属于某个经营决策方案，即若某方案存在，就会发生该项成本，否则就不会发生该项成本，则这项成本为相关成本。相关成本一般来讲包括增量成本、边际成本、机会成本、重置成本、付现成本、专属成本、可分成本、加工成本、可延缓成本和可避免成本等。

1. 增量成本

增量成本是指企业在原来基础上，由于利用生产能力程度的不同，多(或少)产销一定数量产品所发生的成本，又称狭义的差量成本。在不增加固定成本的情况下，某一决策方案的增量成本就是该方案的相关变动成本。例如，开发新产品的决策、是否接受特殊价格追加订货的决策等，最基本的相关成本就是增量成本。

2. 边际成本

在管理会计中，边际成本是指当业务量增加一个经济单位时所引起的成本增加额。由此可见，在相关范围内，边际成本实质上就是单位变动成本，它是增量成本的特殊形式。

3. 机会成本

机会成本是指在进行决策分析时，在若干备选方案中，由于选择了某方案而放弃的其他方案所能产生的最大收益。例如，某公司有 20 万元现金，可用于购买股票进行短期投资，也可以存入银行获取利息。如果选择购买股票进行短期投资方案，则所放弃的存入银行方案带来的利息收入就是选择股票短期投资方案的机会成本。但在短期经营决策的生产决策中，机会成本是较为常见的相关成本。

4. 重置成本

重置成本是指目前从市场上重新取得某项现有的资产所需支付的成本，它是相对于历史成本而言的，又称现时成本。例如，现在企业有一台旧设备，账面价值为 100 万元，市场重置成本为 150 万元，此时 150 万元就是该设备的重置成本。

5. 付现成本

付现成本是指企业由于某项决策而必须在未来时期以现金支付的各项成本，又称现金支出成本。在未来现金短缺、支付能力不足、筹资又十分困难的情况下，对那些急需上马的方案进行决策时，必须以付现成本作为方案取舍的标准，而不是以总成本为标准。因为在资金紧张的条件下，尽管付现成本较低的方案，其总成本比较高，但是可以用较少的资金及时取得急需的资产，一旦把握住时机，就可以提前取得收益，抵偿多支出的成本，甚至及时开发并占领市场。

6. 专属成本

专属成本是指那些能够明确属于特定决策方案的固定成本或混合成本。它往往是为了弥补生产能力不足的缺陷，增加有关设备、装具等长期资产而发生的。专属成本的确认与取得设备、装具等的方式有关。例如，采用租入的方式，则专属成本就是与此相关的租金成本；若采用购买方式，且设备具有专用性，则专属成本就是这些装备的全部取得成本。

7. 可分成本

可分成本是指在联产品或半成品的生产决策中，对于已经分离的联产品或已产出的半成品进行深加工而追加发生的成本。联产品在分离点之后或半成品在产出后，有些需要进一步加工后才能出售，有些则既可以直接对外销售，也可以进一步加工后出售。可分成本就是进一步加工方案必须考虑的相关成本。

8. 加工成本

企业生产的某些半成品往往既可以直接出售，也可以进一步深加工后出售。半成品是否进一步深加工的决策，是对半成品进一步深加工能否获得一定追加利润或其获得的追加利润的高低进行决策分析。在此类决策中，深加工过程将会继续发生材料、人工等耗费，这些耗费就是加工成本，属于相关成本；而深加工前的成本则属于沉没成本。

9. 可延缓成本

可延缓成本是指在短期经营决策中对其暂缓开支而不会对企业未来的生产经营产生重大不利影响的那部分成本。企业生产经营过程中，有时已选定的某一决策方案是否立即执行，对企业的经营影响不大。这样，在企业财力比较紧张的情况下就可以推迟执行。那么，与该决策方案有关的成本即构成可延缓成本。由于可延缓成本具有一定的弹性，在决策中应当充分予以考虑。例如，某公司原想投入 5 万元粉刷办公楼，但目前资金紧张，可暂时推迟此计划，这 5 万元的成本就为可延缓成本。

10. 可避免成本

可避免成本是指在短期经营决策中，非绝对必要、通过管理当局的决策可以改变其数额的成本。与可延缓成本不同的是，可避免成本是否发生完全取决于决策者，而可延缓成本只是在发生的时间上可以推迟，但将来注定要发生。例如，管理当局采纳某方案，某项支出就会发生；如果该方案不被采纳，某项支出就不会发生，这样的支出就是可避免成本。

(四)无关成本

与相关成本相对立的概念是无关成本，是指不受决策结果影响，与决策关系不大，过去已经发生或注定要发生的各种成本。若不管是否存在某决策方案，均会发生某项成本，那么就可断定该项成本就是上述方案的无关成本。

1. 沉没成本

沉没成本是指过去已经发生，但在目前和未来时期仍然继续发挥作用，而不必支付现金的成本，又称旁置成本。沉没成本是过去决策的结果，与目前决策方案无直接关系，它可能是固定成本，也可能是变动成本。例如，在对半成品是否深加工的决策中，半成品本身成本中的固定成本和变动成本均为沉没成本。

2. 共同成本

共同成本是与专属成本相对立的概念，是指应当由多个方案共同负担的必要发生的固定成本或混合成本。例如，一台设备可生产两种或两种以上的产品，则该设备的折旧费、修理费对所生产的全部产品来讲是共同成本。需要注意的是，一项成本是专属成本还是共同成本，取决于决策分析的对象及范围。

3. 不可延缓成本

不可延缓成本是与可延缓成本相对立的概念，是指在短期经营决策中，若对其延缓开支就会对企业未来的生产经营产生重大不利影响的那部分成本。不可延缓成本具有较强的刚性。例如，某企业生产用的设备突然损坏且已无法修复，为此每天损失 2000 元。企业必须立即购买一台同样的设备，其价款为 10 万元。这项决策必须实施，否则会造成重大损失。

因此，与购置该台设备相关的成本都属于不可延缓成本。

4. 不可避免成本

不可避免成本是与可避免成本相对立的概念，它是指在短期经营决策中若削减其开支就会对企业未来的生产经营产生重大影响的那部分成本。例如，一定条件下的固定资产折旧费、经常性维修费、管理人员薪金、财产保险费等都属于不可避免成本。

(五)相关业务量

相关业务量是指在短期经营决策中必须认真考虑的、与特定决策方案相联系的产量或销量。在短期经营决策中，许多在具体决策方案的相关收入和相关成本的确认和计量方面所发生的失误，往往是由于对相关业务量的判断错误造成的。因此，相关业务量是短期经营决策中一个不容忽视的重要因素。

三、短期经营决策分析常用的方法

短期经营决策分析的方法应根据决策方案的不同内容具体制定，常用的方法主要包括以下几种。

(一)贡献边际分析法

贡献边际分析法具体包括以下三种。

1. 贡献边际总额法

贡献边际总额法，是以贡献边际总额指标作为决策评价指标的一种方法。评价决策方案取舍的判断标准为：在贡献边际总额为正的前提下，贡献边际总额较大的方案较优。

2. 剩余贡献边际总额法

剩余贡献边际总额法，是指存在专属成本时，以剩余贡献边际总额的大小作为方案取舍的判断标准的一种方法，其计算公式为：

$$剩余贡献边际总额=贡献边际总额-专属成本 \qquad 公式(5.2.1)$$

3. 单位资源贡献边际法

单位资源贡献边际法，是以特定方案的单位资源贡献边际指标作为决策评价指标的一种方法。该方法的应用前提为生产受到有限资源的约束且固定成本是无关成本。决策方案取舍的判断标准为：在单位资源贡献边际为正的前提下，单位资源贡献边际较大的方案为优。

【例5-1】 企业现有设备的生产能力是40 000个机器工时，现有生产能力的利用程度为80%。现准备用剩余生产能力开发新产品——甲产品、乙产品或丙产品。三种产品有关资料如表5-1所示。

表 5-1　甲、乙、丙产品的有关资料

项目	甲产品	乙产品	丙产品
单位产品定额工时/小时	2	3	4
单位销售价格/元	30	40	50
单位变动成本/元	20	26	30

由于现有设备加工精度不足，在生产丙产品时需要增加专属设备 5000 元。

要求：在甲、乙、丙产品市场销售不受限制的情况下，采用贡献边际分析法进行决策。

解：根据已知数据编制决策分析表，如表 5-2 所示。

表 5-2　决策分析表

项目	甲产品	乙产品	丙产品
最大产量/件	4000	2666	2000
单位销售价格/元	30	40	50
单位变动成本/元	20	26	30
单位贡献边际/元	10	14	20
专属成本/元	—	—	5000
贡献边际总额/元	40 000	37 324	40 000
剩余贡献边际总额/元	40 000	37 324	35 000
单位产品定额工时/小时	2	3	4
单位工时贡献边际/元	5	4.67	5

从计算结果可知，甲产品和丙产品的贡献边际总额和单位工时贡献边际是一样的，都高于乙产品的贡献边际总额和单位工时贡献边际，因此可以排除乙产品的生产方案。但甲产品的剩余贡献边际总额为 40 000 元，比丙产品的剩余贡献边际总额多 5000 元，所以甲产品的生产方案最优。

(二)差量分析法

差量分析法，是指在评价两个相互排斥方案的决策时，以差量损益指标作为评价方案取舍的判断标准。运用差量分析时，首先应明确以下几个概念。

(1) 差量，指的是两个备选方案同类指标的数量差异。

(2) 差量收入，指的是两个备选方案预期收入之间的数量差异。

(3) 差量成本，指的是两个备选方案预期成本之间的数量差异。

(4) 差量损益，指的是两个备选方案差量收入和差量成本之间的数量差异。

当差量收入大于差量成本时，其数量差异为差量收益；当差量收入小于差量成本时，其数量差异为差量损失。差量损益实际上是两个备选方案预期收益之间的数量差异。决策时，如果差量损益为正，则前一个方案优于后一个方案；如果差量损益为负，则后一个方案优于前一个方案。差量分析法的运用如表 5-3 所示。

表 5-3　差量分析法

项　　目	方案 1	方案 2	差　量
预期收入	R_1	R_2	$\Delta R = R_1 - R_2$
预期成本	C_1	C_2	$\Delta C = C_1 - C_2$
预期损益	P_1	P_2	$\Delta P = P_1 - P_2$

当 ΔP 大于零时，应当选取第一个方案；当 ΔP 小于零时，应当选取第二个方案。

【例 5-2】某机械制造有限公司现有一台设备，该设备既可以生产甲产品，也可以生产乙产品。有关资料如下：甲产品预计销量为 80 件，乙产品预计销量为 60 件；甲产品预计售价为 12 元，单位变动成本为 8 元，乙产品预计售价为 20 元，单位变动成本为 14 元。

要求：请用差量分析法决定该公司生产哪种产品。

解：按照差量分析法原理，编制表 5-4。

表 5-4　差量分析法

单位：元

项　　目	方案 1——生产甲产品	方案 2——生产乙产品	差　量
预期收入	960	1200	−240
预期成本	640	840	−200
预期损益	320	360	−40

根据上述计算结果可知，应当选择方案 2，即生产乙产品。

(三)成本无差别点法

在方案只涉及成本不涉及收入时，可采用成本无差别点法。该方法通过判断处于不同水平上的业务量与成本无差别点业务量之间的关系，来评价方案取舍。成本无差别点也称为成本平衡点，在该点两个方案的总成本相等。

成本无差别点法要求各备选方案的业务量必须相同，方案之间的相关固定成本和变动成本恰好矛盾，即第一个方案的相关固定成本大于第二个方案的相关固定成本，而第二个方案的相关变动成本大于第一个方案的相关变动成本。如果不满足该条件，则不宜采用成本无差别点法。

假定第一个方案的固定成本为 a_1，单位变动成本为 b_1，总成本为 y_1；第二个方案的固定成本为 a_2，单位变动成本为 b_2，总成本为 y_2，且满足 $a_1 > a_2$，$b_1 < b_2$。根据成本无差别点法，令两个方案的总成本相等，即 $y_1 = y_2$，因此求得无差别点业务量 x_0：

$$x_0 = (a_1 - a_2)/(b_2 - b_1) \qquad 公式(5.2.2)$$

在具体决策时，其判断标准如下。

(1) 当业务量大于成本无差别点业务量时，方案 1 优于方案 2。

(2) 当业务量小于成本无差别点业务量时，方案 2 优于方案 1。

(3) 当业务量等于成本无差别点业务量时，两方案的总成本相等，两方案均可。

成本无差别点法主要用于业务量不确定情况下的决策分析，借助成本无差别点可以区别不同的业务量水平，做出正确、完整的决策分析结论。

(四)相关成本分析法

相关成本分析法，是指在短期经营决策中，当各备选方案的相关收入均相同时，通过比较各方案的相关成本指标，来选择最优方案的一种方法。一般情况下：

$$相关成本=增量成本+专属成本+机会成本$$

相关成本是一个反指标，若以此为标准，则应选择相关成本最小的方案为最优方案。该分析方法适用于两个或两个以上方案的决策。例如，业务量确定时零部件是自制还是外购的决策、不同生产工艺技术方案的决策等。

【阅读资料 5-2】　什么是真正的决策？

第三节　生　产　决　策

一、生产决策的内容

生产决策是企业生产管理的一项重要内容，它是围绕产品的生产活动，如何合理有效地利用企业现有的生产资源为企业带来最大经济利益问题而进行的决策，主要解决短期内，在企业的生产领域中是否生产、生产什么、生产多少、如何生产等问题。生产决策主要包括生产何种新产品、亏损产品是否停产或者转产、产品是否深加工、是否接受特殊订货、零部件自制或外购、不同生产工艺技术方案的选择等内容。

二、新产品开发决策

企业必须不断开发新产品，促进产品更新换代，才能在市场竞争中获得更大盈利。若需要追加大量投资开发新产品，则属于长期投资决策的范围。这里所讲的新产品开发决策是指企业利用现有的剩余生产能力或追加少量专属成本开发某种适销对路的新产品决策。它属于互斥方案决策的类型，根据是否追加专属成本划分，该决策分为不需要追加专属成本和需要追加专属成本两种情况。

(一)不追加专属成本前提下的新产品开发决策

在新产品开发决策中，如果不追加专属成本，一般采用单位台时贡献边际法或贡献边际总额法分析。

【例 5-3】　某企业现有 A 材料 6000 千克，可用来开发一种产品，现有甲、乙两个产品可供选择。甲、乙两种产品的预测资料如表 5-5 所示。

要求：做出企业应开发哪种产品的决策。

表 5-5　甲、乙产品预测资料

项　目	甲产品	乙产品
单价/元	200	100
单位变动成本/元	160	70
单位产品材料消耗定额	20 千克/件	12 千克/台

解：依据上述资料，可采用贡献边际总额法进行决策。具体分析如表 5-6 所示。

计算结果表明，开发乙产品给企业带来的贡献边际总额比甲产品大，也就是说开发乙产品比开发甲产品可多给企业带来 3000 元的利润，所以应选择生产乙产品。

表 5-6　贡献边际总额分析表

项　目	开发甲产品	开发乙产品
可利用剩余生产能力/千克	6000	6000
单位产品材料消耗定额	20 千克/件	12 千克/台
可生产量	300 件	500 台
相关收入/元	200×300=60 000	100×500=50 000
增量成本/元	160×300=48 000	70×500=35 000
贡献边际总额/元	12 000	15 000

【例 5-4】　某企业现有部分剩余生产能力，可用来开发甲产品或乙产品，此剩余生产能力的年固定资产折旧费为 8500 元，其余预测资料如表 5-7 所示。

表 5-7　甲、乙产品预测资料

项　目	甲产品	乙产品
单价/元	80	150
单位变动成本/元	40	80
单位产品定额台时/台时·件$^{-1}$	4	10

要求：分析企业应开发哪种新产品。

解：从上述资料可知，两个备选方案都是利用现有剩余生产能力，因此现有剩余生产能力的年固定资产折旧费 8500 元属于与决策无关的成本,因为不管生产甲产品还是乙产品,折旧费是相同的，即使不生产甲产品或乙产品，折旧费也照样发生。由于剩余生产能力是未知数，无法计算产品产量，进而无法确定贡献边际总额，所以可采用单位台时贡献边际法进行决策。具体分析如表 5-8 所示。

$$单位台时贡献边际 = \frac{单位产品贡献边际}{单位产品定额台时} \qquad 公式(5.3.1)$$

表 5-8　单位台时贡献边际分析表

项　目	开发甲产品	开发乙产品
单价/元	80	150
单位变动成本/元	40	80
单位产品贡献边际/元	40	70
单位产品定额台时/(台时/件)	4	10
单位台时贡献边际/(元/台时)	10	7

从以上计算结果可看出，开发甲产品比开发乙产品每台时可多获得贡献边际 3 元，所以应选择开发甲产品，甲产品给企业带来的利润大。

(二)需要追加专属成本前提下的新产品开发决策

在新产品开发决策中，如果需要追加专属成本，一般采用差量分析法或剩余贡献边际总额法分析。

【例 5-5】假定企业现有材料 5400 千克，且具备利用该有限的材料开发一种新产品的生产经营能力，现有甲、乙两种产品可供选择。甲产品的预计单价为 200 元/件，单位变动成本为 160 元/件，消耗材料的单耗定额为 10 千克/件；乙产品的预计单价为 100 元/台，单位变动成本为 70 元/台，消耗材料的单耗定额为 6 千克/台。

另外，生产甲产品需要追加专属成本 11 000 元，生产乙产品需要追加专属成本 16 500 元。

要求：

(1) 计算利用有限材料分别开发甲产品、乙产品方案的相关业务量。

(2) 用剩余贡献边际总额法做出开发何种新品种的决策。

解：

(1) 企业现有材料 5400 千克，由此计算可得甲产品、乙产品的业务量：

甲产品=5400÷10=540(件)

乙产品=5400÷6=900(台)

(2) 生产两种产品的剩余贡献边际总额计算如下：

甲产品剩余贡献边际总额=(200-160)×540-11 000=10 600(元)

乙产品剩余贡献边际总额=(100-70)×900-16 500=10 500(元)

由计算可知，生产甲产品的剩余贡献边际总额较大，因此应当选择生产甲产品。

三、亏损产品是否停产或者转产

按照财务会计核算的结果，若继续生产亏损产品，则会产生负面效益。这里所说的亏损产品，是指按全部成本法确定的成本大于其收入的产品。但从管理会计的角度考虑，问题并不简单，需要具体问题具体分析。

亏损产品是否停产或者转产决策，根据相对剩余生产能力是否可以转移，可分为相对剩余生产经营能力无法转移和相对剩余生产经营能力可以转移两种情况。

(一)相对剩余生产经营能力无法转移

所谓生产能力无法转移，是指当亏损产品停产以后，闲置下来的生产能力无法被用于其他方面，既不能转产，也不能将有关设备进行出租，或用于承揽零星加工业务等。此时继续生产亏损产品和停产亏损产品就构成了两个互斥方案。

【例 5-6】某企业本年度销售甲、乙、丙三种产品，有关资料如表 5-9 所示。停产亏损产品，其生产能力无法转移。

表 5-9　各种产品成本资料

项　目	甲产品	乙产品	丙产品
销售量	1000(件)	500(台)	400(件)
单价/元	40	120	50
单位变动成本/元	18	92	30
固定成本总额/元	36 000(按各产品销售额比例分配)		

要求：做出亏损产品是否停产的决策。

解：(1) 根据已知资料计算出甲、乙、丙三种产品的盈亏情况，如表 5-10 所示。

表 5-10　甲、乙、丙三种产品的盈亏情况

项　目	甲产品	乙产品	丙产品	合计
销售收入/元	40 000	60 000	20 000	120 000
变动成本/元	18 000	46 000	12 000	76 000
贡献边际总额/元	22 000	14 000	8000	44 000
销售比重	40 000/120 000=1/3	60 000/120 000=1/2	20 000/120 000=1/6	1
固定成本/元	12 000	18 000	6000	36 000
净利/元	10 000	−4000	2000	8000

(2) 根据表 5-10 的资料，用贡献边际总额法分析亏损产品是否应停产，具体分析如表 5-11 所示。

表 5-11　贡献边际总额分析表

项　目	继续生产乙产品	停产乙产品
相关收入	60 000	0
增量成本	46 000	0
贡献边际总额	14 000	0

由表 5-11 分析可知，乙产品虽然亏损 4000 元，但在"继续生产乙产品"和"停产乙产品"两互斥方案决策中，前者带来的贡献边际总额大，所以应选择继续生产乙产品的方案，这是因为继续生产乙产品比停产乙产品能为企业多带来利润 14 000 元。

(3) 根据上述分析，若选择停止乙产品的生产，会导致企业利润总额减少或亏损扩大，具体分析如表 5-12 所示。

由表 5-12 分析可知，若停止亏损乙产品的生产，会导致企业全面亏损。

综上分析得知，在亏损产品是否停产的决策中，若生产亏损产品的生产能力无法转移，只要亏损产品能够提供贡献边际总额(即产品贡献边际总额大于零)，则应继续生产亏损产品，不应停产。反之，若亏损产品提供的贡献边际总额小于或等于零，则应立即停止亏损产品的生产。

表 5-12　甲、丙两种产品盈亏情况

项　目	生产甲产品	生产丙产品	合计
销售收入/元	40 000	20 000	60 000
变动成本/元	18 000	12 000	30 000
贡献边际总额/元	22 000	8000	30 000
销售比重	40 000/60 000=2/3	20 000/60 000=1/3	1
固定成本/元	36 000×2/3=24 000	36 000×1/3=12 000	36 000
净利/元	−2000	−4000	−6000

(二)相对剩余生产经营能力可以转移

如果亏损产品停产后，其闲置下来的生产能力可以转移，如可以对外出租或用于转产其他产品、承揽零星加工业务等，那么此时继续生产亏损产品和转产其他产品(或出租)就构成了两个互斥方案，只要亏损产品的贡献边际大于其生产能力转移带来的收益或机会成本，就应继续生产亏损产品，否则应停产亏损产品。

【例 5-7】承例 5-6，假定停产乙产品后，可以将其生产能力转用于生产丁产品，丁产品的预测资料如表 5-13 所示。

表 5-13　丁产品预测资料

单位：元

项　目	金　额
销售收入	26 000
变动生产成本	10 500
变动销售管理费用	500

要求：试分析是否应停产乙产品转产丁产品。

解：根据已知资料，可采用差量分析法进行决策分析，如表 5-14 所示。

表 5-14　差量分析表

单位：元

项　目	继续生产乙产品	转产丁产品(停产乙产品)	差　量
相关收入	60 000	26 000	34 000
相关成本	46 000	11 000	35 000
差量损益			−1000

由上分析可知，应选择停产乙产品转产丁产品。因为停产乙产品转产丁产品能给企业多带来利润 1000 元。

四、产品是否深加工的决策

某些企业生产的产品可按不同的加工程度组织经营，如深加工前的半成品、联产品既可以直接出售，也可以经深加工后再出售。因此，这类企业就面临着把半成品、联产品直接出售还是深加工后再出售的决策。

联产品是指对同一种原料按照同一工艺进行加工，所产出的性质相近、价值相差不多的多种产品的统称。例如，石油化工企业对原油进行催化、裂化而形成的所有产品称为联产品。在产品加工程度的决策分析中，深加工前的半成品、联产品的成本属于沉没成本，是与决策无关的成本，相关成本只包括与深加工直接有关的成本。

【例 5-8】某企业生产 A、B 两种联产品，它们分离出来后都可立即出售或进一步加工后再出售。两种联产品的资料如表 5-15 所示。

要求：确定是否进一步加工后出售。

表 5-15　A、B 联产品资料

项　目	A 产品	B 产品
预计产销量/件	5000	8000
分离后出售单价/元	12	24
进一步加工后出售单价/元	25	28
分离前单位成本/元	17	13
分离后进一步加工追加成本/元		
单位变动成本/元	5	4
专属固定成本/元	5000	4000

解：

(1) A 产品：

加工后出售与立即出售的差量收入=25×5000-12×5000=65 000(元)

加工后出售与立即出售的差量成本=5×5000+5000=30 000(元)

加工后出售与立即出售的差量收益=65 000-30 000=35 000(元)

所以 A 产品可以进一步加工后出售。

(2) B 产品：

加工后出售与立即出售的差量收入=28×8000-24×8000=32 000(元)

加工后出售与立即出售的差量成本=4×8000+4000=36 000(元)

加工后出售与立即出售的差量收益=32 000-36 000=-4000(元)

所以 B 产品应该分离后立即出售，不能进一步加工。

【例 5-9】　某企业生产甲半成品 3500 件，其单位变动成本为 5 元，单价为 9 元，固定成本为 12 000 元。如果把甲半成品进一步深加工为产成品，则单位售价为 18 元，但需要追加单位变动成本 4 元，追加固定成本 16 000 元；若不进一步加工，可将其设备对外出租，每年可获租金 3000 元。

要求：做出甲半成品是直接出售还是深加工后再出售的决策。

解：根据以上资料，可采用差量分析法进行决策分析，具体分析如表 5-16 所示。

表 5-16 差量分析表

单位：元

项　目	甲半成品深加工	甲半成品直接出售	差　量
相关收入	18×3500=63 000	3500×9=31 500	31 500
相关成本	33 000	0	33 000
其中：增量成本	4×3500=14 000		
专属成本	16 000		
机会成本	3000		
差别损益			−1500

通过上表可知，差别损益小于零，应选择将甲半成品直接出售的方案。因为，将甲半成品直接出售比深加工后再出售可多获得利润 1500 元。

【例 5-10】某炼油厂从原油中提炼出的煤油，既可以直接出售，也可以进一步通过裂化加工为汽油和柴油后再进行出售。煤油经过裂化加工的收得率是：汽油 80%、柴油 15%，自然损耗率为 5%。每吨煤油进一步加工需增加变动成本 800 元。该厂现有煤油 400 吨，进一步加工需增加固定成本 35 000 元，每吨煤油售价 1700 元，每吨汽油售价 3000 元，每吨柴油售价 2200 元。

要求：做出直接出售煤油还是进一步加工的决策。

解：在决策过程中，联产品汽油、柴油形成前发生的成本为无关成本。具体分析如表 5-17 所示。

表 5-17 差量分析表

单位：元

项　目	深加工	直接出售	差　量
相关收入	320×3000＋60×2200=1 092 000	400×1700=680 000	412 000
相关成本	355 000		355 000
其中：增量成本	400×800=320 000		
专属成本	35 000		
差别损益			57 000

差别损益为 57 000 元大于零，表明深加工后再出售比直接出售可多获利润 57 000 元，所以应把煤油深加工后再出售。

五、是否接受特殊价格追加订货的决策

特殊价格是指低于正常价格甚至低于单位产品成本的价格。是否接受特殊价格追加订货的决策是指企业在正常经营过程中，为是否安排特殊价格追加订货生产任务所做的决策。在这种情况下，企业应充分考虑追加订货是否冲击正常订货、有无剩余生产能力以及剩余生产能力是否可转移等因素，以决定是否接受这种低价格的追加订货。

(一)简单条件下是否接受特殊价格追加订货的决策

所谓简单条件是指追加订货量小于或等于企业的剩余生产能力，剩余生产能力无法转移，且接受追加订货不需要追加专属成本。在这种情况下，只要特殊订货的单价大于该产品的单位变动成本，就可以接受该追加订货。

(二)复杂条件下是否接受特殊价格追加订货的决策

复杂条件下是否接受特殊价格追加订货主要分为以下几种情况。

(1) 追加订货量小于或等于剩余生产能力且剩余生产能力无法转移，但需追加专属成本。在这种情况下，追加订货不会冲击正常订货任务，剩余生产能力又无法转移，不需要考虑机会成本。所以只要追加订货方案的贡献边际大于追加的专属成本，即可接受追加订货；否则，不接受追加订货。

(2) 追加订货量小于或等于剩余生产能力且不需要追加专属成本，但剩余生产能力可以转移。在这种情况下，应将剩余生产能力转移带来的收益作为追加订货方案的机会成本予以考虑。又由于追加订货不会冲击正常订货任务，不需要追加专属成本，所以只要追加订货方案的贡献边际大于剩余生产能力转移的机会成本，即可接受追加订货；否则，不接受追加订货。

(3) 剩余生产能力无法转移，不需要追加专属成本，但追加订货量大于剩余生产能力。在这种情况下，由于追加订货量大于剩余生产能力，从而接受追加订货时会冲击正常订货任务，应将由此减少的正常收入作为追加订货方案的机会成本予以考虑。所以在此情况下，只要追加订货方案的贡献边际大于冲击正常订货任务的机会成本，即可接受追加订货；否则，不接受追加订货。

(4) 追加订货量大于剩余生产能力，剩余生产能力可以转移，并需要追加专属成本。在这种情况下，由于追加订货量大于剩余生产能力，从而接受追加订货会冲击正常订货任务，应将由此减少的正常收入作为追加订货方案的机会成本予以考虑，同时将剩余生产能力转移带来的收益也作为追加订货方案的机会成本予以考虑。所以，只要追加订货方案的贡献边际大于该方案的机会成本与专属成本之和，即可接受追加订货；否则，不接受追加订货。

(5) 其他组合。在实际中，还可能出现以上四种情况以外的其他组合，在具体决策时要根据具体情况，灵活运用相应分析方法进行具体分析。

【例5-11】某企业原来生产甲产品，年生产能力为 10 000 件，每年有 35% 的剩余生产能力。甲产品正常销售价格为 60 元，有关资料如表 5-18 所示。

假定存在如下不相关的情形。

(1) 现有一用户提出订货 3200 件，每件定价 44 元，剩余生产能力无法转移，追加订货不需要追加专属成本。

(2) 现有一用户提出订货 3500 件，每件定价 48 元，剩余生产能力无法转移，该追加订货有特殊要求需要购置一台设备，年固定成本增加 3000 元。

(3) 现有一用户提出订货 4000 件，每件定价 47 元，剩余生产能力无法转移。

(4) 现有一用户提出订货 5000 件，每件定价 56 元，接受追加订货需追加专属成本 4000元；若不接受追加订货可将设备出租，获租金 1500 元。

表 5-18 甲产品单位成本资料

单位：元

项 目	金 额
直接材料	21
直接人工	15
变动制造费用	7
固定制造费用	12
变动管理及推销成本	3
固定管理及推销成本	5

要求：做出在以上不相关情况下，是否接受特殊价格追加订货的决策。

解：(1) 该项决策属于简单条件下是否接受特殊价格追加订货的决策。

剩余生产能力的产量=10 000×35%=3500(件)

甲产品的单位变动成本=21+15+7+3=46(元)

由以上计算可知，定价 44 元小于单位变动成本 46 元，所以不应接受追加订货。

(2) 该项决策属于复杂条件下是否接受特殊价格追加订货的决策，要考虑追加专属成本，可采用差量分析法，具体分析如表 5-19 所示。

表 5-19 差量分析表

单位：元

项 目	接受追加订货	拒绝追加订货	差 量
相关收入	3500×48=168 000	0	168 000
相关成本	164 000	0	164 000
其中：增量成本	3500×46=161 000		
专属成本	3000		
差别损益			4000

由以上计算分析可知，接受追加订货可多获利润 4000 元，所以应接受追加订货。

(3) 该项决策属于复杂条件下是否接受特殊价格追加订货的决策。追加订货量超过了现有剩余生产能力，冲击了正常的销量 500 件，所以接受该追加订货的机会成本为 500×60=30 000 元，可采用差量分析法，具体分析如表 5-20 所示。

表 5-20　差量分析表

单位：元

项　目	接受追加订货	拒绝追加订货	差　量
相关收入	4000×47=188 000	0	188 000
相关成本	191 000	0	191 000
其中：增量成本	3500×46=161 000		
机会成本	500×60=30 000		
差别损益			−3000

由以上计算分析可知，接受追加订货将少获利润 3000 元，所以不应接受追加订货。

(4) 该项决策属于复杂条件下是否接受特殊价格追加订货的决策。该决策要考虑两项机会成本，一是追加订货量超过了现有剩余生产能力，冲击了正常的销量 1500 件，所以接受该追加订货的机会成本为 1500×60=90 000 元，二是租金收入 1500 元。同时又追加了专属成本 4000 元，可采用差量分析法，具体分析如表 5-21 所示。

表 5-21　差量分析表

单位：元

项　目	接受追加订货	拒绝追加订货	差　量
相关收入	5000×56=280 000	0	280 000
相关成本	256 500	0	256 500
其中：增量成本	3500×46=161 000		
专属成本	4000		
机会成本	1500×60+1500=91 500		
差别损益			23 500

由以上计算分析可知，接受追加订货可多获利润 23 500 元，所以应接受追加订货。

六、零部件自制或外购的决策

零部件自制或外购的决策是指在生产过程中，产品所需要的零部件可以依靠自身力量制造，也可以在市场上购买，企业需要在两者中选择其一的决策，因此属于互斥决策的类型。决策过程中不考虑相关收入，只需要考虑相关成本。

若企业零部件外购，而自制零部件的设备等剩余生产能力无法转移，则不考虑机会成本；若企业零部件外购，而自制零部件的设备等剩余生产能力可以转移，则剩余生产能力转移所产生的收益就构成了自制方案的机会成本，企业决策时必须予以考虑。同时，在自制或外购零部件时，若需追加专属成本，则追加的专属成本也属于与决策相关的成本，决策时必须予以考虑。若需考虑零部件年需求量是否确定，可分别采取不同的方法进行决策。

1. 年需求量确定时的决策

如果年需求量是已知的，可采用相关成本分析法进行决策，选择相关成本最小的方案。

【例 5-12】某企业 A 零件年需求量为 10 000 件,可以自制也可以外购。外购单位进价为 30 元,需要差旅费 4000 元。若利用该厂剩余生产能力自制,单位产品成本为 35 元,具体成本资料如表 5-22 所示。若外购,生产 A 零件的设备可以对外出租,每年可获租金 12 000 元。

表 5-22　A 零件成本资料　　　　　　　　　　　　　　单位:元

项　目	金　额
直接材料	12
直接人工	8
变动制造费用	5
固定制造费用	10
合计	35

要求:做出 A 零件自制还是外购的决策。

解:根据资料分析可知,自制 A 零件的单位产品成本是 35 元,其中直接材料、直接人工和变动制造费用合计为 25 元,属于相关成本,出租设备的租金收入 12 000 元是自制方案的机会成本。而 A 零件 10 元的固定制造费用则属于无关成本,决策时无须考虑。外购的进价成本属于增量成本,差旅费属于专属成本,均是与决策相关的成本。由于 A 零件的需求量是确定的,所以可采用相关成本分析法,如表 5-23 所示。

表 5-23　相关成本分析表　　　　　　　　　　　　　　单位:元

项　目	自　制	外　购
增量成本	25×10 000=250 000	30×10 000=300 000
专属成本		4000
机会成本	12 000	
相关成本合计	262 000	304 000

由以上分析表可知,自制方案的相关成本比外购方案的相关成本低 42 000 元,所以应选择自制方案。

2. 年需求量不确定时的决策

一般情况下,自制零部件的单位变动成本较低,则其相关固定成本较高;外购零部件的单位变动成本较高,则其相关固定成本较低甚至没有。如果年需求量是不确定的,可采用成本平衡点分析法进行决策,选择相关成本最小的方案。决策的标准是:当零部件年需求量大于成本平衡点业务量时,应选择自制方案,此时自制零部件的相关成本小;当零部件年需求量小于成本平衡点业务量时,应选择外购方案,此时外购零部件的相关成本小;当零部件年需求量等于成本平衡点业务量时,自制与外购均可。

【例 5-13】依据例 5-12 的资料,但 A 零件年需求量未确定。

要求:做出 A 零件的年需求量在何范围应自制、在何范围应外购的决策。

解:依据例 5-12 的资料,已知自制零件的单位变动成本为 25 元,固定成本为 12 000 元;外购零件的单位变动成本为 30 元,固定成本为 4000 元,由于 A 零件的年需求量不确定,所以应采用成本平衡点分析法进行决策。相关解析如图 5-1 所示。

成本平衡点业务量=(12 000-4000)÷(30-25)=1600(件)

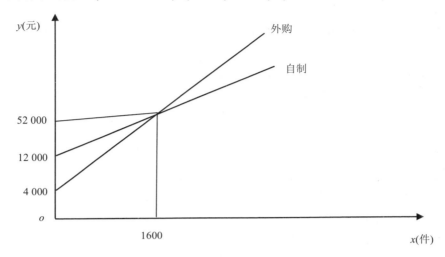

图 5-1　自制与外购方案分析图

当 A 零件的年需求量大于 1600 件时，应选择自制方案，自制方案的总成本低于外购方案；当 A 零件的年需求量小于 1600 件时，应选择外购方案，外购方案的总成本低于自制方案；当 A 零件的年需求量等于 1600 件时，自制方案和外购方案均可，两方案的总成本是相等的。

七、不同生产工艺技术方案决策

不同生产工艺技术方案的决策是指企业在组织生产过程中，围绕不同的生产工艺技术方案所做的决策。同一种产品可以采用机械化程度不同的设备进行生产，但只能选择一种设备，它属于互斥决策的类型。一般情况下，用先进的设备或工艺组织生产，固定成本较高，但由于提高了劳动生产率，降低了人工费用等，所以其单位变动成本较低；而采用普通设备或工艺组织生产，固定成本较低，但其单位变动成本较高。在进行不同生产工艺技术方案的决策分析时，在生产规模一定的情况下，各备选方案通常不涉及相关收入，只需要考虑相关成本，所以要根据相关成本的大小来选择机械化程度不同的设备进行生产。

1. 年产量确定时的决策

在年产量确定时，进行不同生产工艺技术方案的决策可采用相关成本分析法。

【例5-14】某企业每年生产甲产品 800 件，有 A、B、C 三种机械化程度不同的设备可供选择。其中，A 设备的年专属成本为 23 000 元，单位变动成本为 210 元；B 设备的年专属成本为 28 000 元，单位变动成本为 190 元；C 设备的年专属成本为 32 000 元，单位变动成本为 165 元。

要求：作出选择何种设备生产甲产品的决策分析。

解：根据上述资料计算，使用每种设备生产 800 件甲产品的相关成本为：

使用 A 设备的相关成本=23 000+210×800=191 000(元)

使用 B 设备的相关成本=28 000+190×800=180 000(元)

使用 C 设备的相关成本=32 000+165×800=164 000(元)

由此可知，用 C 设备进行生产的相关成本低，所以应选择 C 设备进行生产。

2. 年产量不确定时的决策

年产量不确定时，会存在一个选择在何范围内用何种设备和工艺组织生产较为合算的决策，该决策可采用成本平衡点分析法。当年产量大于成本平衡点业务量时，应采用固定成本较高的方案；当年产量小于成本平衡点业务量时，应采用固定成本较小的方案；当年产量等于成本平衡点业务量时，两种方案均可。

【例 5-15】某企业生产 A 零部件，可采用普通车床和数控车床两种不同设备进行加工。两种设备的具体资料如表 5-24 所示。

表 5-24　成本资料表　　　　　　　　　　　　　　　　　　　单位：元

设备名称	单位变动成本	固定成本总额
普通车床	90	15 000
数控车床	60	60 000

假定存在下列不相关的三种情形。

(1) A 零部件年产量 1200 件。

(2) A 零部件年产量 2000 件。

(3) A 零部件年产量 1500 件。

要求：根据以上不相关情况，做出采用何种设备组织生产的决策。

解：根据以上条件，计算的成本平衡点业务量=(60 000-15 000)÷(90-60)=1500(件)

相关解析如图 5-2 所示。

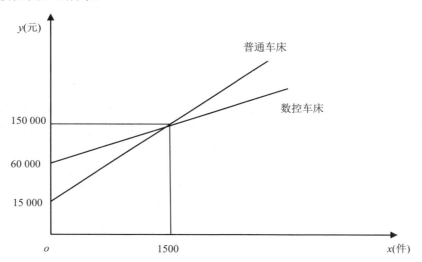

图 5-2　普通车床与数控车床选择分析图

根据成本平衡点业务量做出以下结论。

（1）当 A 零部件年产量为 1200 件时，小于成本平衡点业务量，采用普通车床进行加工可节约成本。

（2）当 A 零部件年产量为 2000 件时，大于成本平衡点业务量，采用数控车床进行加工可节约成本。

（3）当 A 零部件年产量为 1500 件时，等于成本平衡点业务量，采用普通车床或数控车床均可，两方案总成本相等。

【阅读资料 5-3】 优秀的财务主管应具备哪些知识技能？

第四节 定 价 决 策

一、定价决策分析的含义及应当考虑的因素

定价决策就是在供求规律基础上，根据不同的市场类型为其生产的产品确定一个合适的价格，使之能够销售出去，以争取最佳预期经营效益的过程。价格过高，将会减少销售量，降低市场占有率；价格过低，则应得的经济利益无法收回，企业的经营则难以维系。价格确定得合理，才能增强其在市场上的竞争力，以提高企业的盈利水平。因此，定价决策影响着企业生产经营的全局，关系到企业的兴衰成败。

影响产品定价决策的因素很多，主要因素包括市场供求关系、竞争形式、成本、竞争对手、顾客、产品所处的寿命周期和国家对于价格的政策法规等。

二、以成本为导向的定价决策分析方法

以成本为导向的定价决策分析方法又叫按成本定价的方法，即以产品成本为基础，再加上一定的利润等因素来考虑制定产品价格的方法。产品定价的依据可以是单位产品成本指标，也可以是总成本指标；可以根据全部成本法提供的资料定价，也可以根据变动成本法提供的资料定价。按成本定价的主要方法是成本加成定价法，一般是以单位产品成本为基础，再加上一定的成本加成率来确定产品价格。其计算公式为：

产品价格=预计(目标)单位产品成本×(1+成本加成率) 公式(5.4.1)

成本加成率=加成内容÷加成基础

(一)完全成本加成定价法

完全成本加成定价法的成本基础是单位产品的生产成本，加成内容包括期间成本和目标利润，用公式表示为：

产品价格=单位产品生产成本×(1+成本毛利率) 公式(5.4.2)

$$成本毛利率 = \frac{目标利润 + 期间成本}{已销产品生产成本} \times 100\% \qquad 公式(5.4.3)$$

【例5-16】　某公司产销单一产品，预计年产量为100 000件，销量为80 000件，目标利润为100 000元，其他资料如表5-25所示。

要求：采用完全成本加成定价法为企业产品定价。

解：据上述资料可计算出：

单位产品生产成本=40+30+8+12=90(元)

期间成本=200 000+150 000=350 000(元)

成本毛利率=(100 000+350 000)÷(90×80 000)×100%=6.25%

产品目标价格=90×(1+6.25%)=95.625(元)

因此，企业产品的价格定为95.625元较为合适。

表5-25　成本资料表　　　　　　　　　　　　　　　单位：元

成本项目	单位成本	总成本
直接材料	40	4 000 000
直接人工	30	3 000 000
变动制造费用	8	800 000
固定制造费用	12	1 200 000
变动推销及管理费用	2	200 000
固定推销及管理费用	1.5	150 000

(二)变动成本加成定价法

变动成本加成定价法是以单位产品的变动成本为基础，以全部固定成本和目标利润为加成内容的一种定价方法，用公式表示为：

$$产品价格 = 单位产品变动成本 \times (1 + 变动成本贡献率)$$

$$变动成本贡献率 = \frac{目标利润 + 固定成本}{已销产品变动成本} \times 100\% \qquad 公式(5.4.4)$$

【例5-17】承例5-16的资料。

要求：采用变动成本加成定价法确定产品价格。

解：

单位产品变动成本=40+30+8+2=80(元)

固定成本=1 200 000+150 000=1 350 000(元)

变动成本贡献率=(100 000+1 350 000)÷(80×80 000)×100%≈22.66%

产品目标价格≈80×(1+22.66%)≈98.128(元)

因此，在变动成本加成定价法下目标价格约为98.128元。

成本加成定价法计算方便、容易理解，特别是在市场因素基本稳定的情况下，可以保证企业获取正常的预期利润。然而，成本加成定价法也有明显不足，它只考虑产品本身成本的补偿和获取预期利润情况，而忽视了产品的社会价值、市场供求和竞争情况，也没有考虑消费者的心理因素等，仅仅是从保证卖方利益出发而去"保本求利"。

三、以市场需求为导向的定价决策分析方法

以市场需求为导向的定价决策分析方法主要有利润最大化定价法，能够使利润最大的价格被称为最优价格。利润最大化定价法关键是确定最优价格。

一般情况下，高价创造的单位贡献边际较高，但定价过高，销量就会减少，一旦达不到盈亏平衡点，企业就会发生亏损；而低价有促销的功能，但低价带来的单位贡献边际少，若定价偏低，也可能发生亏损。所以，最优价格既不是最高的价格，也不是最低的价格，而是能够使企业获得最大利润的价格。

【例 5-18】某公司准备将甲产品投放到市场上，甲产品单位变动成本为 20 元，固定成本总额为 60 000 元，该企业最大生产能力为 6000 件。如果把最大生产能力扩大到 10 000 件，每年将新增加固定成本 20 000 元，预测的销量及价格情况如表 5-26 所示。

表 5-26　预测资料

预计销量/件	4000	4800	5800	7000	8000	8500
预计价格/元	58	56	50	46	40	35

要求：试确定甲产品的最优价格。

解：根据上述资料，当甲产品的价格在 50～58 元之间时，销量在 4000～5800 件之间，不超过最大生产能力，所以年固定成本为 60 000 元；当甲产品的价格在 35～46 元之间时，销量在 7000～8500 件之间，已超过最大生产能力，年固定成本将达到 80 000 元。具体计算结果如表 5-27 所示。

表 5-27　盈亏计算表

价格/元	销量/件	销售收入/元	变动成本/元	贡献边际/元	固定成本/元	利润/元
58	4000	232 000	80 000	152 000	60 000	92 000
56	4800	268 800	96 000	172 800	60 000	112 800
50	5800	290 000	116 000	174 000	60 000	114 000
46	7000	322 000	140 000	182 000	80 000	102 000
40	8000	320 000	160 000	160 000	80 000	80 000
35	8500	297 500	170 000	127 500	80 000	47 500

从表中计算可知，甲产品的价格为 50 元时，企业获取的利润达到最大，所以 50 元为最优价格。

四、以特殊要求为导向的定价决策分析方法

(一)保本定价法

保本定价法是指在已知成本指标和预计销量的基础上计算以保本为目的的保本价格的

一种定价方法。保本价格即收支相等时的销售价格,用公式表示为:

$$保本价格 = 单位变动成本 + \frac{专属固定成本}{预计销量}$$ 公式(5.4.5)

在市场经济条件下,企业生产经营个别产品的价格在一定条件下可能定得较低,只有微利甚至只能保本,只要实际价格略大于保本价格,企业就不亏损。这种方法适用于竞争产品保守价格的制定和计算确定那些需要追加专属成本的特殊订货的最低可行价格。

(二)保利定价法

保利定价法是指在已知目标利润、预计销量和相关成本指标的基础上,用实现目标利润的价格计算公式进行定价的一种方法,用公式表示为:

$$保利价格 = 单位变动成本 + \frac{固定成本 + 目标利润}{预计销量}$$ 公式(5.4.6)

五、调价决策分析方法

调价决策分析是以调价后的利润能否增加为标准来决定是否调价的一种决策。一般采用利润无差别点法。利润无差别点是指某种产品为确保原有盈利能力,在调价后应至少达到的销售量指标,又称利润平衡点,用公式表示为:

$$利润无差别点 = \frac{固定成本 + 调价前利润}{拟调单价 - 单位变动成本}$$ 公式(5.4.7)

利润无差别点分析法又称利润平衡点分析法,是指利用调价后可望实现的销售量与利润无差别点销售量之间的关系进行调价决策的一种分析方法。若调价后可望实现的销售量大于利润无差别点销售量,则可考虑调价,因为调价后可多得利润;若调价后可望实现的销售量小于利润无差别点销售量,则不能调价,因为调价后会少得利润;若调价后可望实现的销售量等于利润无差别点销售量,则调价与不调价均可,因为二者的效益一样。

【例5-19】某企业生产一种产品,该产品现行市场售价为220元,单位变动成本为100元,可销售500件,年固定成本为40 000元,该企业最大生产能力为600件。该产品的价格每变动1%,可使销售量变动4%,当产量超过企业最大生产能力时,扩大产量不超过200件将增加固定成本20%。

假定现在企业有两种调价策略:(1)单价降低10%;(2)单价提高10%。

要求:采用利润平衡点分析法评价以上两种调价方案是否可行。

解:

(1) 单价降低10%,则销量提高40%。

预计销量=500×(1+40%)=700(件)

预计销量超过了企业最大生产能力,若扩大生产,其固定成本=40 000×(1+20%)=48 000(元)

调价前利润=(220-100)×500-40 000=20 000(元)

拟调价格=220×(1-10%)=198(元)

$$利润平衡点销量 = \frac{48\,000 + 20\,000}{198 - 100} \approx 694(件)$$

因为预计销量 700 件大于利润平衡点销量 694 件，调价后利润将大于 20 000 元，所以该调价方案可行。

(2) 单价提高 10%，则销量降低 40%。

预计销量=500×(1-40%)=300(件)

拟调价格=220×(1+10%)=242(元)

$$利润平衡点销量 = \frac{40\,000 + 20\,000}{242 - 100} \approx 423(件)$$

因为预计销量 300 件小于利润平衡点销量 423 件，调价后利润将小于 20 000 元，所以该调价方案不可行。

六、新产品的定价策略

新产品是指市场上从未出现过或企业从未生产与销售过的产品。新产品缺乏系统、完备的销售资料可供参考，市场的需求也具有不确定性，因此，企业管理者对新产品定价时，往往采取试销的办法。通过试销，企业收集到有关新产品的市场反应信息，再对此类信息进行分析、计量、预测，最后科学地确定使企业的整体效益达到最优的最终销售价格。

(一)撇脂定价策略

撇脂定价策略是指在新产品投放市场初期给其制定较高的价格，以获取初期的高额利润，随着市场销售量的增加，竞争加剧，再逐步降低价格的方法。这种策略能保证企业在销售初期获得高额利润，在较短的时期内迅速收回成本。但初期丰厚的利润会引来大量的竞争者，缩短产品寿命周期，使高价不能持久。这是一种短期的定价策略，多适用于生命周期较短、市场容易开辟且弹性较小、不易仿制的产品。

(二)渗透定价策略

渗透定价策略是指在新产品投放市场初期给其制定较低的价格，以低价吸引顾客，迅速打开市场销路，赢得竞争优势，稳固市场地位后再逐步提高价格的方法。这种策略在销售初期利润较低，低利润能有效地排除竞争，有利于企业长期占据市场，持久地为企业带来经济效益。这是一种长期利益的定价策略，多适用于那些同类产品差别不大但需求弹性较大、易于仿制、市场前景光明的产品。

以上两种定价策略，各有利弊。在实务中，不少企业常常把两种策略结合起来，取其优点，避其不足，而形成了一种新的定价策略，即折中定价策略。这种策略是将新产品初期的价格定得适中，这样既能吸引顾客，有利于开拓市场，又能保证在一定时期内弥补初期投入的高成本，形成顾客与企业双赢的局面。

本 章 小 结

本章涉及的决策分析内容主要是短期经营决策,它包括生产决策、定价决策和存货决策。短期经营决策必须考虑相关收入、相关成本和相关业务量三大因素。

生产决策主要解决三个问题,即生产什么产品、如何组织生产和生产多少产品的问题。目的是在企业生产能力有限的条件下,充分利用现有生产能力和资源,使企业获得最大经济效益。其决策常用的方法有贡献边际分析法、差量分析法、相关成本分析法和成本无差别点分析法。同一决策可以选择不同的方法提供决策依据。

定价决策是指短期内(如一年)在流通领域中围绕如何确定销售产品的价格水平问题而进行的决策,是企业生产经营业务的一项重要决策,它直接关系着企业的生存与发展。定价决策主要包括以成本为导向的定价决策分析方法、以市场为导向的定价决策分析方法、以特殊要求为导向的定价决策方法、调价决策分析方法和新产品定价策略等内容。

自 测 题

一、单选题

1. 某企业只生产一种产品,计划每月销售 600 件,单位变动成本 6 元,月固定成本 1000 元,欲实现利润 1640 元,则单价应定为( )元。

  A. 16.4   B. 14.6   C. 10.60   D. 10.40

2. 在半成品是否深加工决策中必须考虑的由于对半成品进行深加工而追加的变动成本,称为( )。

  A. 联合成本   B. 共同成本   C. 机会成本   D. 加工成本

3. 生产能力无法转移时,亏损产品满足( )的条件时,应当停产。

  A. 该亏损产品的单价大于其单位变动成本

  B. 该亏损产品贡献边际总额大于零

  C. 该亏损产品贡献边际总额小于零

  D. 该亏损产品变动成本小于其收入

4. 在短期经营决策中,只要买方出价低于( ),企业不应接受特殊价格追加订货。

  A. 单位产品成本   B. 单位变动成本

  C. 正常价格   D. 单位固定成本

5. 在零件自制或外购决策中,若成本无差别点数量为 2000 件,则选择自制方案的必要条件是全年需用零件的数量( )。

  A. 大于 2000 件   B. 小于 2000 件

  C. 不多于 2000 件   D. 等于 2000 件

6. 在管理会计中,单一方案决策又称为( )。

  A. 接受或拒绝方案决策   B. 互斥方案决策

C. 组合方案决策　　　　　　　　　　D. 排队方案决策

7. 在新产品开发决策中，如果备选方案在两个以上，则不宜采用的方法是(　　)。

A. 成本平衡点分析法　　　　　　　　B. 贡献边际分析法

C. 相关成本分析法　　　　　　　　　D. 差量分析法

8. 下列决策方法中，能直接揭示中选的方案比放弃的方案多获得利润或减少损失的方法是(　　)。

A. 差量分析法　　　　　　　　　　　B. 贡献边际分析法

C. 相关成本分析法　　　　　　　　　D. 成本平衡点分析法

9. 生产能力可以转移时，亏损产品停产的条件是(　　)。

A. 该亏损产品的单价大于其单位变动成本

B. 该亏损产品贡献边际总额大于零

C. 该亏损产品贡献边际总额小于生产能力转移带来的收益

D. 该亏损产品变动成本小于其收入

10. 某厂 A 零件年需求量为 500 件，若自制，需购置一台专用设备，增加固定成本 2100 元，自制单位变动成本 4 元；若外购，可按每件 8 元购入。则该企业应(　　)。

A. 自制　　　　　　　　　　　　　　B. 自制或外购均可

C. 无法确定　　　　　　　　　　　　D. 外购

11. 在零部件自制或外购的决策中，无关成本是(　　)。

A. 直接材料　　　　　　　　　　　　B. 变动制造费用

C. 固定生产成本　　　　　　　　　　D. 专属固定成本

12. 在零部件自制或外购的决策中，如果零部件的需求量尚不确定，应采用的决策方法是(　　)。

A. 差量分析法　　　　　　　　　　　B. 贡献边际分析法

C. 相关成本分析法　　　　　　　　　D. 成本平衡点分析法

13. 在新产品开发决策中，如果不追加专属成本，且生产经营能力不确定时，决策应采用的指标是(　　)。

A. 单位贡献边际　　　　　　　　　　B. 单位资源贡献边际

C. 贡献边际总额　　　　　　　　　　D. 剩余贡献边际总额

14. 某零件外购单价 10 元，自制单位变动成本 6 元，自制增加专属成本 2000 元，则该零件的年需求量为(　　)件时应外购。

A. 800　　　　　B. 600　　　　　C. 500　　　　　D. 400

15. 某企业需要一种零件，若外购可用 30 元的单价购入；若自制，则单位变动成本为 10 元，并需为此追加固定成本 20 000 元/年，则当该零件年需求量为(　　)件时，自制与外购均可。

A. 1500　　　　　B. 800　　　　　C. 2000　　　　　D. 1000

二、多选题

1. 下列各种决策分析中，可按成本无差别点法做出决策结论的有(　　)。

A. 亏损产品的决策　　　　　　　　　B. 是否增产的决策

C. 生产工艺技术方案的决策　　　　　D. 自制或外购的决策

2. 下列项目中，属于无关成本的有(　　)。

    A. 重置成本　　　B. 差量成本　　　C. 不可避免成本　D. 沉没成本

3. 在企业生产能力有剩余的情况下，是否接受追加订货的相关成本是(　　)。

    A. 直接材料　　　　　　　　　　B. 生产设备的折旧

    C. 直接人工　　　　　　　　　　D. 变动制造费用

4. 下列各项中，属于生产经营决策相关成本的有(　　)。

    A. 差量成本　　　B. 机会成本　　　C. 专属成本　　　　D. 沉没成本

5. 生产决策的方法主要有(　　)。

    A. 差量分析法　　　　　　　　　B. 贡献边际分析法

    C. 相关成本分析法　　　　　　　D. 成本平衡点法

6. 生产决策包括(　　)。

    A. 半成品是否进一步深加工的决策　　　　B. 零部件自制还是外购的决策

    C. 是否接受特殊价格追加订货的决策　　　D. 是否要开发新产品的决策

7. 新产品开发决策一般可采用的方法有(　　)。

    A. 贡献边际总额法　　　　　　　B. 成本平衡点法

    C. 相关成本分析法　　　　　　　D. 剩余贡献边际总额法

8. 短期经营决策包括(　　)。

    A. 生产决策　　　　　　　　　　B. 固定资产更新决策

    C. 定价决策　　　　　　　　　　D. 存货采购决策

三、判断题

1. 沉没成本可以是固定成本，也可以是变动成本。　　　　　　　　　　　　　(　　)

2. 如果 A 产品的单位贡献边际是 10 元，而 B 产品的单位贡献边际是 50 元，那么选择 B 产品进行生产对企业有利。　　　　　　　　　　　　　　　　　　　　　　(　　)

3. 在短期经营决策中，所有的固定资产折旧费用都属于沉没成本。　　　　　　(　　)

4. 因为企业采用先进的生产工艺技术，可以提高劳动生产率，降低劳动强度，减少材料消耗，降低单位变动成本，所以在不同生产工艺技术方案的决策中，应无条件地选择先进的生产工艺技术方案。　　　　　　　　　　　　　　　　　　　　　　　　　(　　)

5. 在"是否接受低价追加订货的决策"中，如果追加订货量大于剩余生产能力，必然出现与冲击正常任务相联系的机会成本。　　　　　　　　　　　　　　　　　　(　　)

6. 在调价决策中，如果调高价格后预计销售量超过利润无差别点销售量，那么就应当调价。　　　　　　　　　　　　　　　　　　　　　　　　　　　　　　　　　(　　)

7. 增量成本是由于产销量不同而引起的成本之差，是一种特殊的差量成本。　(　　)

8. 订货的经济批量大小与订货提前长短有关。　　　　　　　　　　　　　　　(　　)

9. 只要亏损产品能提供贡献边际，则不应停产或转产。　　　　　　　　　　　(　　)

10. 用贡献边际总额法进行决策时应以贡献边际总额为标准，不能以单位贡献边际为标准。　　　　　　　　　　　　　　　　　　　　　　　　　　　　　　　　　(　　)

11. 在短期经营决策中，差量分析法可以用于多种备选方案的决策。　　　　　(　　)

12. 只要各备选方案的收入相同且业务量确定的经营决策，则要用相关成本分析法。

（　　）

13. 亏损产品只要提供贡献边际，无论剩余生产能力是否可以转移，均不能停产。（　　）

14. 只要是零部件是自制还是外购的决策，就要用成本平衡点法。　　　　　　（　　）

15. 利润平衡点销量是指某种产品为确保原有盈利能力，在调价后应至少达到的销售量指标。

（　　）

16. 在产品加工程度决策中，深加工前的变动成本和固定成本都属于沉没成本，是无关成本，相关成本只包括与深加工有关的成本。

（　　）

四、计算题

1. 某厂现有生产能力直接人工 10 000 小时，可用于生产产品 A，也可以用于生产产品 B。生产产品 A 每件需 1/3 小时，生产产品 B 每件需 1 小时，其他资料如表 5-28 所示。

表 5-28　A、B 产品资料表

单位：元

项　目	产品 A	产品 B
单位售价	24	30
单位变动成本	20	21

要求：确定该厂现有生产能力适宜用来生产产品 A 还是生产产品 B。

2. 某工厂有一部分剩余生产能力，可用来生产甲产品、乙产品和丙产品，有关资料如表 5-29 所示。

表 5-29　甲、乙、丙产品资料表

项　目	甲产品	乙产品	丙产品
单价/元	15	21	13
单位变动成本/元	8	13	7
单位产品定额台时/小时	4	5	3

要求：分析该工厂应生产哪种产品。

3. 某企业原来只生产丙产品，年产量为 2000 台，单价为 400 元，单位变动成本为 250 元。该企业想充分利用剩余的 A 材料 30 000 千克开发一种新产品。经初步调查，市场上可供企业选择生产的产品有甲、乙两种产品，若开发甲产品 3000 台，每年需要追加固定成本 50 000 元，剩余 A 材料足以保证生产；若开发乙产品 6000 台，每年需要追加固定成本 90 000 元，且需要压缩丙产品 10%的产量，其他资料如表 5-30 所示。

表 5-30　甲、乙产品预测资料

项　目	甲产品	乙产品
单价/元	200	100
单位变动成本/元	160	70
甲材料的消耗定额(千克/台)	10	6

要求：试分析该企业应开发哪一种产品。

4. 某公司去年三种产品的损益表如表 5-31 所示。

表 5-31 A、B、C 产品损益表

单位：元

项 目	产品 A	产品 B	产品 C	合 计
销售收入	100 000	300 000	220 000	620 000
变动成本	60 000	210 000	150 000	420 000
产品贡献边际	40 000	90 000	70 000	200 000
分摊的固定成本	50 000	60 000	50 000	160 000
利润	-10 000	30 000	20 000	40 000

要求：分别做出在以下三种情况下，是否停产亏损产品的决策。

(1) 若停产 A 产品，而其生产能力不能转移。

(2) 若停产 A 产品，用这些生产能力生产产品 B，可使产量增加 1/3。

(3) 若停产 A 产品，用剩下来的生产能力去生产一种新产品 D，该产品 D 的单价为 45 元，订货量为 2000 件，单位变动成本为 12 元，追加专属成本 20 000 元。

5. 某企业只生产一种产品，全年最大生产能力为 1200 件，年初已按 100 元的单价接受正常任务 1000 件，该产品的单位完全成本为 80 元(其中单位固定生产成本为 25 元)。现有一客户要求以 70 元的单价追加订货。假定存在下列不相关的情形：

(1) 剩余生产能力无法转移，追加订货量为 200 件，不追加专属成本。

(2) 剩余生产能力无法转移，追加订货量为 200 件，但因有特殊要求，企业需追加 1000 元专属成本。

(3) 追加订货量为 200 件，不追加专属成本，但剩余生产能力可用于对外出租，可获租金收入 5000 元。

(4) 剩余生产能力无法转移，追加订货量为 300 件，但因有特殊要求，企业需追加 900 元专属成本。

要求：用差量分析法分别做出该企业是否接受低价订货的决策，并说明理由。

6. 东奥公司生产车床，全年需要甲零件 40 000 个。外购单价 20 元，该公司有部分剩余生产能力可以自制甲零件，其单位制造成本资料如下：

直接材料	9 元
直接人工	5 元
变动制造费用	3 元
固定制造费用	3 元
单位变动非生产成本	2 元

要求：分别做出在下列两种情况下，甲零件是自制还是外购的决策。

(1) 若外购甲零件，其生产设备可以出租，每月可得租金净收入 4000 元。

(2) 若自制甲零件，原设备不够使用，需购置一台设备，年折旧为 35 000 元；若不自制，原设备无其他用途。

7. 金星公司产销甲产品,生产该产品时,既可用普通车床,又可用万能车床或数控车床,不同类型的车床生产成本资料如下:

普通车床: 单位变动成本 50 元   固定成本 2500 元

数控车床: 单位变动成本 25 元   固定成本 5000 元

万能车床: 单位变动成本 5 元   固定成本 15 000 元

要求:根据上述资料计算三种车床生产最佳数量的范围。

8. 天元公司生产乙产品,现在市场售价 250 元,可销售 500 件,乙产品的单位变动成本 130 元,每年固定成本 40 000 元,该企业最大生产能力 600 件,乙产品的价格每变动 1% 可使销量变动 3%。当企业产量超过最大生产能力时,增加产量在 200 件以内将增加固定成本 20%。

要求:利用利润平衡点法评价以下不相关条件下调价方案的可行性。

(1) 单价降低 5%。 (2)单价降低 10%。

五、思考题

1. 决策分析一般需要经过哪些步骤?

2. 什么是相关成本?具体包括哪些内容?

3. 在什么条件下,亏损产品不应当停产?

4. 如何决定是否接受特殊低价追加订货?

5. 举例说明机会成本在经营决策中的作用。

6. 企业定价决策方法有哪些?

第六章

长期投资决策

【学习要点及目标】

- 掌握货币时间价值的概念及计算。
- 理解并熟练掌握现金流量的概念及现金净流量的计算。
- 掌握长期投资决策分析的有关内容和基本方法。

【核心概念】

货币时间价值　年金　现金流量　投资回收期　年均成本　净现值　内含报酬率

【引导案例】 格力电器的经营思想

第一节　长期投资决策概述

一、长期投资的概念

　　长期投资是指投入大量资金，获取报酬或收益的持续时间超过一年，能在较长时间内影响企业经营获利能力的投资。长期投资支出通常不可能由当年的营业收入来补偿，而是在未来若干期内连续分次转化为各期费用，具有分批回收补偿等特点，被称为"资本支出"，多属于战略决策，对企业具有长远意义。长期投资一般具有投资数额巨大、风险高、周期长、不可逆转等特征。广义的长期投资包括证券投资、用于兴办新企业或扩大原有企业规模的生产性投资，管理会计中的长期投资通常指的是后者。

二、长期投资决策的种类

　　长期投资决策按照不同的标准有不同的分类。

1. 按照投资影响的不同分类

　　按照投资影响的不同，长期投资决策可分为战略性决策和战术性决策。战略性决策是指只涉及企业整体投资方向和规模的投资，如开发新产品的投资、扩大企业规模的投资、引进新技术的投资等。战术性决策是指只涉及局部经营条件改善的投资，比如降低产品成本的投资、提高产品质量的投资、更新现有设备的投资等。

2. 按照投资决策的确定性程度分类

　　按照投资决策的确定性，长期投资决策可分为确定型决策、风险型决策和不确定型决策。

3. 按投资方案之间的关系及决策程序分类

　　按投资方案之间的关系及决策程序，长期投资决策可分为独立方案决策、互斥方案决策、最优组合决策。

　　独立方案决策是指对相互之间没有关系的方案进行的决策。独立方案之间选择一个方案并不排斥另一个方案的实施。独立方案决策只需判断方案自身的可行性，比如亏损产品是否停产等。互斥方案决策是指在两个或两个以上相互排斥的备选方案中通过计算、分析、对比，最终选出最优方案而排斥其他方案的决策，比如自制与外购问题。最优组合决策是指组合几个不同方案以使经济效益达到最优状态的决策，比如资本总量的组合决策等。

长期投资决策还可按照其他标准进行分类。不管按何种标准分类，都需要使用一系列的经济评价指标进行计算、分析、比较。本书介绍的经济评价指标是在货币时间价值的基础上使用的动态指标和静态指标。

【阅读资料 6-1】　程序化决策和非程序化决策。

第二节　货币时间价值

一、货币时间价值的概念

货币时间价值是指货币经过一定时间的投资与再投资后所增加的价值，也称为资金时间价值。经济生活中，人们往往发现今天的 1 元钱在经过一年的时间后，往往会增值。这除了有通货膨胀和风险的因素外，还有"时间"影响因素的作用。货币时间价值具有如下特点。

(1) 货币时间价值的表现形式是价值增值，是同一笔货币资金在不同时点上表现出来的价值差量或变动率。

(2) 货币时间价值产生于资金运动过程。如果货币没有作为资本纳入资金运动过程，则不会产生增值，也不具有时间价值。

(3) 货币时间价值的大小与时间长短的变化趋势呈同方向。时间越长，货币的时间价值越大。

二、货币时间价值的计算

通常而言，货币时间价值等于在没有通货膨胀和风险条件下的社会平均资本利润率。货币时间价值既可用绝对量表示，也可用相对量表示。

货币时间价值的计算有两种方法：一种是单利法，即只有本金能产生利息；二是复利法，即不仅本金能产生利息，利息也能产生利息，俗称"利滚利"。

货币时间价值计算通常采用复利法，此时需要引入两个新的概念：现值和终值。终值又称将来值，是指现在一定量现金在未来某一时点上的价值，俗称"本利和"，通常记作 F。现值是指未来某一时点上的一定量现金在现在的价值，俗称"本金"，通常记作 P。

(一)单利法的计算

按照单利计算方法计算利息时，不管经过几期，所产生的利息均不加入本金重复计算利息。设本金为 P，利息率为 i，计算期为 n，本金与利息之和为 F_n。

利息计算公式：$I = P \times i \times n$　　　　　　公式(6.2.1)

本利和计算公式：$F_n = P + I = P + P \times i \times n = P \times (1 + n \times i)$ 公式(6.2.2)

【例6-1】某企业存入银行 100 000 元，存款利率为 3%，期限为 3 个月。

要求：计算到期时利息、本利和的金额。

解：$I = 100\,000 \times 3\% \times (3 \div 12) = 750$(元)

$F_n = P + I = 100\,000 + 750 = 100\,750$(元)

(二)复利法的计算

1. 复利终值

复利终值是指复利计息方法下，现在一定量资金在未来某一个时点的价值。

复利终值公式如下：

第一期：$F_1 = P(1+i)$

第二期：$F_2 = P(1+i) \times (1+i) = P(1+i)^2$

第三期：$F_3 = P(1+i) \times (1+i) \times (1+i) = P(1+i)^3$

……

第 n 期：$F_n = P(1+i)^n$

所以复利终值的计算公式为：

$$F_n = P(1+i)^n$$ 公式(6.2.3)

上式中的 $(1+i)^n$ 称为复利终值系数，通常用符号 $(F/P, i, n)$ 表示，它是指按每一期间的投资报酬率 i 计算，单位资金经过 n 期后的总价值。因此上述终值和总利息的计算公式可写为：

$$F_n = P \times (F/P, i, n)$$ 公式(6.2.4)

$$I = F_n - P$$ 公式(6.2.5)

复利终值系数参见本书附录中的附表 1。

【例6-2】某人将 200 000 元进行一项投资，年投资报酬率为 3%。

要求：计算经过 3 年后的总价值和利息。

解：

3 年后的总价值为：

$$F_n = P(1+i)^n = 200\,000 \times (F/P, 3\%, 3) = 200\,000 \times 1.093 = 218\,600(元)$$

3 年后的总利息为：

$$I = F_n - P = 218\,600 - 200\,000 = 18\,600(元)$$

【例6-3】某人有 1200 元，现有一投资报酬率为 8% 的投资机会。

要求：计算经过多少年才可以使现有货币增加 1 倍。

解：

据题意知：

$1200 \times 2 = 1200(F/P, 8\%, n)$

则：$(F/P, 8\%, n) = 2$

查复利终值系数表可知：$(F/P, 8\%, 9) = 1.999$

所以 $n \approx 9$。

由此可知，大约 9 年后可以使现有货币增加 1 倍。

2. 复利现值

复利现值是指复利计息方法下，未来某一时点一定量资金的现在价值。

复利终值的计算是已知本金求本利和，而复利现值的计算则是已知本利和求本金。因此，复利现值与复利终值互为逆运算。由此可推导出复利现值的计算公式为：

$$P = \frac{F_n}{(1+i)^n} = F_n \cdot \frac{1}{(1+i)^n} \qquad 公式(6.2.6)$$

上式中的 $\frac{1}{(1+i)^n}$ 称为复利现值系数，用符号 $(P/F, i, n)$ 表示，其公式变换为：

$$P = F_n(P/F, i, n) \qquad 公式(6.2.7)$$

复利现值系数参见本书附录中的附表 2。

【例 6-4】某人拟在 3 年后获得本利和 10 000 元，假设投资报酬率为 8%。

要求：计算现在应投入的金额。

解：查复利现值表可知利率为 8%、期限为 3 年的复利现值系数为 0.794。

$P = F_n(P/F, i, n)$

$= 10\ 000 \times (P/F, 8\%, 3)$

$= 10\ 000 \times 0.794$

$= 7940(元)$

由此可知，现在投入 7940 元，3 年后方能获得本利和 10 000 元。

3. 名义利率与实际利率

前面所讲的利率都是指年利率，即一年复利一次。日常生活中经常可以碰到一年复利多次的情况，比如半年计利息一次等。对于每年复利次数超过一次的年利率叫名义利率，而每年复利一次的年利率才是实际利率。每年复利多次的名义利率在计算时根据需要可以换算成实际利率。

假设，实际利率为 i，名义利率为 r，一年复利 m 次，则实际利率 i 的计算公式是：

$$i = (1 + r/m)^m - 1 \qquad 公式(6.2.8)$$

【例 6-5】某企业于年初存入 10 万元，在年利率 10%、每半年复利计息一次的情况下，存到第 10 年年末。

要求：计算该企业能得到的本利和。

解：$F_n = P(1 + r/m)^{m \times n} = 10 \times (1 + 10\% \div 2)^{20} = 26.53(万元)$

三、年金

年金(Annuity，简记为 A)是在相等时间间隔内，连续收入或付出相等金额的系列款项。如分期偿还贷款、发放养老金、零存整取储蓄业务、债券利息、保险金、分期支付工程款等都属于年金形式。由此看年金应同时具备以下四个条件。

(1) 等额性，即各期发生的款项在数额上必须是相等的。

(2) 连续性，即在一定时间内每间隔一段时间必须发生一次收(付)款业务，不得中断，即必须是两笔或两笔以上的收付款项。

(3) 等间隔性，即各期发生款项的间隔时间必须相同。

(4) 同方向性，即各期发生的款项必须是相同的收支方向，要么都是收入，要么都是付出，不能在一系列款项中既有收入也有付出。

年金包括普通年金、先付年金、递延年金和永续年金等多种形式，其中普通年金应用最广泛，其他几种形式的年金是在普通年金的基础上推算出来的。

(一)普通年金

普通年金是指每期期末收付等额款项的年金，也称为后付年金。这种年金在日常生活中最为常见，如图 6-1 所示。

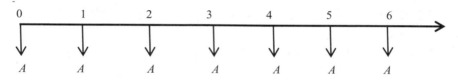

图 6-1　普通年金图

图 6-1 中，横轴代表时间，箭头的位置代表支付的时刻，A 代表支付的金额，数字代表计息期。

1. 普通年金终值

普通年金终值是一定时期内各期期末等额系列收付款按复利计算的最终本利和，用 F_A 表示。期限为 n、利率为 i 的普通年金 A 的终值公式计算过程如下：

$$F_A = A(1+i)^{n-1} + A(1+i)^{n-2} + \cdots + A(1+i)^2 + A(1+i) + A$$

等式两边同乘 $(1+i)$：

$$(1+i)F_A = A(1+i)^n + A(1+i)^{n-1} + A(1+i)^{n-2} + \cdots + A(1+i)^2 + A(1+i)$$

上述两公式相减：

$$(1+i)F_A - F_A = A(1+i)^n - A$$

则：

$$F_A = A \cdot \frac{(1+i)^n - 1}{i} \qquad\qquad 公式(6.2.9)$$

式中，$\dfrac{(1+i)^n - 1}{i}$ 称为普通年金终值系数，可用符号 $(F/A,i,n)$ 表示，公式(6.2.9)可变换为：

$$F_A = A \cdot (F/A,i,n) \qquad\qquad 公式(6.2.10)$$

普通年金终值系数见本书附录中的附表 3。

【例 6-6】某企业计划在今后 6 年内每年年末从税后利润中提取公积金 80 000 元存入银行，存款利率为 4%，每年复利一次。

要求：计算到第 6 年年末可得的本利和。

解：查表知 $n=6$、$i=4\%$ 的普通年金终值系数为 6.633。

$$F_A = A \cdot (F/A,i,n)$$
$$= 80\ 000 \times 6.633$$
$$= 530\ 640(元)$$

该企业第 6 年年末能取出本利和 530 640 元。

【例 6-7】某人想 5 年后花 500 000 元买一套房子，若银行存款利率为 3%，每年复利一次。

要求：计算此人每年末需要等额存入银行多少款项才能保证 5 年后买上房子。

解：依题意，已知 5 年后的本利和为 500 000 元，求年金 A。

查表知 $i=3\%$、$n=5$ 的普通年金终值系数为 5.309。

$$500\ 000 = A \cdot (F/A,3\%,5)$$

$$A = \frac{500\ 000}{(F/A,3\%,5)} = \frac{500\ 000}{5 \times 309} \approx 94\ 180(元)$$

此人每年年末需要存入银行 94 180 元，才能保证 5 年后买上房子。

2. 普通年金现值

普通年金现值是指一定时期内每期期末系列等额收付款项的复利现值之和。

设每期末支付的款项为 A，利率为 i，期数为 n，普通年金现值 P_A 为：

$$P_A = A(1+i)^{-1} + A(1+i)^{-2} + \cdots + A(1+i)^{-(n-2)} + A(1+i)^{-(n-1)} + A(1+i)^{-n} \quad 公式(6.2.11)$$

上式中各项为等比数列，等比为 $(1+i)$，根据等比数列的求和公式整理得：

$$P_A = A \cdot \frac{1-(1+i)^{-n}}{i} \quad 公式(6.2.12)$$

式中，$\dfrac{1-(1+i)^{-n}}{i}$ 称为普通年金现值系数，用符号 $(P/A,i,n)$ 表示，其公式变换为：

$$P_A = A \cdot (P/A,i,n) \quad 公式(6.2.13)$$

普通年金现值系数见本书附录中的附表 4。

【例 6-8】某企业打算连续 5 年在每年年末取出 10 万元，用于向职工发放奖金，年利率为 6%。

要求：计算该企业最初(第一年年初)需要一次存入银行的金额。

解：查表知 $i=6\%$、$n=5$ 的年金现值系数为 4.212。

$$P_A = A \cdot (P/A,i,n)$$
$$= 100\ 000 \times 4.212$$
$$= 421\ 200(元)$$

由此可知，该企业最初应存入银行 421 200 元。

(二)先付年金

先付年金也称为预付年金，是指每期期初等额收付款项的年金。先付年金如图 6-2 所示。

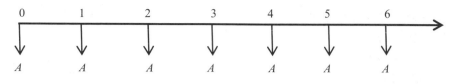

图6-2 先付年金图

图6-2中，横轴代表时间，箭头的位置代表支付的时刻，A代表支付的金额，数字代表计息期。

1. 先付年金终值

先付年金终值是指在一定时期内每期期初收付款项的复利终值之和。先付年金终值的计算公式为：

$$F_A = A(1+i)^n + A(1+i)^{n-1} + A(1+i)^{n-2} + \cdots + A(1+i)^2 + A(1+i) \qquad 公式(6.2.14)$$

式中各项为等比数列，首项为$A(1+i)$，公比为$(1+i)$，根据等比数列求和公式整理得：

$$F_A = A \cdot \left[\frac{(1+i)^{n+1} - 1}{i} - 1 \right] \qquad 公式(6.2.15)$$

式中，$\left[\dfrac{(1+i)^{n+1} - 1}{i} - 1 \right]$ 称为先付年金终值系数。它和普通年金终值系数 $\dfrac{(1+i)^n - 1}{i}$ 相比，期数加1，而系数减1，记作$[(F/A,i,n+1)-1]$，并可利用"普通年金终值系数表"查$(n+1)$期的值，然后减去1后即得先付年金终值系数。先付年金终值的计算公式为：

$$F_A = A \cdot [(F/A,i,n+1) - 1] \qquad 公式(6.2.16)$$

值得注意的是，将n期的普通年金终值再往$n+1$期复利一次，就等于先付年金终值，用公式表示为：

$$F_A = A(F/A,i,n)(1+i) \qquad 公式(6.2.17)$$

【例6-9】某企业连续4年每年年初存入银行6万元作为住房基金，存款利率为5%，每年复利一次，则该公司于第4年年末一次取出本利和是多少？

解：依题意知，先付年金终值为：

$$F_A = A \cdot [(F/A,i,n+1) - 1]$$
$$= A \cdot [(F/A,5\%,5) - 1]$$
$$= 60\,000 \times (5.526 - 1)$$
$$= 271\,560(元)$$

由此可知，第4年年末的本利和为271 560元。

2. 先付年金现值

先付年金现值是指一定时期内每期期初系列等额收付款项的复利现值之和。其计算公式为

$$P_A = A + A(1+i)^{-1} + A(1+i)^{-2} + \cdots + A(1+i)^{-(n-2)} + A(1+i)^{-(n-1)} \qquad 公式(6.2.18)$$

上式中各项为等比数列，等比为$(1+i)^{-1}$，根据等比数列的求和公式整理得：

$$P_A = A \cdot \left[\frac{1 - (1+i)^{-(n-1)}}{i} + 1 \right] \qquad 公式(6.2.19)$$

式中，$\left[\dfrac{1-(1+i)^{-(n-1)}}{i}+1\right]$ 是先付年金现值系数。它与普通年金现值系数 $\dfrac{1-(1+i)^{-n}}{i}$ 相比，期数减 1，而系数要加 1，可记作 $[(P/A,i,n-1)+1]$，并可利用"普通年金现值系数表"查 $(n-1)$ 期的值，然后加上 1 后即得先付年金现值系数。

先付年金现值的计算公式为：

$$P_A = A\cdot[(P/A,i,n-1)+1] \qquad\qquad 公式(6.2.20)$$

值得注意的是，n 期先付年金与 n 期普通年金的期限相同，但由于收付时间不同，n 期先付年金现值比 n 期普通年金现值多折现一期，因此，n 期先付年金现值等于 n 期普通年金现值乘以 $(1+i)$。用公式表示为：

$$P_A = A\cdot(P/A,i,n)(1+i) \qquad\qquad 公式(6.2.21)$$

【例 6-10】某企业采用分期付款方式购买一辆小汽车，连续 6 年每年年初支付 2 万元，假设银行利率为 10%。

要求：计算该项分期付款相当于一次支付现金的购价。

解：依题意可知，先付年金现值为：

$$
\begin{aligned}
P_A &= A\cdot[(P/A,i,n-1)+1]\\
&= 20\,000\times(3.791+1)\\
&= 95\,820(元)
\end{aligned}
$$

由此可知，该项分期付款相当于一次支付现金的购价是 95 820 元。

(三)递延年金

递延年金是指第一次收付款发生的时间不在第一期，而是隔若干期后每期期末才开始发生系列等额款项的收付的年金。实质上递延年金是普通年金的特殊形式，递延期通常用 m 表示。

1. 递延年金终值

递延年金终值的大小与递延期有关，因此其计算与普通年金终值计算基本相同。

$$F_A = A\cdot(F/A,i,n-m) \qquad\qquad 公式(6.2.22)$$

【例 6-11】某企业项目建成后，预计在第 3 年年末每期将获取现金流入 10 万元，假定利率为 6%，项目寿命期为 8 年。

要求：计算第 8 年末的本利和。

解：由题意知，$m=2$，$n=8$，则第 8 年的本利和为：

$$
\begin{aligned}
F_A &= A\cdot(F/A,i,n-m)\\
&= 100\,000\times6.975\\
&= 697\,500(元)
\end{aligned}
$$

2. 递延年金现值

递延年金现值的计算有以下两种方法。

(1) 把递延年金视作 $n-m$ 期普通年金，求出递延年金在第 m 期期末的现值，然后将此现值折算到第一期期初，用公式表示为：

$$P_A = A \cdot (P / A, i, n - m) \cdot (P / F, i, m) \qquad 公式(6.2.23)$$

(2) 首先假设在递延期内也有现金收付，求出 n 期的普通年金现值，然后再扣除递延期 m 期的普通年金现值，即可得到递延年金现值，用公式表示为：

$$P_A = A \cdot [(P / A, i, n) - (P / A, i, m)] \qquad 公式(6.2.24)$$

【例 6-12】某企业准备在第一年年初存入银行一笔资金，设立一笔奖励基金。预计要在第 3 年到第 9 年每年年末取出 50 000 元用于奖励，存款利率为 5%，每年计一次复利。

要求：计算第一年年初应存入银行多少钱。

解：依题意，$n=9$，$m=2$。

第一种方法：

$$P_A = A \cdot (P / A, i, n - m) \cdot (P / F, i, m)$$
$$= 50\,000 \times (P / A, 5\%, 7)(P / F, 5\%, 2)$$
$$= 50\,000 \times 5.786\,37 \times 0.907\,03$$
$$\approx 262\,420.5(元)$$

第二种方法：

$$P_A = A \cdot [(P / A, i, n) - (P / A, i, m)]$$
$$= 50\,000 \times (7.107\,82 - 1.859\,41)$$
$$= 262\,420.5(元)$$

(四)永续年金

永续年金是指无限期等额系列收付款的特种年金，也可看作普通年金的特殊形式，即期限趋于无穷的普通年金。

由于永续年金的期限 n 趋于无穷，没有终止时间，因此永续年金不存在终值，只能计算现值。其现值等于当期限 n 趋于无穷大时，普通年金现值的极限值。永续年金现值的计算公式为：

$$P_A = A \cdot \frac{1 - (1 + i)^{-n}}{i} \qquad 公式(6.2.25)$$

根据极限运算法则，当 n 趋于无穷时，年金现值系数 $(1 + i)^{-n} = 0$，则可得永续年金现值的计算公式为：

$$P_A = A / i \qquad 公式(6.2.26)$$

【例 6-13】某学校拟建立一项永久性奖学金，每年计划颁发 10 000 元，假定存款利率为 5%。

要求：计算现在应一次性存入银行多少钱。

解：依题意知，永续年金现值为：

$$P_A = \frac{A}{i} = \frac{10\,000}{5\%} = 200\,000(元)$$

该学校现在应一次性存入银行 200 000 元。

【阅读资料 6-2】　复利。

第三节　现 金 流 量

一、现金流量的概念和意义

(一)现金流量的概念

现金流量是指某投资项目的现金流量，它是长期投资决策分析中的一个重要因素，投资收益的评价分析就是在现金流量的基础上进行的。所以现金流量估计得正确与否，直接关系到投资方案评价的可靠程度。

在管理会计中，现金流量是指投资项目在其计算期内因资本循环而引起的企业在一定期间内的现金流入量和现金流出量的统称。它以收付实现制为基础，反映广义的现金内容，包括货币资金以及因项目需要而投入企业的非货币资源的变现价值(或重置价值)。例如，一个项目需要使用原有的厂房、设备和材料等，则相关的现金流量是指它们的变现价值。但是，管理会计中长期投资决策所涉及的现金，不是指财务会计中的库存现金，而是区别于观念货币的现实货币；此外，它与财务会计现金流量表所涉及的现金流量相比，无论是在具体内容上，还是在计算口径上也都存在很大差异，不能混为一谈。

(二)现金流量的意义

在长期投资决策中，以现金流量作为评价长期投资决策优劣的指标具有重要的意义。

(1) 现金流量所揭示的未来期间投资项目现实货币资金收支运动，可以动态地反映项目投资的流向与回收之间的投入产出关系，使决策者处于投资主体的立场上，更完整、准确、全面地评价具体投资项目的经济效益。

(2) 利用现金流量指标代替利润指标作为反映投资效益的信息，可以摆脱贯彻财务会计上的权责发生制时所面临的困境。因为各期利润的多少，在一定程度上受存货估价、费用分摊和折旧计提方法的影响，因而利润的预计比现金流量的预计具有较大的主观随意性。以利润指标作为评价基础会影响评价结果的准确性。

(3) 在整个投资有效期内，利润总计等于现金净流量总计。所以不仅可以用现金净流量取代利润作为评价净收益的指标，而且在投资决策分析中，现金流动状况比盈亏状况更重要。因为有利润的年份不一定产生多余的现金用来进行其他项目的再投资。一个项目能否维持下去，不取决于一定期间内是否盈利，而取决于有没有现金用于各种支付。所以在投资决策分析中要重视现金流量的分析。

二、确定现金流量的假设

由于上述影响现金流量因素的存在，给长期投资项目现金流量的确定带来了极大的困难，因此为简化现金流量的计算过程，克服确定现金流量的困难，特作以下假设。

1. 投资项目的类型假设

假设投资项目的类型只包括单纯固定资产投资项目、完整工业投资项目和更新改造项目三种类型。

2. 财务可行性假设

假设投资决策是从企业投资者的立场出发，投资者确定现金流量就是为了进行项目财务可行性研究。

3. 全部投资假设

在确定项目的现金流量时，要站在企业投资者的立场上，考虑全部投资的运动情况，假设将项目所需要的资金全部视为自有资金，即使实际存在借入资金，也将其作为自有资金对待。

4. 建设期投入全部资金假设

不论项目的原始投资是一次投入还是分次投入，除特殊说明外，均假设它们都是在建设期内投入的。

5. 经营期与折旧年限一致假设

在项目投资中，假设固定资产的折旧年限与经营期相同。

6. 时点指标假设

为便于货币时间价值的计算，在长期投资决策中，不论是时点指标还是时期指标，均假定为时点指标，即流出在期初，收回在期末。

三、现金流量的内容

就某一个投资项目而言，从不同角度进行分析，其现金流量的构成内容是不同的。下面主要介绍以下两种情况下现金流量的构成。

(一)现金流量从其构成内容角度划分

一个投资项目的现金流量从其构成内容角度来划分，可分为现金流入量和现金流出量两部分，其具体内容如下。

1. 现金流入量

一个投资项目的现金流入量是指该方案所引起的企业现金流入的增加额。其具体包括以下几方面。

(1) 营业收入。它是指项目投产后每年实现的全部销售收入或业务收入。从理论上来讲，构成现金流入的营业收入应是本期的现销收入和本期收回前期的应收账款，本期发生的赊销收入不应计入本期的现金流入。但为了简化计算，可假定正常经营年度内每期的赊销额和当期收回前期的应收账款大体相等。营业收入是经营期主要的现金流入项目。根据前面的假设，营业收入均为每期期末的时点数。

(2) 回收固定资产残值。它是指投资项目的固定资产在报废处理时所回收的价值。此项现金流入一般发生在项目计算期的最后一年的年末，即发生在项目计算期的终结点上。

(3) 回收的流动资金。它是指生产经营期结束时回收的原垫付的流动资金，此项现金流入只能发生在项目计算期的终结点上。

2. 现金流出量

一个投资项目的现金流出量是指该项目所引起的企业现金流出的增加额。其具体包括以下几方面。

(1) 建设投资。指在项目建设期内所发生的固定资产、无形资产和开办费等项目的投资资金的总和。

(2) 垫付的流动资金。指项目投产前后分次或一次投入于流动资产项目的资金。垫付的流动资金均假定发生在建设期内。为简化分析，一般假定发生在建设期的期末，或者说发生在经营期的期初。

(3) 付现的营运成本。指在生产经营期内每年发生的用现金支付的成本。它是当年的总成本扣除非付现成本(即折旧、无形资产摊销等)后的差额。

(4) 支付的各项税费。指在生产经营期内企业实际支付的流转税、所得税款等。

(二)现金流量从其所处的阶段划分

项目的整个投资与收回，就是一个现金流转的过程。投资项目的现金流量按其所处的阶段来划分，一般包括以下三部分。

1. 初始现金流量

初始现金流量是指项目在开始投资时发生的现金流量，具体包括以下几方面。

(1) 固定资产投资。包括固定资产的购入或建造成本、运输费用、安装费用、调试费用等。

(2) 流动资产投资。包括对原材料、在产品、产成品、现金和应收账款等流动资产的垫支金额，又称垫支营运资金。

(3) 所得税费用。指的是在固定资产更新时，处理原有固定资产会产生收益或损失，从而影响应税收益，所得税的支付也就影响现金流量。

(4) 其他投资费用。指与投资项目有关的其他费用，如差旅费、谈判费、注册费、职工培训费等。

2. 营业现金流量

营业现金流量是指项目投入使用后，在其有效期内进行生产经营所引起的现金流量，一般按年度进行计算。其内容主要包括以下几方面。

(1) 营业收入。是指项目投产后每年实现的全部销售收入或业务收入，是经营期主要的现金流入项目。

(2) 付现成本。付现成本是指在经营期内动用货币资金支付的成本费用和税金。这是生产经营阶段上最主要的现金流出项目。

3. 终结点现金流量

终结点现金流量是指投资项目寿命完结时发生的现金流量，主要包括以下几方面。

(1) 固定资产残值收入或变现收入。

(2) 垫付流动资金的收回。

四、现金净流量的计算

现金净流量是指在项目计算期内每年现金流入量与现金流出量的差额。在确定投资项目相关的现金流量时，应遵循的最基本的原则是：只有增量现金流量才是与项目相关的现金流量。所谓增量现金流量，是指接受或拒绝某一个投资项目时，企业总现金流量因此发生的变动。只有那些由于采纳某个项目引起的现金流入增加额，才是该项目的现金流入。现金净流量一般用 NCF_t 表示，计算公式为：

$$某年现金净流量(NCF_t)=该年现金流入量-该年现金流出量 \qquad 公式(6.3.1)$$

若其结果是正值则为现金净流入量，若为负值则为现金净流出量。

1. 建设期现金净流量

建设期内发生的主要是投资支出，现金净流量一般为负值，其简化公式为：

$$建设期某年现金净流量(NCF_t)=-该年发生的投资额 \qquad 公式(6.3.2)$$

2. 经营期现金净流量

在生产经营期内，现金净流量一般为正值，其简化公式为：

$$生产经营期某年现金净流量=该年税后利润+该年折旧、摊销+该年支付的利息+该年投资回收额 \qquad 公式(6.3.3)$$

【例6-14】某企业拟购建一项固定资产，在建设期期初一次投入600万元，建设期1年，该投资从银行贷款，利率为10%。该项目的生产经营期为8年，该固定资产报废时预计残值为20万元。生产经营期每年可获税后利润140万元。

要求：计算该投资在项目计算期内每年的现金净流量。

解：

项目计算期=1+8=9(年)

固定资产原值=600+600×10%=660(万元)

年折旧额=(660-20)÷8=80(万元)

建设期每年现金净流量：

$NCF_0=-600$ 万元

$NCF_1=0$

经营期每年现金净流量为：

$NCF_{2\sim8}=140+80=220$(万元)

$NCF_9=140+80+20=240$(万元)

项目计算期内每年的现金净流量计算如表 6-1 所示。

表 6-1　项目计算期内每年现金净流量计算表

单位：万元

年　份	投资额	税后利润	折　旧	回收残值	现金净流量
0	-600				-600
1	0				0
2		140	80		220
3		140	80		220
4		140	80		220
5		140	80		220
6		140	80		220
7		140	80		220
8		140	80		220
9		140	80	20	240

【例 6-15】某企业拟进行一项固定资产投资，用贷款在第一年初投资 80 万元，建设期为 1 年，建设期应计贷款利息 4 万元。该生产线使用期 5 年，期满有残值 4 万元。在生产经营期，该生产线每年可为企业增加营业收入 44 万元，每年增加付现营业成本 12 万元，所得税税率为 25%。

要求：计算项目计算期内每年现金净流量。

解：

项目计算期=1+5=6(年)

年折旧额=(80+4-4)÷5=16(万元)

税前利润=44-(12+16)=16(万元)

税后利润=16×(1-25%)=12(万元)

建设期每年现金净流量为：

$NCF_0=-80$ 万元

$NCF_1=0$

经营期每年现金净流量为：

$NCF_{2\sim5}=12+16=28$(万元)

$NCF_6=12+16+4=32$(万元)

项目计算期内每年的现金净流量计算如表 6-2 所示。

表6-2　项目计算期内每年现金净流量计算表　　　　　单位：万元

年　份	投资额	税后利润	折　旧	回收残值	现金净流量
0	-80				-80
1	0				0
2		12	16		28
3		12	16		28
4		12	16		28
5		12	16		28
6		12	16	4	32

【阅读资料6-3】　现金流是企业的生命线。

第四节　长期投资决策分析的基本方法

　　企业要进行长期投资决策分析，就必须正确评价投资项目的经济效益。投资方案的优劣，往往要通过对比长期投资决策指标来评价。长期投资决策的分析指标按照是否考虑货币时间价值可分为两类：一类是不考虑货币时间价值的指标，即非贴现评价指标；另一类是考虑货币时间价值的指标，即贴现评价指标。与此相应，长期投资决策的分析方法也分为静态评价法和动态评价法两大类。

一、静态评价方法

　　静态评价方法是指不考虑货币时间价值，直接根据投资项目的现金流量进行计算评价的方法。其基本思想是将不同时点的现金流量视为等效的。静态评价方法主要包括非贴现的投资回收期法、年均投资报酬率法、年平均成本法三种。

(一)非贴现的投资回收期法

　　非贴现的投资回收期是指在不考虑货币时间价值的情况下，回收原始投资所需要的全部时间，又称为静态投资回收期，一般以年为单位。投资回收期包括两种形式：一种是包括建设期的投资回收期，另一种是不包括建设期的投资回收期。

　　投资回收期是反指标，一般来讲，回收期越短，表明该项投资的效果越好，所冒的风险越小。在投资方案分析中，将投资方案的回收期与企业期望的回收期比较，若投资方案的回收期小于企业期望的回收期，该方案才有投资价值，则为可行性方案；否则投资方案不可行。在多方案决策中，应在可行性方案中选择投资回收期最短的方案。

1. 每年的现金净流量相等

当投资方案生产经营期每年的现金净流量相等时，回收期的计算公式为：

$$投资回收期=原始投资额÷每年现金净流量 \qquad 公式(6.4.1)$$

按以上公式计算出来的投资回收期是不包括建设期的回收期，如果要计算包括建设期的回收期，则要在此公式的基础上，再加上建设期。

【例6-16】某企业拟将资金28万元用作某项投资，项目投产后每年现金净流量为8万元，企业期望的回收期为4年，期满无残值。

要求：计算其投资回收期，并分析该方案是否可行。

解：投资回收期=28÷8=3.5(年)

该投资的回收期为3.5年。由于投资项目的回收期小于企业期望的回收期，因此该投资是可行的。

2. 每年的现金净流量不相等

当投资方案生产经营期每年的现金净流量不相等时，就不能用以上公式计算。此时要先计算累计现金净流量，再根据累计现金净流量的情况确定回收期，具体分为以下两种情况。

(1) 假设在第 n 年，累计现金净流量正好等于0，则 n 年即为回收期。

(2) 无法找到累计现金净流量等于0所对应的年份，而能找到累计现金净流量最接近0的负值和正值对应的年份，假设累计现金净流量为负值的年份为第 n 年，累计现金净流量为正值的年份为第 $n+1$ 年，由此可判断出所求的投资回收期介于 n 到 $n+1$ 之间，第 n 年的累计现金净流量即为未收回的投资额。第 $n+1$ 年的现金净流量用 NCF_{n+1} 表示，采用内插法计算回收期，其计算公式为：

$$投资方案回收期=n+(未收回投资额÷NCF_{n+1}) \qquad 公式(6.4.2)$$

按照以上方法计算出的投资回收期是包含建设期的回收期，若要计算不包含建设期的回收期，应在此基础上减去建设期。

【例6-17】某企业要进行一项投资，有甲、乙两个备选方案可供选择。两个投资方案的现金净流量情况如表6-3所示。该企业期望的投资回收期为4.5年(含建设期)。

表6-3　甲、乙两方案现金净流量情况

单位：万元

年　份	甲方案	乙方案
0	−500	−600
1	0	0
2	180	200
3	160	210
4	160	240
5	130	220
6	170	180

要求：用非贴现的回收期法做出决策。

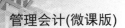

解：首先计算甲、乙两方案的累计现金净流量，具体如表6-4所示。

表6-4　甲、乙两方案现金净流量情况

单位：万元

年　份	甲方案		乙方案	
	各年现金净流量	累计现金净流量	各年现金净流量	累计现金净流量
0	-500	-500	-600	-600
1	0	-500	0	-600
2	180	-320	200	-400
3	160	-160	210	-190
4	160	0	240	50
5	130	130	220	270
6	170	300	180	450

从表6-4可知，甲方案第4年年末的累计现金净流量为0，也就是说甲方案包含建设期在内的回收期为4年；而乙方案无法找到累计现金净流量等于0的年份，但可知第3年的累计现金净流量等于-190元，即未收回投资额为190万元；第4年现金净流量等于240万元，所以投资回收期为3～4年，可运用内插法计算，具体如下：

乙方案回收期=3+(190÷240)≈3.79(年)

由此看，甲、乙两方案的投资回收期均小于该企业期望的回收期4.5年，所以均为可行性方案。但乙方案的投资回收期更短，因此应选择乙方案。

非贴现的投资回收期法的优点是：能够直观地反映原始投资的返本期限，能够在一定程度上反映方案的风险程度，简单易懂，因而是应用较为广泛的传统评价指标。而其缺点是：①没有考虑货币时间价值的影响，这一点与年均投资报酬率法相似；②该法考虑的净现金流量只是小于或等于原始投资额的部分，既没有考虑回收期内现金流入量发生时间的先后，也未考虑回收期满后的收益情况，容易导致放弃回收期满后收益高的方案。

(二)年均投资报酬率法

年均投资报酬率法是以年均投资报酬率的大小进行长期投资决策的一种方法。年均投资报酬率是指投资方案的年均净利润(或年均现金净流量)与年均投资额的比率。其计算公式为：

年均投资报酬率=(年平均净利润÷年平均投资额)×100%　　　公式(6.4.3)

或者：　　年均投资报酬率=(年平均净现金流量÷年平均投资额)×100%　　　公式(6.4.4)

在有流动资金垫支的情况下，分母中的投资额不仅包括固定资产投资，还包括流动资金投资。但计算年平均投资额时，只计算固定资产期初与期末的平均数，而流动资金投资金额则直接计入投资额，因为流动资金不存在折旧问题。

在决策中，主要将投资项目的平均报酬率与企业期望的平均报酬率相比较，如果前者大于后者，则方案可行；如果前者小于后者，则应当放弃该项目。该指标是正指标，在多方案决策时，应在可行性方案中选择年均投资报酬率最高的方案。

【例6-18】某企业购建一条生产线，需要投资 30 万元，投产后每年获得净利分别为：3.5 万元、4 万元、5 万元、5.5 万元、6 万元，期满残值为 1 万元，有效期为 5 年，该企业期望的投资报酬率为 30%。

要求：计算该投资项目的平均报酬率，并分析该方案的可行性。

解：

年均投资额=(30+1)÷2=15.5(万元)

年均净利润=(3.5+4+5+5.5+6)÷5=4.8(万元)

年均投资报酬率=4.8÷15.5×100%≈30.97%

该方案的年平均投资报酬率约为 30.97%，大于该企业期望的投资报酬率 30%，所以该方案可行。

【例6-19】某企业有一投资项目，有甲、乙两个备选方案，其具体资料如表 6-5 所示。该企业把现金净流量作为投资报酬，其期望的年均投资报酬率为 30%。

表 6-5 投资方案预测资料

单位：万元

年 份	甲方案现金净流量	乙方案现金净流量
0	−500	−400
1	120	75
2	110	100
3	170	105
4	140	150
5	270	230

要求：计算甲、乙两个投资方案的年均投资报酬率，评价甲、乙方案的可行性，并选择最优方案。

解：

甲方案年均现金净流量=(120+110+170+140+270)÷5=162(万元)

甲方案年均报酬率=162÷500×100%=32.4%

乙方案年均现金净流量=(75+100+105+150+230)÷5=132(万元)

乙方案年均报酬率=132÷400×100%=33%

由以上计算可知，甲、乙方案的年均报酬率分别为 32.4%和 33%，均超过企业期望的报酬率 30%，所以两方案都为可行性方案。但乙方案年均报酬率较高，因此应选择乙方案。

年均投资报酬率法的优点是：可以直接利用现金净流量信息，简单明了，便于理解。其缺点是：①没有考虑货币时间价值因素的影响，把不同时期的货币价值等量齐观，不能反映投资方案的风险程度；②该方法只考虑净收益的作用，而没有全面考虑净现金流量的影响，不能全面、正确地评价投资方案的经济效果。

(三)年平均成本法

年平均成本法是通过比较新旧设备的年平均使用成本的高低，来进行决策的一种方法。

这种方法适用于固定资产更新决策。固定资产更新决策不同于一般的投资决策,一般将设备更新不改变企业的生产能力,不增加企业的收入,只有现金流出,没有现金流入,此时的残值收入不是实质上的现金流入,属于现金流出的抵减,并且新旧设备的未来使用年限不同,无法用现金流量指标,方案之间也缺乏可比性,因此,对于固定资产更新决策,唯一、普遍的分析方法是比较继续使用和更新设备的年均成本,决策时选择平均年成本较低的方案。

在不考虑货币时间价值的情况下,年使用成本包括年使用费用和投资的年摊销额。年使用费用(即年均营运成本)主要是指机器设备的维修费;投资的年摊销额是指原始投资扣除残值后的平均摊销额。年平均成本的计算公式为:

$$年均成本=(原始投资额-残值)÷使用年限+年均营运成本 \qquad 公式(6.4.5)$$

【例 6-20】某企业打算更新一台旧设备,新、旧设备的有关数据资料如表 6-6 所示。假设不考虑时间价值因素。

表 6-6 新、旧设备有关资料

项　目	新设备	旧设备
原值/万元	17	12
预计使用年限/年	10	10
已使用年限/年	0	4
期末残值/万元	0.5	0.4
变现价值/万元	17	4
年营运成本/万元	2	5

要求:采用年平均成本法分析该旧设备是否应更新。

解:

旧设备的年均成本=(40 000-4000)÷6+50 000=56 000(元)

新设备的年均成本=(170 000-5000)÷10+20 000=36 500(元)

可见,旧设备的年平均成本高于新设备,所以应对旧设备进行更新。

二、动态评价方法

动态评价方法即贴现的现金流量法,是指在考虑货币的时间价值的情况下,以对投资方案的现金流量进行贴现计算为基础,而形成的分析评价投资方案经济效益的方法的总称。其主要有净现值法、现值指数法、内含报酬率法、贴现的回收期法等。

(一)净现值法

净现值(NPV)是指某一投资方案预计未来现金流入的现值同其现金流出的现值之间的差额。净现值法把各期净现金流量都统一到与原始投资额的投入时间相一致的时间点上,从而使投资方案的净现金流量同原始投资额具有可比性。用公式表示为:

净现值(NPV)=现金流入现值-现金流出现值 　　　　公式(6.4.6)

在决策中，净现值大于或等于零，表明投资方案的投资报酬率大于或等于预定的投资报酬率，方案可行；净现值小于零，则方案不可行。该指标为正指标，在多方案决策中，应在可行性方案中选择净现值最大的方案为最优方案。

【例6-21】某企业有A、B两个投资项目，投资额均为20万元，投资一次性完成，当年建成，当年投产，有效期均为4年。A方案：每年获取的净利润为4万元，期满净残值为0.4万元。B方案：每年获取的净利润分别为2万元、3万元、5万元、8万元，期满无残值。假定该企业采用平均年限法计提折旧，期望报酬率为6%。

要求：采用净现值法进行方案评价。

解：

(1) A方案：

年折旧额=(20-0.4)÷4=4.9(万元)

每年年末营业现金净流量计算：

NCF_0=-20(万元)

$NCF_{1\sim3}$=4.9+4=8.9(万元)

NCF_4=8.9+0.4=9.3(万元)

净现值=-20+8.9×(P/A,6%,3)+9.3×(P/F,6%,4) ≈ 11.598(万元)

(2) B方案：

年折旧额=20÷4=5(万元)

年现金净流量计算为：

NCF_0=-20万元

NCF_1=5+2=7(万元)

NCF_2=5+3=8(万元)

NCF_3=5+5=10(万元)

NCF_4=5+8=13(万元)

净现值=-20+7×(P/F,6%,1)+8×(P/F,6%,2)+10×(P/F,6%,3)+13×(P/F,6%,4) ≈ 12.3901(万元)

由计算可知，两个项目的净现值均大于0，均为可行性方案。但B方案的净现值大于A方案，因此应选择B项目进行投资。

净现值法充分考虑了货币时间价值对未来不同时期现金净流量的影响，使不同时间发生的现金流量具有可比性，可以比较好地反映各方案的投资经济效益，因而在实际工作中具有广泛的适用性。但是净现值法也有缺点：①净现值是一个绝对值指标，只反映投资的效益，不能反映投资的效率，在原始投资额不同或有效期不同时，不同方案的净现值实际上是不可比的，用净现值法不能做出正确的决策；②净现值法不能揭示各投资方案本身可能达到的报酬率。

(二)现值指数法

现值指数又称获利指数，是指某一投资方案预计未来现金流入的现值同其现金流出的现值之间的比率。用公式表示为：

现值指数=现金流入现值÷现金流出现值　　　　　　公式(6.4.7)

现值指数的经济意义是 1 元原始投资可望获得的现值收益。现值指数法就是以现值指数的高低来评价方案的可行性和优劣的一种方法。现值指数大于或等于 1，表示未来报酬大于或等于投资额，方案可行；否则不可行。该指标为正指标，现值指数越大，方案越优。在多方案决策中，应在可行性方案中选择现值指数最大的方案为最优方案。

【例 6-22】资料见例 6-21。

要求：计算 A、B 方案的现值指数。

解：

A 方案的现值指数=(20+11.598)÷20≈ 1.5799

B 方案的现值指数=(20+12.3901)÷20≈ 1.6195

由此可知，B 方案的现值指数较大，为最优方案。

(三)内含报酬率法

内含报酬率(IRR)又称为内部收益率，是指投资项目内在的真实报酬率。在数值上，就是使投资项目的净现值为零时的折现率。

内含报酬率法是指通过计算投资方案的报酬率，并将其与企业要求的最低投资报酬率(资本成本)相比较，以便对投资方案进行取舍的一种投资决策方法。一般来说，企业要求的最低投资报酬率为企业的资本成本。当一个投资方案的报酬率超过资本成本时，说明除了收回投资，会有剩余的现金净流量，此时该投资方案的净现值为正；反之，该投资方案的净现值为负。因此，内含报酬率法运用准则为：对于单个方案，若大于资本成本，方案可行；若小于资本成本，说明方案的投资不能全部收回，方案不可行。对于多个方案(大于资本成本)，一般应优先考虑最大的方案。

根据年现金净流入量的情况，内含报酬率有两种不同的计算方法。

1. 若年现金净流入量相等，采用年金法

内含报酬率法与前面所述的方法一样，均考虑了货币的时间价值。但后者只能说明投资方案是否高于某一特定的投资报酬率(即计算时所采用的折现率)，不能反映方案本身内在的实际报酬率。而内含报酬率法能从动态的角度直接反映投资方案的实际收益水平，不受事先设定的投资者要求收益率的影响。内含报酬率作为判断方案择优的标准比较客观。

【例 6-23】假设某个投资项目的原始投资为 10 万元，无建设期，建成后预计使用年限为 6 年，预计经营期每年现金净流量为 2.5 万元。另外，企业要求的收益率为 10%。

要求：采用内含报酬率法评价该方案是否可行。

解：年金现值系数=10÷2.5=4

查年金现值系数表：期限为 6、年金现值系数为 4 的折现率，结果如表 6-7 所示。

用内插法计算该方案的内含报酬率：

$$(4.1114-4)÷(12\%-IRR)=(4.1114-3.8887)÷(12\%-14\%)$$

计算可得：IRR≈ 13%

由此可知，该投资方案内含报酬率约为 13%，大于资金成本 10%，因此该方案可行。

表6-7 内含报酬率计算表

单位：万元

年金现值系数	报酬率
4.1114	12%
4	IRR
3.8887	14%

2. 若年现金净流入量不相等，采用逐步测试法

逐步测试法的思路是，假设两个利率并以这两个利率为基础计算项目的净现值，使净现值一个为正数，一个为负数，形成区间。因为内含报酬率对应的净现值为0，因此，内含报酬率一定处于假设的两个利率之间。假设的两个利率不能相差太大，否则误差就会过大。由于不能保证用假设的两个利率计算得出的净现值正好一个为正、一个为负并尽可能接近于零，所以要多次测试，因此称之为逐步测试法。

【例6-24】某企业要建一条生产线，计划投资32万元，当年投产，预计可使用4年，每年现金净流量情况如表6-8所示。该投资期望的报酬率为10%。

表6-8 各年现金净流量资料

单位：万元

年 份	现金净流量
0	−32
1	10
2	13
3	11
4	7

要求：采用内含报酬率法评价该方案是否可行。

解：根据上述资料先求出其内含报酬率，然后与预期报酬率10%比较，就可以决定投资方案的取舍。然后采用逐步测试法计算其内含报酬率。

先设折现率(即估计报酬率)为10%，计算其净现值，如表6-9所示。

表6-9 净现值计算表

单位：万元

年 份	年现金净流量	复利现值系数	折现的年现金净流量
0	−32		−32
1	10	0.909	9.09
2	13	0.826	10.738
3	11	0.751	8.261
4	7	0.683	4.781
合计			0.87

折现率为 10% 时，其净现值为正数，说明内含报酬率高于估计报酬率 10%，为使净现值接近于 0，应提高折现率。再设折现率为 12%，计算其净现值，如表 6-10 所示。

表 6-10　净现值计算表

单位：万元

年　份	年现金净流量	复利现值系数	折现的年现金净流量
0	−32		−32
1	10	0.893	8.93
2	13	0.797	10.361
3	11	0.712	7.832
4	7	0.636	4.452
合计			−0.425

按折现率为 12% 计算，其净现值为负数，说明内含报酬率小于估计报酬率 12%，应在 10%~12% 之间。用内插法计算，如表 6-11 所示。

用内插法计算该方案的内含报酬率：

$$(8700 - 0) \div (10\% - IRR) = (8700 - 4250) \div (10\% - 12\%)$$

计算可得：IRR=13.91%。

表 6-11　内含报酬率计算表

单位：万元

净现值	报酬率
8700	10%
0	IRR
4250	12%

该投资方案的内含报酬率为 13.91%，大于预期报酬率 10%，因此该投资方案是可行的。

值得注意的是，在用净现值法和现值指数法评价方案时，净现值和现值指数的计算都是以预计的贴现率或期望达到的报酬率为依据的，它们并不能揭示投资方案本身可能达到的报酬率。内含报酬率指标正好弥补了这一缺陷，使长期投资决策的分析评价更趋于精确化。其优点是考虑了货币时间价值的影响，反映了投资项目的真实报酬率，概念易于理解，是较好的投资决策指标；而其缺点是计算相对复杂，特别是在每年现金流量不相等的情况下，一般要经过多次测算才能求得。

(四)贴现的回收期法

贴现的回收期法又称动态回收期法、现值回收期，是指按投资项目设定的贴现率计算的生产经营期现金净流量现值补偿原始投资现值所需要的全部时间，即净现值为 0 时所对应的年限。贴现的回收期法一般只计算包括建设期的投资回收期，若要计算不包含建设期的回收期，应在此基础上减去建设期。其方案是否可行的标准与非贴现的回收期法相同。

【例6-25】资料见例6-21。

要求：计算 A、B 两个投资项目的贴现回收期。

解：

(1) A 投资项目。

各期现金净流量的现值计算如下：

$PV(NCF_0)=-20(万元)$

$PV(NCF_1)=8.3927(万元)$

$PV(NCF_2)=7.921(万元)$

$PV(NCF_3)=7.4726(万元)$

$PV(NCF_4)=7.3665(万元)$

由此可以计算 A 方案的贴现回收期$=2+(20-8.3962-7.921)\div7.4726\approx2.49(年)$

(2) B 投资项目。

各期现金净流量的现值计算如下：

$PV(NCF_0)=-20(万元)$

$PV(NCF_1)=6.6038(万元)$

$PV(NCF_2)=7.12(万元)$

$PV(NCF_3)=8.3962(万元)$

$PV(NCF_4)=10.2972(万元)$

由此可以计算 B 方案的贴现回收期$=2+(20-6.6038-7.12)\div8.3962\approx3.75(年)$

【例6-26】某企业拟进行一项固定资产投资，其现金净流量情况如表 6-12 所示，该企业设定的折现率为 8%，期望贴现的回收期为 4 年。

表6-12　各年现金净流量资料

单位：万元

年　份	现金净流量
0	-400
1	80
2	100
3	150
4	135
5	120
6	105

要求：采用贴现的回收期法评价方案是否可行。

解：该方案累计营业现金净流量现值的计算如表 6-13 所示。

从表 6-13 中可看出，该方案的现值回收期在第 4 年到第 5 年之间。利用插值法计算如下：

贴现的回收期$=4+21.895\div81.72\approx4.27(年)$

由于该方案的贴现的回收期 4.27 年大于该企业期望贴现的回收期 4 年，因此该方案不可行。

表6-13　方案累计现金净流量现值计算表

单位：万元

年　份	年现金净流量	复利现值系数	现金净流量现值	累计现金净流量现值
0	-200			-400
1	80	0.926	74.08	-325.92
2	100	0.857	85.7	-240.22
3	150	0.794	119.1	-121.12
4	135	0.735	99.225	-21.895
5	120	0.681	81.72	59.825
6	105	0.63	66.15	125.975

　　贴现的回收期法的优点是考虑了货币时间价值的影响，反映了投资项目的真实回收时间；缺点是无法反映回收期满后的收益情况。

三、评价方法的比较

(一)净现值法与现值指数法的比较

　　净现值法和现值指数法使用的是相同的信息，在评价投资项目的优劣时，其结果往往是一致的。当初始投资不同时，用净现值法和现值指数法评价投资方案的优劣，其结果可能会不一致。当净现值法与现值指数法得出不同的结论时，应以净现值法为准。

(二)净现值法与内含报酬率法的比较

　　净现值法与内含报酬率法是财务评价中最常用的两种方法，相比之下，净现值法优于内含报酬率法。对于独立投资项目，内含报酬率法的评价结果与净现值法的结果始终是一致的，但在使用内含报酬率法评价互斥项目时可能会存在矛盾，出现多解或者无解的情况。

　　【阅读资料6-4】　企业投资方案决策方法运用情况。

第五节　长期投资决策分析的应用

　　长期投资决策中最常见的决策项目是有关固定资产的购建、改造、修理、租赁等方面的问题，下面依据以上所介绍的一些经济评价指标，对长期投资决策中有关问题进行介绍。

一、扩充型投资决策

　　企业经营步入正常轨道后，通常会面临很多投资机会，如消费者对公司产品需求快速增加，为了提升产能，企业要增加新的产品生产线来满足需求，进而需要再投入额外资金来购买资产。这类投资属于扩充型投资决策。对于扩充型投资决策，可以运用前述评价指标进行评价决策。

【例 6-27】因为市场技术更新速度加快，为保持竞争力，全兴公司打算购置一套生产线以扩充生产能力，现有甲、乙两个方案可供选择。

甲方案：需要初始投资 30 000 元，寿命为 5 年，采用直线法提取折旧，5 年后该生产线无残值。5 年中每年销售收入为 15 000 元，每年付现营业成本为 5000 元。

乙方案：需要初始投资 36 000 元，寿命为 5 年，采用直线法提取折旧，5 年后该生产线有残值 6000 元。5 年中每年销售收入为 17 000 元，第一年付现营业成本为 6000 元，以后随着设备陈旧，逐年增加修理费 300 元，另外需要垫支营运资金 3000 元。

假定所得税税率为 25%，折现率为 10%。

要求：采用净现值法做出方案选择决策。

解：

(1) 甲方案：

折旧额=30 000÷5=6000(元)

年净利润=(15 000−5000−6000)×(1−25%)=3000(元)

各年现金净流量计算如下：

NCF_0=−30 000(元)

$NCF_{1\sim5}$=3000+6000=9000(元)

NPV=−30 000+9000×$(P/A,10\%,5)$=−30 000+9000×3.7908=4117.2(元)

(2) 乙方案：

折旧额=(36 000−6000)÷5=6000(元)

第 1 年净利润=(17 000−6000−6000)×(1−25%)=3750(元)

第 2 年净利润=(17 000−6300−6000)×(1−25%)=3525(元)

第 3 年净利润=(17 000−6600−6000)×(1−25%)=3300(元)

第 4 年净利润=(17 000−6900−6000)×(1−25%)=3075(元)

第 5 年净利润=(17 000−7200−6000)×(1−25%)=2850(元)

各年现金净流量计算如下：

NCF_0=−36 000(元)

NCF_1=3750+6000=9750(元)

NCF_2=3525+6000=9525(元)

NCF_3=3300+6000=9300(元)

NCF_4=3075+6000=9075(元)

NCF_5=2850+6000+6000+3000=17 850(元)

NPV=−36 000+9750×$(F/P,10\%,1)$+9525×$(F/P,10\%,2)$+9300×$(F/P,10\%,3)$+9075×$(F/P,10\%,4)$+17 850×$(F/P,10\%,5)$

=−36 000+9750×0.9091+9525×0.8264+9300×0.7513+9075×0.6830+17 850×0.6209

≈2004.56(元)

由计算可知，甲方案的净现值大于乙方案的净现值，因此甲方案为较优方案。

二、重置型投资决策

企业在不断地研制和开发新产品过程中，有些旧设备的物理性能尚未丧失，但市面上已出现性能更好、效率更高的新设备。企业是继续使用旧设备还是更换新设备，这是投资决策过程中经常遇到的重要问题。固定资产更新决策主要解决两个问题：一是是否需要更新，二是更新何种新设备。根据新旧设备的使用年限不尽相同，下面分两种情况进行讨论。

(一)新旧设备使用年限相同

当新旧设备使用年限相同时，可以采用总成本现值法进行决策，即计算各不同方案的总成本的现值，然后选择其中现值较小的方案。

【例 6-28】某公司有一台设备，购于 3 年前，现在考虑是否需要更新。该公司所得税税率为 40%。其他有关资料如表 6-14 所示。

表 6-14　设备更新资料表

项　　目	旧设备	新设备
原价/元	60 000	50 000
税法规定残值(10%)/元	6000	5000
税法规定使用年限/年	6	4
已用年限/年	3	0
尚可使用年限/年	4	4
每年操作成本/元	8600	5000
第 2 年年末大修支出/元	28 000	
最终报废残值/元	7000	10 000
目前变现价值/元	10 000	
每年折旧额：	(直线法)	(年数总和法)
第 1 年/元	9000	18 000(45 000×4÷10)
第 2 年/元	9000	13 500(45 000×3÷10)
第 3 年/元	9000	9 000(45 000×2÷10)
第 4 年/元	0	4 500(45 000×1÷10)

要求：做出是否更新设备的决策。

解：根据资料编制计算表，如表 6-15 所示。

通过计算可知，更新设备的现金流出总现值比继续使用旧设备的现金流出总现值多3134.80 元，因此，继续使用旧设备较好。

表 6-15　两种方案计算表

单位：元

项　目	现金流量	年　次	系　数	现　值
继续使用旧设备				
旧设备变现价值	(10 000)	0	1	(10 000)
旧设备变现损失减税	(10 000−33 000)×0.4=(9200)	0	1	(9200)
每年付现操作成本	8600×(1−0.4)=(5160)	1～4	3.170	(16 357.2)
每年折旧抵税	9000×0.4=3600	1～3	2.487	8953.2
第 2 年末大修支出	28 000×(1−0.4)=(16 800)	2	0.826	(13 876.8)
残值变现收入	7 000	4	0.683	4781
残值变现净收入纳税	(7000−6000)×0.4=(400)	4	0.683	(273.2)
合计	(35 973)			
更换新设备				
新设备投资	(50 000)	0	1	(50 000)
每年付现操作成本	5000×(1−0.4)=(3000)	1～4	3.170	(9510)
每年折旧抵税：				
第 1 年	18 000×0.4=7200	1	0.909	6544.8
第 2 年	13 500×0.4=5400	2	0.826	4460.4
第 3 年	9000×0.4=3600	3	0.751	2703.6
第 4 年	4500×0.4=1800	4	0.683	1229.4
残值变现收入	10 000	4	0.683	6830
残值变现净收入纳税	(10 000−5000)×0.4=(2000)	4	0.683	(1366)
合计	(39 107.80)			

(二)新旧设备使用年限不同

如果新旧设备的使用年限不相同，可采用年均净现值法或者年均成本法进行抉择。一般来说，新设备使用年限一般久于旧设备的剩余使用年限，此种情况下，不能简单根据 NPV 或 IRR 来评价项目，需要计算项目的年均净现值或者年均成本进行抉择。

【例 6-29】D 公司正面临印刷设备的选择决策。它可以购买 10 台甲型印刷机，每台价格为 8000 元，且预计每台设备每年年末支付的修理费为 2000 元。甲型设备将于第 4 年年末更换，预计无残值收入。另一个选择是购买 11 台乙型设备来完成同样的工作，每台价格5000 元，每台每年年末支付的修理费用分别为 2000 元、2500 元、3000 元。乙型设备需于3 年后更换，在第 3 年年末预计有 500 元/台的残值变现收入。

该公司此项投资的机会成本为 10%。所得税税率为 30%(假设该公司将一直盈利)，税法规定的该类设备折旧年限为 3 年，残值率为 10%。预计选定设备型号后，公司将长期使用该种设备，更新时不会随意改变设备型号，以便与其他作业环节协调。

要求：分别计算采用甲、乙设备的平均年成本，并据此判断应购买哪一种设备。

解：

(1) 甲设备：

设备投资(第 0 年)=8000(元)

每年税后修理费(第 1～4 年)=2000×(1-30%)=1400(元)

每年折旧抵税(第 1～3 年)=[8000×(1-0.1)÷3]×30%=720(元)

残值损失减税(第 4 年)=800×30%=240(元)

现金流出的总现值=8000+1400×(P/A,10%,4)-720×(P/A,10%,3)-240×(P/S,10%,4)=8000+1400×3.1699-720×2.4869-240×0.6830≈10 483.37(元)

平均年成本=10 483.37÷(P/A,10%,4)≈3307.16(元)

10 台设备的平均年成本=3307.16×10=33 071.6(元)

(2) 乙设备：

设备投资(第 0 年)=5000(元)

每年修理费：第 1～3 年分别为 2000 元、2500 元、3000 元。

每年折旧抵税(第 1～3 年)=[5000×(1-0.1)÷3]×30%=450(元)

残值流入=500(元)，实际残值与税法残值一致，对所得税无影响。

现金流出总现值=5000+2000×(1-30%)×(P/S,10%,1)+2500×(1-30%)×(P/S,10%,2)+3000×(1-30%)×(P/S,10%,3)-450×(P/A,10%,3)-500×(P/S,10%,3)≈7801.93(元)

平均年成本=7801.93÷(P/A,10%,3)≈3137.21(元)

11 台设备的平均年成本=3137.21×11=34 509.31(元)

通过比较可知，甲设备的平均年成本较低，应当购置甲设备。

运用年平均成本法时应注意以下两个问题：一是年平均成本法是将继续使用旧设备和更新设备看成两个互斥的方案，因为两个可供选择的方案使用年限不同，因此不能将现金流出的总现值作为方案抉择标准；二是年平均成本法的假设条件是将来设备再更换时，可以按原来的年平均成本找到可代替的设备。

三、固定资产经济寿命的决策

固定资产经济寿命的决策就是选择最佳淘汰旧设备的时间，即最佳更新期。固定资产在使用初期，运行成本比较低，但随着设备的逐渐陈旧，性能变差，各种费用(如保养费、修理费、能源消耗等)会逐年增加。与此同时，固定资产的价值逐渐减少，占用资产上的资金所应计的利息也逐渐减少，即固定资产的持有成本会逐年减少。因此，随着固定资产使用时间的增加，运行成本逐年增加，而持有成本逐年减少，即年均运行成本与年均持有成本呈反方向变化。于是，年均运行成本与年均持有成本之和，即年均总成本，必定会有一个最小值。使年均总成本达到最小值的使用年限称为固定资产的经济寿命，即最佳更新期。固定资产成本和使用年限图如图 6-3 所示。

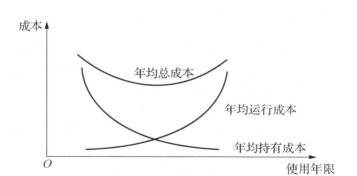

图 6-3　固定资产成本和使用年限图

【例 6-30】某固定资产原值 70 000 元，预计使用 8 年，各年年末变现价值、运行成本如表 6-16 所示。若资金成本为 8%，固定资产经济寿命的计算过程如表 6-16 所示。

表 6-16　经济寿命计算表　　　　　　　　　　　　　　　　　单位：元

更新年份	原　值	年末余额	复利现值系数	年末余额现值	运行成本	运行成本现值	更新时运行成本现值	总成本现值	年金现值系数	年均成本
1	70 000	50 000	0.926	46 300	10 000	9260	9260	32 960	0.926	35 594
2	70 000	38 000	0.857	32 550	11 000	9427	18 687	56 137	1.783	31 485
3	70 000	30 000	0.794	23 800	12 500	9925	28 612	74 812	2.577	29 031
4	70 000	23 000	0.735	16 400	14 500	10 658	39 270	92 870	3.312	28 040
5	70 000	17 000	0.681	11 600	17 000	11 577	50 847	109 247	3.993	27 360
6	70 000	12 000	0.639	7560	20 000	12 600	63 447	125 887	4.623	27 231
7	70 000	8000	0.583	4654	22 500	13 118	76 565	141 911	5.206	27 259
8	70 000	5000	0.541	2705	25 000	13 525	90 090	157 385	5.749	27 376

要求：依据年均总成本法判断固定资产最佳更新年份。

解：

根据表 6-16 计算结果并通过比较分析可知，固定资产在第 6 年时年均总成本最低，所以该固定资产第 6 年为最佳更新期。

四、多个项目的组合投资决策

企业投资项目并非总是相互排斥的，当企业能够筹措到足够多的资金时，可以从多个具备财务可行性的方案中选择若干方案进行组合投资，以使企业获得最高的收益。

(一)资金总量不受限制时

在资金总量不受限制的情况下，只要方案具有可行性，都可以入选进行组合，可以按每个项目的净现值大小排序，确定优先顺序。

(二)资金受到限制时

当企业在一定期间可用来投资的资金有预算限制约束时，就会出现资本限量问题。此时决策的一般方法是，将全部项目排列出不同的组合，每个组合的投资需要不超过资本总量；计算各项目的净现值以及各组合的净现值合计，选择净现值最大的组合作为采纳的项目。

【例 6-31】假定华兴公司有 A、B、C、D、E、F 六个投资项目可供选择，有关资料如表 6-17 所示。

表 6-17　华兴公司投资项目情况

投资项目	初始投资额/元	净现值/元	现值指数
A	120 000	67 000	1.56
B	150 000	79 500	1.53
C	300 000	111 000	1.37
D	125 000	21 000	1.168
E	100 000	−250	0.9975
F	160 000	80 000	1.5

要求：分别分析在下列互不相关的情形下，如何进行投资方案组合。

(1) 投资资金不受限制。

(2) 投资资金总额为 400 000 元。

(3) 投资资金总额为 600 000 元。

解：

(1)在投资总额不受限制时，A、B、C、D、F 均可以投资。

(2) 投资资金总额为 400 000 元时，可以有如下投资组合。

①A+B+D：投资总额为 395 000 元，合计净现值为 167 500 元。

②A+F：投资总额为 280 000 元，合计净现值为 147 000 元。

③B+F：投资总额为 310 000 元，合计净现值为 159 500 元。

(3) 投资资金总额为 600 000 元时，可以有如下投资组合。

①A+B+C：投资总额为 570 000 元，合计净现值为 257 500 元。

②C+D+F：投资总额为 585 000 元，合计净现值为 212 000 元。

③A+B+D+F：投资总额为 555 000 元，合计净现值为 247 500 元。

④B+C+D：投资总额为 575 000 元，合计净现值为 211 500 元。

【阅读资料 6-5】　项目决策方法的比较。

本 章 小 结

本章主要介绍了长期投资的含义和特点、长期投资决策的取舍标准、货币时间价值和投资项目现金流量预计的原则及估算方法,分析了折旧、残值、变现收入等因素对现金流量的影响,阐述了净现值、现值指数、内含报酬率、贴现的回收期、年均投资报酬率、静态投资回收期、年平均成本等评价指标的计算方法及选择标准。

估算现金流量是进行项目投资决策的基础,也是项目投资决策中最为关键的问题,现金流量估算结果的准确与否直接关系到未来的决策结果如何。影响项目评价的关键因素有两个:一是项目预期现金流量,二是折现率(投资项目的必要收益率或资本成本率)。项目评价方法按是否考虑货币时间价值,可分为非贴现法和贴现法两类。非贴现法的评价指标主要有年均投资报酬率、静态投资回收期和年平均成本;贴现法的评价指标主要有净现值、现值指数、内含报酬率和贴现的回收期。

自 测 题

一、单选题

1. 在相等时间间隔的期末连续收入或付出相等金额的系列款项,称为( )。
    A. 普通年金　　　B. 先付年金　　　C. 递延年金　　　D. 永续年金
2. 下列形式中,没有终值的是( )。
    A. 普通年金　　　B. 后付年金　　　C. 递延年金　　　D. 永续年金
3. 现金净流量是指( )。
    A. 净利　　　　　　　　　　　　B. 现金流入量与现金流出量的统称
    C. 付现成本　　　　　　　　　　D. 现金流入量与现金流出量之差
4. 下列属于长期投资决策非贴现评价指标的有( )。
    A. 净现值　　　　　　　　　　　B. 年均投资报酬率
    C. 获利指数　　　　　　　　　　D. 内含报酬率
5. 已知某投资项目原始投资额 100 万元,在建设起点一次投入,建设期为 2 年。投产后第 1~8 年每年 NCF 为 25 万元,第 9 年至第 10 年每年 NCF 为 20 万元,该项目包括建设期的静态投资回收期为( )年。
    A. 4　　　　　　　B. 5　　　　　　　C. 6　　　　　　　D. 7
6. 某项目原始投资为 12 000 元,当年完工并投产,预计使用年限为 3 年,每年可获现金净流量 4600 元,则该项目的内含报酬率为( )。
    A. 7.33%　　　　　B. 7.68%　　　　　C. 8.32%　　　　　D. 6.68%
7. 某投资项目的净现值为 10 万元,原始投资现值 100 万元,则其获利指数为( )。
    A. 10%　　　　　　B. 100%　　　　　C. 1.1　　　　　　D. 0.1
8. 用净现值考评投资决策方案的标准是( )。

A. 净现值大于 0 的方案可行　　　　B. 净现值小于 0 的方案可行

C. 净现值大于 1 的方案可行　　　　D. 净现值小于 1 的方案可行

9. 下列长期投资决策指标中，其计算结果不受建设期长短、资金投入方式、回收额的有无以及净现金流量的大小等条件影响的是(　　)。

A. 净现值　　　B. 投资报酬率　　　C. 内部报酬率　　　D. 投资回收期

10. 某公司拟投资 10 万元建一项目，当年完工并投产，经营期为 10 年，预计投产后每年获净利润 1.5 万元，年折旧率为 10%，期末无残值，则该项目的静态回收期为(　　)年。

A. 4　　　　　B. 5　　　　　C. 6　　　　　D. 3

11. 在长期投资决策中，能揭示投资方案本身报酬率的决策方法是(　　)。

A. 净现值法　　　　　　　　　B. 现值指数法

C. 内含报酬率法　　　　　　　D. 回收期法

12. 下列投资决策指标中，其数值越小越好的是(　　)。

A. 净现值　　　　　　　　　　B. 年均投资报酬率

C. 内含报酬率　　　　　　　　D. 投资回收期

二、多选题

1. 在经营期内的任何一年中，该年的净现金流量等于(　　)。

A. 原始投资额的负值　　　　　B. 原始投资与资本化利息之和

C. 该年现金流入量与流出量之差　　D. 该年净利、折旧、摊销额和利息之和

2. 在建设期不为零的投资项目分析中，分次投入流动资金的投资时间可以发生在(　　)。

A. 建设起点　　　B. 建设期期末　　　C. 经营期内　　　D. 终结点上

3. 在投资项目中，属于建设期现金流出项目的有(　　)。

A. 开办费投资　　　　　　　　B. 经营成本节约额

C. 无形资产投资　　　　　　　D. 固定资产投资

4. 年金的特点有(　　)。

A. 连续性　　　　　　　　　　B. 等额性

C. 时间间隔相等性　　　　　　D. 同方向性

5. 包括建设期的投资回收期恰好是(　　)。

A. 年净现值等于零的年限　　　B. 净现金流量等于 0 的年限

C. 累计净现值等于 0 的年限　　D. 累计净现金流量等于 0 的年限

6. 下列指标属于动态指标的有(　　)。

A. 净现值　　　B. 获利指数　　　C. 内含报酬率　　　D. 投资报酬率

7. 下列长期投资决策评价指标中，需要以已知的折现率作为计算依据的有(　　)。

A. 净现值　　　B. 获利指数　　　C. 内部报酬率　　　D. 投资报酬率

8. 如果净现值>0，则以下关系成立的有(　　)。

A. 内部报酬率>设定折现率　　　B. 内部报酬率<设定折现率

C. 获利指数>1　　　　　　　　D. 静态投资回收期>基准回收期

9. 当内部报酬率大于设定折现率时，下列关系式中正确的有(　　)。

A. 净现值>0　　　　B. 净现值<0　　　　C. 获利指数>1　　D. 获利指数<1

10. 下列项目中, (　　)属于投资的初始现金流量。

    A. 固定资产投资额　　　　　　　　　B. 垫支的流动资金

    C. 净残值　　　　　　　　　　　　　D. 营业现金净流量

三、判断题

1. 在收付实现制下某年现金净流量等于净利润。　　　　　　　　　　　　(　　)

2. 如果一项投资方案的净现值大于 0, 则获利指数一定大于 1。　　　　　(　　)

3. 递延年金终值与递延期无关。　　　　　　　　　　　　　　　　　　　(　　)

4. 固定资产折旧属于现金流入。　　　　　　　　　　　　　　　　　　　(　　)

5. 现金净流量一定小于企业的净利润。　　　　　　　　　　　　　　　　(　　)

6. 今天的 1 元钱与明年的 1 元钱不相等, 说明货币有增值能力。　　　　　(　　)

7. 企业缴纳所得税, 一定是现金流量减少。　　　　　　　　　　　　　　(　　)

8. 递延年金和永续年金都可以看作普通年金的特殊形式。　　　　　　　　(　　)

9. 经营期发生节约的经营成本应计入现金流入项目, 而不列入现金流出项目。(　　)

10. 在长期投资决策中, 内含报酬率的计算与项目的设定贴现率的高低无关。(　　)

11. 进行长期投资决策分析时, 既可以采用现金流量作为分析的基础, 也可以采用利润作为分析的基础。　　　　　　　　　　　　　　　　　　　　　　　　　　　(　　)

四、计算题

1. 某企业要进行项目投资 1200 万元, 其中在建设起点一次投入固定资产 1000 万元, 流动资产 200 万元于项目完工时一次投入, 建设期限为 1 年, 建设期发生与购建固定资产有关的资本化利息为 100 万元, 该项目寿命期为 10 年, 固定资产按直线法计提折旧, 期满后有 10 万元净残值。预计投产后第 1 年获净利润 50 万元, 以后每年递增 50 万元; 从经营期第 1 年起连续 4 年每年归还借款利息 110 万元, 流动资金于终结点上一次回收。

要求: 计算该项目各年现金净流量。

2. 某企业年初借款 100 万元, 一次性投入购建固定资产, 借款年利率为 10%, 该工程第二年末完工交付使用, 项目使用年限 10 年, 期末净残值 20 万元, 投产后第 1 年至第 4 年每年可获净利 6.9 万元, 第 5 年至第 10 年每年可获净利 19 万元, 经营期头 4 年每年归还银行借款利息 12.1 万元, 第 4 年年末一次性归还银行本金。

要求: 计算该项目的下列指标。

(1) 项目计算期。

(2) 固定资产原值、年折旧(直线折旧法)。

(3) 建设期净现金流量。

(4) 经营期净现金流量。

3. 某公司准备购置一台大型设备, 以增加生产能力。预计该设备买价为 40 万元, 运杂费 3 000 元, 买入后即可投入使用。预计设备寿命期为 5 年, 期满净残值 3000 元, 按直线法计提折旧。使用该设备每年可增加销售收入 36 万元, 每年增加营业成本 30 万元(含折旧), 该公司预期投资报酬率为 10%。

要求：用净现值法做出是否应购置该设备的决策。

4. 某厂现有一投资项目，寿命期为 6 年，第一年年初生产设备投资需 250 000 元，当年完工当年投产，期满净残值为 22 000 元，预计该新产品的销售单价为 10 元，单位变动成本为 6 元。其每年预计销售量和固定成本(含固定资产折旧)如表 6-18 所示。

表 6-18　预计销售量和固定成本资料

年限	1	2	3	4	5	6
预计销售量/件	15 000	20 000	20 000	20 000	20 000	20 000
固定成本/万元	45 000	50 000	50 000	50 000	50 000	50 000

该企业采用平均年限法计提折旧，假定该厂资金成本为 10%，不考虑所得税。

要求：

(1) 计算静态回收期、年平均报酬率。

(2) 采用净现值法对该项目进行评价。

5. 某企业拟投资 100 万元建设一个项目，当年建成当年投产。该项目经济寿命为 10 年，期满无残值，每年获净利 15 万元。假定预期投资报酬率为 10%。

要求：

(1) 计算该项目的现值回收期和内含报酬率。

(2) 计算现值指数，并对该方案作出评价。

五、思考题

1. 年金的特点有哪些？分为哪几种类型？如何计算终值和现值？

2. 如何理解确定现金流量时的各个假设？

3. 什么是长期投资决策？有什么特点？

4. 项目现金流入量和项目现金流出量分别包括哪些主要内容？

5. 试说明如果投资项目的各年现金净流量不相等时应该如何计算该项目的内含报酬率。

第七章

全　面　预　算

【学习要点及目标】

- 掌握全面预算的含义。
- 理解全面预算的作用及其内容。
- 熟练掌握预算的编制方法及其优缺点。
- 熟悉弹性预算、零基预算和滚动预算的编制方法及其优缺点。
- 掌握全面预算的编制方法。

【核心概念】

全面预算　固定预算　零基预算　利润表预算　资产负债表预算

【引导案例】 宏大计算器有限公司销售费用预算的变革

第一节 全面预算概述

一、全面预算的概念及内容

(一)全面预算的概念

所谓预算，是指以货币作为计量手段，将决策的目标具体地、系统地反映出来的过程。简而言之，预算就是决策的具体化，也是控制生产经营活动的依据。预算既是控制支出的工具，也是利用企业现有资源增加企业价值的一种方法。

全面预算又称总预算，是指企业为了实现未来一定时期的经营目标，以货币为计量单位，对企业所拥有的各种资源，事先进行科学合理的规划、测算和分配，以约束、指导企业的经营活动，保证经营目标顺利完成的一系列具体规划。简言之，全面预算是企业未来一定时期经济活动全部计划的数量说明，是关于企业在一定时期内经营、财务等方面的总体预算。

(二)全面预算体系

全面预算是由一系列相互联系的预算构成的一个复杂的体系。在全面预算体系中，各项预算相互衔接、相互对应，共同构成一个有机的整体。各预算间的联系如图 7-1 所示。

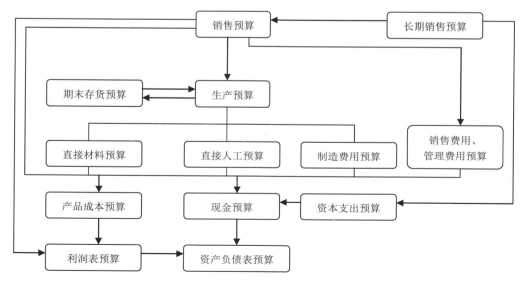

图 7-1 全面预算体系图

企业应当根据长期市场预测和生产能力，编制长期销售预算，以此为基础，确定本年度的销售预算，并根据企业财力确定资本支出预算。销售预算是年度预算的编制起点，根据"以销定产"的原则确定生产预算，同时确定所需要的销售费用。生产预算的编制，除了考虑计划销售量外，还要考虑现有存货和年末存货。根据生产预算来确定直接材料、直接人工和制造费用预算。产品成本预算和现金预算是有关预算的汇总，利润表预算和资产负债表预算是全部预算的综合。

销售预算、生产预算、直接材料预算、直接人工预算、制造费用预算、产品成本预算、销售与管理费用预算统称为业务预算，用于计划企业的基本经济业务；现金预算、资本支出预算、利润表预算和资产负债表预算统称为财务预算，用于资金筹措和使用的经济业务。业务预算是财务预算的基础，财务预算是业务预算的现金流量总结。

二、全面预算的作用

预算在传统上被看成控制支出的工具，但新的观念将其看成"利用企业现有资源增加企业价值的一种方法"。全面预算是企业预算控制的核心，编制全面预算的意义具体表现在以下几方面。

1．明确经营目标

预算是具体化的经营目标，是指导企业员工从事经营活动的准绳。编制预算，有助于高层管理者将计划和目标传达到企业内部各层次。各个职能部门及其员工也可以通过预算了解本企业、本部门、本人在达到企业总体目标过程中的责任和地位，促使他们尽力完成各自的责任目标。

2．协调控制工作

全面预算把企业内部各层次的工作纳入了预定计划，促使内部各部门的预算工作紧密配合、协调发展，在企业内部形成有机整体。全面预算不仅能协调企业的预算工作，也是控制日常经济的依据，在预算的执行过程中，企业各部门也可以通过计量对比，明确实际执行结果和预定标准的差异，分析差异产生的原因，以便采取措施纠正偏差，保证预算目标的完成。企业预算通过货币性的表述，将各级各部门的工作协调起来。

3．控制标准

预算是企业控制经济活动的依据和衡量其合理性的标准。通过将经济活动的状态的计量、实际状况和预算(即标准)进行比较，可以确定并分析两者的差异，并在此基础上确定可行的调整经济活动的措施。

4．考核评价业绩

预算代表了在预算期内对企业各职能部门和员工行为结果的要求。把实际经营结果和预算进行比较，从中分析差异原因，有助于评价各责任部门和责任人的工作业绩。进行评价考核有助于提高企业全体员工的积极性，激励员工为实现预算目标努力。

三、全面预算的编制程序

全面预算需要企业经营管理的多个部门编制，具体的编制程序如下。

(1) 根据企业长期规划利用本量利分析等工具，提出企业一定时期的总目标，并下达规划指标。

(2) 由基层执行、控制人员编制预算草案，使预算具有可靠性和可行性。

(3) 各部门汇总各自预算，并通过初步协调，编制出部门的生产、销售、财务等预算。

(4) 经过公司管理层中的专门机构(如预算委员会)审查、平衡各个部门汇总的预算，编制公司总预算。

(5) 由公司董事会(或类似机构)对公司总预算进行讨论和审议，必要时可以要求编制单位予以修改。

(6) 经过公司董事会批准后将公司总预算逐级分解到各部门和执行单位、人员，并让其予以执行。

【阅读资料7-1】 跨国公司预算管理。

第二节 全面预算的编制方法

企业全面预算的构成内容比较复杂，编制预算需要采用适当的方法。全面预算的编制方法有很多，按其业务量基础的数量特征不同，编制全面预算的方法可分为固定预算法和弹性预算法；按其预算期的时间特征不同，编制全面预算的方法可分为定期预算法和滚动预算法；按其出发点的特征不同，编制全面预算的方法可分为增量预算法和零基预算法。这些方法广泛应用于营业活动有关预算的编制。

一、固定预算法与弹性预算法

按照其业务量基础的数量特征不同，编制预算的方法可以分为固定预算法和弹性预算法两类。

(一)固定预算法

固定预算法，又称静态预算法，是指在编制预算时，只以预算期内正常、可实现的某一固定的业务量(如生产量、销售量等)水平作为唯一基础来编制预算的方法。作为传统的常用方法，固定预算法的编制工作量不大，用固定预算法编制出的各项分预算之间关系密切，在实际业务量和预算业务量相同或者差距不大时，有利于评价、控制企业的生产经营活动。

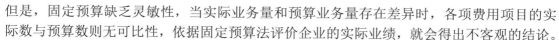

但是，固定预算缺乏灵敏性，当实际业务量和预算业务量存在差异时，各项费用项目的实际数与预算数则无可比性，依据固定预算法评价企业的实际业绩，就会得出不客观的结论。

由于固定预算法存在适应性差和可比性差的缺点，一般适用于经营业务稳定，生产产品产销量稳定，能够准确预测产品需求及产品成本的企业，也可以用于编制固定费用预算。

(二)弹性预算法

1. 弹性预算法的概念

弹性预算法，又称动态预算法，是按照预算期内可预见的收入、成本、利润等多种生产经营活动的业务量水平，以及这些生产经营活动水平之间的数量关系，分别确定相应的目标和任务的预算的一种方法。

弹性预算法适用于业务量水平不断变化的企业，因为它能够真实、准确地反映在一系列特定生产经营规模和业务量水平上企业所应当发生的费用开支和取得的相应收入及利润，区分责任，并使预算执行情况的评价和考核建立在更加客观而可比的基础上，在预算管理工作中能够发挥更大的作用。实务中，弹性预算法主要用于编制成本费用预算和利润预算，尤其是成本费用预算。

2. 弹性预算法的特征

与按照特定业务量水平编制的固定预算法相比，弹性预算法具有以下特征。

(1) 它按预算期间某一相关范围内的多种业务活动水平调整其预算额，能够在不同的生产经营活动水平下保持它的适用性，使预算的适用范围得到扩大。只要有关的消耗标准、价格标准不变，预算就可延期使用，不必每月重复编制。

(2) 它在将成本划分为固定成本和变动成本的基础上，根据收入、成本与业务量三者的关系以及可能达到的一系列业务量水平编制成具有伸缩性的预算。各项间接费用预算中，其固定部分不随着业务量的增减而变动，弹性预算法仅调整其变动费用部分。

3. 弹性预算法的编制方法

运用弹性预算法编制预算的基本步骤如下。

(1) 选择一个最能代表生产经营活动水平的业务量为计量单位。比如：以手工操作为主的车间应选用人工工时；制造单一产品或零件的部门，可以选用实物数量；修理部门可以选用直接修理工时等。

(2) 确定适用的业务量的相关范围。弹性预算法所采用的业务量范围，务必使实际业务量范围不至于超出相关的业务量范围。一般来说，可定在正常生产能力的70%～110%，或以历史上最高业务量或最低业务量为其上下限。

(3) 根据成本性态和业务量之间的依存关系，将成本划分为固定成本和变动成本两类，逐项确定各项成本和业务量之间的数量关系，并用一定的方式来表达。弹性预算法有公式法和列表法两种表示方法。

① 公式法。即运用成本性态分析方法，测算预算期的成本费用数额，并编制成本费用预算的方法。用公式表达为：

$$y=a+bx$$

其中，y 表示某项预算成本总额；a 表示该项成本中的预算固定成本总额；b 表示该项成本中的预算单位变动成本额；x 表示预算业务量。

【例 7-1】企业制造费用中的维检费与人工工时密切相关。经测算，预算期维检费中的固定费用为 2000 元/月，单位工时的变动维检费为 10 元；预计预算期内的维检人工工时为 3000 小时。

要求：以公式法表述维检费的月预算额。

解：按照成本性态分析原理，并根据资料可知，a=2000 元/月，b=10 元/小时，因此：

$$y=2000+10x$$

公式法的优点是便于计算任何业务量的预算成本，但是阶梯成本和曲线成本需要用数学方法修正为直线才可采用公式法。

② 列表法。列表法是在预计的业务量范围内将业务量分为若干水平，然后按照不同的业务量水平编制预算，并将结果汇总列入一个预算表格。列表法表示的制造费用预算如表 7-1 所示。

表 7-1　制造费用预算(列表法)

业务量(机器工时)	350	400	450	500	550
占正常生产能力的比例/%	70	80	90	100	110
变动成本：					
单位运输费用 0.2/元·工时$^{-1}$	70	80	90	100	110
单位电力费用 1.0/元·工时$^{-1}$	350	400	450	500	55
单位材料费用 0.1/元·工时$^{-1}$	35	40	45	50	55
单位机物料消耗 0.2/元·工时$^{-1}$	70	80	90	100	110
合计/元	525	600	675	750	825
固定成本：					
折旧费用/元	300	300	300	300	300
照明费/元	50	50	50	50	50
采暖费/元	50	50	50	50	50
合计/元	400	400	400	400	400
混合成本：					
修理费/元	421	452	468	480	494
油料费/元	57	66	71	81	98
合计/元	478	518	539	561	592
总计/元	1403	1518	1614	1711	1817

列表法的优点是，不论实际业务量为多少，都可以不经过计算而确定与该业务量相近的预算数值。但是由于列表法所列示的业务量及预算数属于"离散型"的，因此在实际考核和评价业绩时，常常需要用"插值法"计算实际业务量的预算成本，略显麻烦。

4.弹性预算法的优缺点

弹性预算法建立在成本按成本习性分类的基础上，它承认成本与各种不同业务量的数量关系，并可以反映在预算执行期内实际业务量应达到的预算成本水平。因此，可以使评价、考核预算执行的情况建立在更加客观和可比的基础之上，更具有合理性及说服力。但弹性预算法与固定预算法一样，是在历史资料的基础上，根据预期变化调整以后确定预算期的相应数据，因而容易导致预算人员的惰性，造成不合理的费用可能继续存在，未来期间需要而过去不存在的费用可能不被纳入预算，这些显然不利于企业的发展。

二、定期预算法与滚动预算法

按照其预算期的时间特征的不同，编制预算的方法可分为定期预算法和滚动预算法两类。

(一)定期预算法

定期预算法是以固定不变的会计期间(如年度、季度、月份)作为预算期间编制预算的方法。采用定期预算法编制预算，能保证预算期间与会计期间在时期上匹配，便于依据会计报告的数据与预算的比较，考核和评价预算的执行结果。但是定期预算法不利于前后各个期间的预算衔接，不能适应连续不断的业务活动过程的预算管理。

(二)滚动预算法

传统的预算编制一般以一年为期，与会计年度相适应，有利于将实际数与预算数进行对比和对预算的执行情况进行分析和评价。但是以一年为期的预算也存在着不少缺陷：一是预算通常是在预算开始前两三个月进行编制，此时人们对预算期的某些经济活动还不够明确，往往只能提出笼统的数据，因而在执行预算时会遇到许多困难；二是固定以一年为期的预算，在执行了一段时间后，往往会使管理人员只考虑剩下来的几个月的经济活动，而缺乏长远打算。为了弥补这些缺陷，人们提出了滚动预算。

滚动预算法，又称连续预算法(或永续预算法)，它是指随着时间的推移而自行延伸并始终保持在某一特定的期限之内的一种连续预算方法。

按照滚动的时间单位不同，滚动预算法可以分为逐月滚动法、逐季度滚动法和混合滚动法三类。

1. 逐月滚动法

逐月滚动法指的是以月份为预算的编制和滚动单位，每个月调整一次预算的方法，如图 7-2 所示。

用逐月滚动法编制出的预算结果比较精确，但是工作量较大。

2. 逐季度滚动法

逐季度滚动法是指编制预算时，以季度为预算的编制和滚动单位，每季度调整一次的方法。其基本原理与逐月滚动法类似。相对而言，用逐季度滚动法编制出的预算结果不如逐月滚动法精确，但是工作量较小。

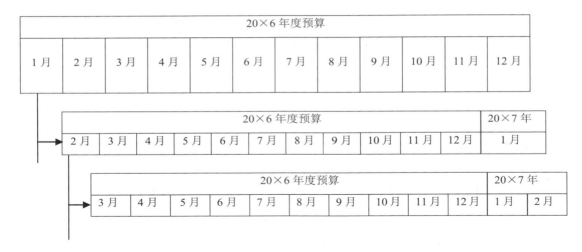

图 7-2　逐月滚动预算法

3. 混合滚动法

混合滚动法是指在编制预算时，同时以月份和季度为预算的编制和滚动单位的方法。具体如图 7-3 所示。

图 7-3　混合滚动预算法

滚动预算法是在不断调整过程中编制预算的，具有客观性，可使预算更接近实际；滚动预算法是在不断滚动中编制预算的，具有连续性，便于从动态变动中确定预算与实际的差异；滚动预算法在编制预算时总保持 12 个月的预算资料，具有完整性，可使管理人员始终围绕目标全盘规划，有条不紊地努力工作。但滚动预算法的编制频率过快，工作量过大，并且必须有一个与之相适应的外部条件，而且这些外部条件有明显的特定期限限制。因此使用混合滚动法编制预算可以解决以上问题。

三、增量预算法与零基预算法

按照出发点的特征不同，编制预算的方法可以分为增量预算法和零基预算法两大类。

(一)增量预算法

增量预算法，又称调整预算法，是指以基期(成本、费用)水平为基础，结合预算期业务量水平及有关降低成本的措施，通过调整有关基期费用项目而编制预算的方法。增量预算法以过去的费用发生水平为基础，主张不需在预算内容上做较大的调整，它的编制遵循如下假设。

(1) 企业现有业务活动是合理的，不需要进行调整。

(2) 企业现有各项业务的开支水平是合理的，在预算期予以保持。

(3) 以现有业务活动和各项活动的开支水平，确定预算期各项活动的预算数。

增量预算法的缺陷在于可能导致无效费用开支项目无法得到有效控制，因为不加分析地保留或接受原有的成本费用项目，可能使原来不合理的费用继续开支而得不到控制，形成不必要开支合理化，造成预算上的浪费。

(二)零基预算法

1. 零基预算法的意义

零基预算法是"以零为基础编制预算的方法"，是指在编制成本费用预算时，不考虑以往情况如何，对于所有的预算支出均以零为起点，逐项研究审议预算期内各项费用是否有支出的必要和支出数额的大小。这种预算方法不以历史数据为基础，而以零为出发点，因此而得名零基预算。

编制费用预算的传统方法，是以原有的费用水平为基础进行差量分析，这样实质上就是对过去的支出是否必要、支出数额是否合理缺乏必要的分析和判断，只是简单地延续过去，容易造成新预算的不足或浪费。零基预算克服了传统预算方法的缺点，在指导思想上是一种全新的预算控制法。它是以现有的费用水平为基础，一切从"零"开始，对每一项费用的发生进行费用—效益分析，逐一认真地对预算项目进行分析和计量，据以判定其开支的合理性和优先顺序，并依据企业现有资金数量，按照项目的轻重缓急，有次序地安排预算项目，从而有利于提高资金使用效率，节约费用开支，把预算控制建立在更加严密而健全的基础上。

2. 零基预算法的编制预算程序

零基预算法编制预算程序大体上分为以下四步。

(1) 提出预算目标。企业内部各有关部门，在充分调研的基础上，围绕企业的总体目标和本部门的具体目标，以零为起点，确定各费用预算的项目和数额，提出本部门在预算期内的费用预算方案。

(2) 划分费用类别。将提出的所有费用项目分为两大类：必须足额支出的费用项目和可以增减支出的费用项目。必须足额支出的费用项目，主要指预算期内必须发生的一些约束性费用项目，这些费用一般不会受到管理当局短期决策行为的影响，在预算期必须足额支付，不能缩减；可以增减支出的费用项目，主要指预算期内的一些酌量性费用项目，这些费用是否发生及发生数额的大小，受管理当局短期决策行为的影响，支出数额可适当增减。

(3) 进行"成本—效益"分析。对可以增减支出的费用项目，根据历史资料，按其成本和效益的对比，确定各项目的成本效益率，然后确定各项目在企业中的重要性，综合考虑后将可以增减支出的费用项目排列次序。

(4) 分配资金，落实预算。将可以动用的预算资金在各费用项目之间分配，首先要满足必须足额支出的费用项目，然后将剩余资金在可增减支出的费用项目之间按其重要性程度分配。

3. 零基预算法的优缺点

零基预算法对不合理的费用开支一律舍弃，不受原有框架影响，更接近实际。但零基预算法对原有合理的基数视而不见，也是一种信息及人力资源的浪费，还需要对各个预算项目逐项分析，动员全体员工反复讨论。由于零基预算法编制工作量过大，费时费力，所以零基预算法主要适用于专门性开支预算。

【阅读资料 7-2】 预算管理的使用。

第三节 业务预算的编制

业务预算是企业日常营业活动的预算，包括销售预算、生产预算、直接材料预算、直接人工预算、制造费用预算、产品成本预算、销售费用预算和管理费用预算等。

一、销售预算

销售预算是在销售预测的基础上，根据预计的销售数量、单价和货款回收条件等编制的一种业务预算。销售预算是编制全面预算的起点，是业务预算和绝大多数财务预算编制的基础。编制销售预算时应考虑的因素主要有：预计销售量、预计销售价格以及货款回收条件等。销售预算必须以销售预测为基础，应根据有关历史资料进行市场预测，确定未来期间的预计销售量和预计销售单价，这样就可以确定预计的销售收入。其计算公式如下：

预计销售收入=预计销售量×预计销售单价　　　　　　　公式(7.3.1)

销售预算通常还反映预算期间的现金收入情况，主要包括本期现销收入和前期赊销本期收现的收入，这主要是为编制现金预算提供资料。

【例 7-2】假设甲企业 20×7 年度计划只生产和销售一种产品，预计各季度的销售数量分别为 900 件、950 件、1000 件和 1100 件，销售单价全年均为 100 元，每季度的销售收入中当期收现 60%，其余 40%下季度收现。20×6 年年末应收账款余额为 36 000 元。该公司20×7 年度的销售预算如表 7-2 所示。

表 7-2　甲企业 20×7 年度销售预算表

项　目		一季度	二季度	三季度	四季度	合计
预计销售量/件		900	950	1000	1100	3950
预计销售单价/元		100	100	100	100	100
预计销售收入/元		90 000	95 000	100 000	110 000	395 000
预计现金收入	年初应收账款/元	36 000				36 000
	一季度现销收入/元	54 000	36 000			90 000
	二季度现销收入/元		57 000	38 000		95 000
	三季度现销收入/元			60 000	40 000	100 000
	四季度现销收入/元				66 000	66 000
	现金收入合计/元	90 000	93 000	98 000	106 000	387 000

二、生产预算

生产预算是在销售预算基础上分品种编制的，用来安排企业在预算期的产品生产的一种业务预算，其内容有销售量、期初和期末产品存货、生产量。生产预算是编制直接材料预算、直接人工预算和制造费用预算的依据。通常而言，企业生产和销售不可能做到"同步同量"，需要设置一定的产品存货，以保证能在发生意外需求时按时供货，并可均衡生产，节省赶工的额外支出。期末产品存货通常按照下期销售量的一定百分比确定，年初产品成本是编制预算时预计的，年末产品存货根据长期销售趋势确定。

编制生产预算时应考虑的主要因素有预计销售量、预计期末存货量和预计期初存货量等，其中"预计销售量"来自销售预算，它们之间的关系用公式表示如下：

预计生产量=预计期末存货量+预计销售量−预计期初存货量　　　公式(7.3.2)

【例 7-3】在例 7-2 的基础上，假设该企业各季度的期末存货量按下季度销售量的 20% 计算，各季度的期末存货量即下季度的期初存货量，20×7 年年初存货量为 200 件，年末存货量为 210 件。该公司 20×7 年度生产预算如表 7-3 所示。

表 7-3　甲企业 20×7 年度生产预算表　　　　　　　　　　单位：件

项　目	一季度	二季度	三季度	四季度	合　计
预计销售量	900	950	1000	1100	3950
加：预计期末存货量	190	200	220	210	210
减：预计期初存货量	200	190	200	220	200
预计生产量	890	960	1020	1090	3960

实务中编制生产预算比较复杂，需要考虑诸多因素。如产量会受到生产能力的限制、产品受到储备能力的限制等。另外，企业的产品可能有明显的季节性特征，旺季时需要加班赶工以提高产量，而淡季时需要合理安排生产和储备量以节约有关利息、保险、管理等费用。

三、直接材料预算

直接材料预算是在生产预算的基础上编制的,用来确定预算期材料的生产耗用数量、采购数量和采购成本等相关信息的一种业务预算。直接材料预算编制的依据是产品的预计生产量、单位产品材料耗用量、期末与期初预计的材料库存量、单位材料标准价格、材料货款付款条件等。其计算公式为:

$$预计材料采购量=预计材料耗用量+预计期末材料库存量$$
$$-预计期初材料库存量 \qquad 公式(7.3.3)$$
$$预计材料采购成本=预计材料采购量×预计材料单价 \qquad 公式(7.3.4)$$

预计材料耗用量通常需要分产品品种和材料品种确定。将某种产品的预计生产量和其单位产品所耗用的某种材料的消耗定额的乘积,即可确定某种材料的耗用量;将预算期各种产品消耗某种材料的数量相关,就可以确定该种材料的总耗用量。

直接材料预算中通常涉及预计现金支出的预算,主要包括上期购料本期付款和本期购料本期付款的现金支出,以便为现金预算的编制提供资料。

【例 7-4】在例 7-2、例 7-3 的基础上,假设该企业单位产品直接材料耗用定额为 1.5 千克,预计每千克材料单价为 12 元,预算期内每季度末材料存货量为下季度生产需用量的20%,20×7 年年初材料存货量为 300 千克,20×7 年年末材料存货量为 350 克。各季度购料货款50%当季付清,另外50%下季度付清,该企业 20×7 年年初应付账款余额为 8000 元。该企业 20×7 年度直接材料预算表如表 7-4 所示。

表 7-4　甲企业 20×7 年度直接材料预算表

项　目		一季度	二季度	三季度	四季度	合计
预计生产量/件		890	960	1020	1090	3960
单位产品材料用量/千克		1.5	1.5	1.5	1.5	1.5
预计生产用料总量/千克		1335	1440	1530	1635	5940
加:预计期末材料库存量/千克		288	306	327	350	350
减:预计期初材料库存量/千克		300	288	306	327	300
预计材料采购量/千克		1323	1458	1551	1658	5990
预计材料单价/元		12	12	12	12	12
预计材料采购额/元		15 876	17 496	18 612	19 896	71 880
预计现金支出	年初应付账款/元	8000				8000
	一季度购料现金支出/元	7938	7938			15 876
	二季度购料现金支出/元		8748	8748		17 496
	三季度购料现金支出/元			9306	9306	18 612
	四季度购料现金支出/元				9948	9948
	现金支出合计/元	15 938	16 686	18 054	19 254	69 932

四、直接人工预算

直接人工预算是为确定预算期一线生产工人的人工成本耗费和人工工时耗费而编制的一种业务预算。直接人工预算的编制依据是：预计生产量、单位产品标准成本或定额工时、标准工资率等，其中"预计生产量"来自生产预算。直接人工工资一般全部付现，所以不必另外预计现金支出。其计算公式为：

$$预计直接人工成本=预计生产量×单位产品工资率\qquad 公式(7.3.5)$$

或

$$预计直接人工成本=预计生产量×单位产品直接人工工时×小时工资率\qquad 公式(7.3.6)$$

直接人工预算也是在生产预算的基础上编制的，其预算数据往往需要从企业生产部门或技术部门取得，在生产产品过程中，往往需要多个人工工种，因此在编制预算时，要按工种类别分别计算。

【例7-5】在例7-4基础上，为简化核算，假设该企业只有一个直接人工工种，单位该产品直接人工工时为4小时，小时工资率为6元。该企业20×7年度直接人工预算如表7-5所示。

表7-5　甲企业20×7年度直接人工预算表

项　目	一季度	二季度	三季度	四季度	合计
预计生产量/件	890	960	1020	1090	3960
单位产品人工工时/小时	4	4	4	4	4
直接人工总工时/小时	3560	3840	4080	4360	15 840
小时工资率/元·小时$^{-1}$	6	6	6	6	6
预计的直接人工成本	21 360	23 040	24 480	26 160	95 040

五、制造费用预算

制造费用预算是为确定预算期内产品生产过程中间接费用水平而编制的一种业务预算。制造费用按其成本性态可区分为变动性制造费用和固定性制造费用，因而其预算通常也包括这两部分。变动性制造费用可在生产预算的基础上，根据其预定分配率与预计业务量(人工工时、机器工时等)的乘积预计；固定性制造费用可在已有的相关历史资料的基础上，结合预算期内的预期变化逐项进行预计。有关计算公式如下：

$$变动制造费用分配率=\frac{变动制造费用预算总额}{分配标准预算数之和}\qquad 公式(7.3.7)$$

公式分母中的分配标准预算数通常指预算生产量、预算的直接人工工时数或机器工时数。

$$预计制造费用=预计变动性制造费用+预计固定性制造费用\qquad 公式(7.3.8)$$

此外，在制造费用预算中，为了提供现金预算必要的信息，往往需要预计制造费用的现金支出数。由于固定资产折旧在预算期内不会有现金支出，因此，在预计制造费用的现金支出数时，应扣除折旧这一费用项目。有关计算公式如下：

预计制造费用的现金支出数=预计制造费用-固定资产折旧　　　　　公式(7.3.9)

【例 7-6】在例 7-5 基础上，假定固定性制造费用全年预算数为 17 820 元，其中全年折旧费为 8 800 元；变动性制造费用预算分配率为每人工工时 7 元。20×7 年制造费用预算如表 7-6 所示。

表 7-6　甲企业 20×7 年度制造费用预算表

项　目	第一季度	第二季度	第三季度	第四季度	全年合计
直接人工总工时/小时	3560	3840	4080	4360	15 840
变动性制造费用预算分配率/元·小时$^{-1}$	7	7	7	7	7
预计变动性制造费用/元	24 920	26 880	28 560	30 520	110 880
预计固定性制造费用/元	4455	4455	4455	4455	17 820
预计制造费用合计数/元	29 375	31 335	33 015	34 975	128 700
减：固定资产折旧/元	2200	2200	2200	2200	8800
预计制造费用的现金支出数/元	27 175	29 135	30 815	32 775	119 900

六、产品成本预算

产品成本预算是销售预算、生产预算、直接材料预算、直接人工预算、制造费用预算的汇总。其内容包括产品的单位成本和总成本。单位产品成本有关数据来自直接材料预算、直接人工预算、制造费用预算；生产量、期末存货量来自生产预算；销售量来自销售预算。其编制的基本过程为：首先根据直接材料、直接人工、制造费用预算的相关资料，确定产品的单位成本；其次根据单位产品成本和期末产成品存货数量的乘积，确定期末产成品存货成本。根据前述资料可以编制成本预算表，如表 7-7 所示。

表 7-7　产品成本预算表

项　目	产品单位成本			生产成本（元）	期末存货（元）	销货成本（元）
	单位成本	投入量	成本(元)			
直接材料	12	1.5 千克	18	71 280	3780	71 100
直接人工	6	4 小时	24	95 040	5040	94 800
变动制造费用	7	4 小时	28	110 880	5880	110 600
固定制造费用	1.125	4 小时	4.5	17 820	945	17 775
合计	—	—	74.5	295 020	15 645	294 275

七、销售及管理费用预算

销售及管理费用预算是产品销售过程中发生的费用和企业行政管理费支出的预算。该项费用按其成本性态也可区分为变动性销售及管理费用和固定性销售及管理费用两部分。

其编制方法和制造费用预算的编制方法类似，变动性销售及管理费用可在销售预算的基础上，根据其预定分配率与预计销售量的乘积进行预计；固定性销售及管理费用可在已有的相关历史资料的基础上，结合预算期内的预期变化逐项进行预计。

为了提供必要的信息给现金预算，通常也需要预计预算期的销售及管理费用的现金支出数。由于固定资产折旧在预算期内不会有现金支出，因此，在预计销售及管理费用的现金支出数时，应扣除折旧(包括摊销)类费用项目。有关计算公式如下：

$$预计销售及管理费用现金支出数=预计销售及管理费用-$$
$$固定资产折旧、无形资产摊销等公式 \tag{7.3.10}$$

【例 7-7】在例 7-2 的基础上，假定固定性销售及管理费用全年预算数为 18 000 元，每季度为 4500 元，其中每季度折旧费 1375 元；变动性销售及管理费用预算分配率为每件 5元。20×7 年销售及管理费用预算如表 7-8 所示。

表 7-8　甲企业 20×7 年度销售及管理费用预算表

项 目	一季度	二季度	三季度	四季度	合 计
预计销售量/件	900	950	1000	1100	3950
变动性销售及管理费用分配率/元·件[-1]	5	5	5	5	5
预计变动性销售及管理费用/元	4500	4750	5000	5500	19 750
预计固定性销售及管理费用/元	4500	4500	4500	4500	18 000
预计销售及管理费用合计数/元	9000	9250	9500	10 000	37 750
减：固定资产折旧/元	1375	1375	1375	1375	5500
预计销售及管理费用现金支出数/元	7625	7875	8125	8625	32 250

【阅读资料 7-3】 企业预算管理：花钱与做事的融合之道

第四节　财务预算的编制

一、现金预算

现金预算是反映预算期内现金收入、现金支出、现金余缺、资金的筹集与运用以及期初和期末现金余额情况的预算。编制现金预算的主要目的是测算企业在预算期间现金收入与现金支出的吻合程度及不吻合的时间与数额，以便正确调度资金，避免资金的积压或短缺，保证企业资金的正常运转。

编制现金预算的主要依据包括涉及现金收支的销售预算、直接材料预算、直接人工预算、制造费用预算、销售及管理费用预算、专门决策预算等。现金预算的内容主要包括以下四个部分。

1. 现金收入

现金收入包括计划期间的期初现金余额,加上本期预计可能发生的现金收入。主要来源是销售收入和应收账款的收回,可从销售预算中获得该项资料。

2. 现金支出

现金支出包括计划期间预计可能发生的一切现金支出,即预算期内业务预算以及专门决策预算的各项现金支出。

3. 现金余缺

现金余缺表示现金的多余和不足,即现金收入与现金支出的差额,如果该差额为正数,表示收大于支,现金有多余,此时企业可以将多余的现金用于偿债或购买金融资产进行投资;如果该差额为负数,则表示支大于收,现金不足,需要企业筹集资金。

4. 资金融通

资金融通是指预算期内可动用的现金小于现金支出而引起的资金借入,或可动用现金大于现金支出而引起的借款本息归还等。其筹集数额应大于等于现金余缺与最低现金余额的差额,通常借入资金的时间算作季初或月初,归还借款的本息算作季末或月末。

编制好现金预算后,就可以知道计划期间需要多少资金,财务主管人员则据以事先安排和筹措,以满足各个时期的资金需要。

【例 7-8】在例 7-2 至例 7-7 的基础上,假定预算期内每季的最低现金余额为 2000 元。第一季度出售一台设备,收入现金 8000 元,该设备的原价为 8000 元。第三季度末购置设备支出 60 000 元。企业全年的所得税预计为 6600 元,在第四季度末一次支付。借款发生在季初,还款发生在季末,借款年利率为 10%,借款金额必须是 1000 元的整数倍。20×7 年期初现金余额为 2000 元。20×7 年现金预算如表 7-9 所示。

表 7-9　甲企业 20×7 年度现金预算表　　　　　　单位:元

项　目	一季度	二季度	三季度	四季度	合　计
期初现金余额	2000	27 902	44 166	2642	2000
加:营业现金收入(表 7-4)	90 000	93 000	98 000	106 000	387 000
固定资产变现收入	8000				8000
可供运用现金合计	100 000	120 902	142 166	108 642	397 000
减:现金支出					
直接材料(表 7-6)	15 938	16 686	18 054	19 254	69 932
直接人工(表 7-7)	21 360	23 040	24 480	26 160	95 040
制造费用(表 7-8)	27 175	29 135	30 815	32 775	119 900
销售及管理费用(表 7-10)	7625	7875	8125	8625	32 250
预计所得税				6600	6600
预计资本支出(购置设备)			60 000		60 000
现金支出合计	72 098	76 736	141 474	93 414	383 722

续表

项　目	一季度	二季度	三季度	四季度	合计
现金溢余(短缺)	27 902	44 166	692	15 228	13 278
最低现金余额	2000	2000	2000	2000	2000
资金融通					
借款			2000		2000
还款				2000	2000
利息			50	50	100
期末现金余额	27 902	44 166	2642	13 178	13 178

注：第三季度利息=2000×10%×(3÷12)=50(元)，第四季度利息=2000×10%×(3÷12)=50(元)。

二、利润表预算

利润表预算是在上述各有关预算编制的基础上，对预算期的收入、成本、利润等经营成果进行综合反映的一种报表。其编制依据主要有销售预算、单位产品成本和期末产成品存货预算、销售及管理费用预算和现金预算等。利润表预算是为管理层提供决策而编制的，因此不必过分遵循国家统一的会计准则或制度。

【例 7-9】在例 7-2 至例 7-8 的基础上，编制甲企业 20×7 年度利润表预算，如表 7-10 所示。

表 7-10　甲企业 20×7 年度利润表预算　　　　　　　　单位：元

项　目	金　额
销售收入	395 000
销售成本	294 275
毛利	100 725
销售及管理费用	37 750
利息费用	100
利润总额	62 875
所得税费用	6600
净利润	56 275

通过编制利润表预算，可以了解企业预期的盈利水平，如果企业的预算利润与最初的目标利润有较大差异，就需要调整部门预算，设法达到目标，或者重新制定利润目标。

三、资产负债表预算

资产负债表预算是反映预算期末这一时点上，企业的资产、负债和所有者权益状况的一种报表。其编制依据是预算期初的实际资产负债表和预算期的各项预算资料。资产负债

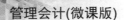

表预算是为管理层提供决策而编制的,不必过分遵循国家统一的会计准则或制度。

【例 7-10】在例 7-2 至例 7-9 的基础上,编制甲企业 20×7 年度资产负债表预算,如表 7-11 所示。

表7-11　甲企业 20×7 年度资产负债表预算　　　　　　单位:元

资　产	年初数	年末数	负债及所有者权益	年初数	年末数
现金	2000	13 178	应付账款	8000	9948
应收账款	36 000	44 000	流动负债合计	8000	9948
存货	18 500	19 845	长期借款	16 000	16 000
其中:材料	3600	4200	非流动负债合计	16 000	16 000
库存商品	14 900	15 645	负债合计	24 000	25 948
流动资产合计	56 500	77 023	股东权益	—	—
固定资产	60 000	112 000	股本	60 000	60 000
减:累计折旧	4000	18 300	未分配利润	28 500	84 775
固定资产合计	56 000	93 700	股东权益合计	88 500	144 775
非流动资产合计	56 000	93 700	—	—	—
资产合计	112 500	170 723	负债及股东权益合计	112 500	170 723

【阅读资料 7-4】　德鲁克:企业的两套预算。

本 章 小 结

"凡事预则立,不预则废。"预算管理在企业生产经营中的作用越来越大已经是一个不争的事实。正因为这样,全面预算管理越来越受到理论界和实务界的重视。全面预算是关于企业在一定的时期内(一般为一年或一个既定期间)各项业务活动、财务表现等方面的总体预测,它包括经营预算(如销售预算、费用预算等)和财务预算(如现金预算、利润表预算、资产负债表预算等)。按照不同的分类标准,全面预算的编制方法可以分为固定预算法和弹性预算法、定期预算法和滚动预算法、增量预算法和零基预算法等,这些方法广泛应用于营业活动有关预算的编制,其中传统上最常用的是固定预算法。

自 测 题

一、单选题

1. 下列各项预算中,预算期间始终保持一定期间跨度的预算方法是(　　)。

A. 固定预算 　　B. 弹性预算 　　C. 定期预算 　　D. 滚动预算

2. 用列表法编制弹性预算，下列说法不正确的是(　　)。

　　A. 不管实际业务量是多少，不必经过计算即可得到与现有业务量相近的预算成本

　　B. 混合成本中的阶梯成本和曲线成本可按成本性态模型计算填列，不必修正

　　C. 评价和考核实际成本时往往需要按照插值法计算实际业务量下的预算成本

　　D. 便于计算任何业务量的预算成本

3. 甲公司正在编制下年度的生产预算，期末产品按照下季度销售量的10%安排，预计第一、二季度的销售量分别是150件、200件，假设本年度末产品存量为20件，则一季度的预计生产量是(　　)件。

　　A. 145 　　　　　B. 150 　　　　　C. 155 　　　　　D. 170

4. 全面预算编制的起点是(　　)。

　　A. 产品成本预算 　　　　　　　　B. 生产预算

　　C. 现金预算 　　　　　　　　　　D. 销售预算

5. 企业2016年预计全年的销售收入为5000万元，销售毛利率为20%，假定全年销售和采购都均衡进行，当期购买的存货当期付款，按年销售成本和年末存货计算的存货周转次数为4次，三季度末预计的存货为600万元,则第四季度预计采购现金流出为(　　)万元。

　　A. 2000 　　　　　B. 1400 　　　　　C. 600 　　　　　D. 无法计算

6. 公司预算表明，销售当季度收回货款60%，次季度收回货款35%，第三季度收回货款5%，预计年度期初应收账款金额为22 000元，其中包括上年度第三季度销售的应收账款4000元，第四季度销售的应收账款18 000元。则本年第一季度可以收回的期初应收账款为(　　)元。

　　A. 19 750 　　　　　B. 6500 　　　　　C. 22 000 　　　　　D. 无法计算

7. 企业本月支付当月货款的60%，支付上月货款的30%，支付上上月货款的10%，未支付的货款通过"应付账款"核算。已知7月份货款40万元，8月份货款50万元，9月份货款60万元，10月份货款100万元，则下列说法不正确的是(　　)。

　　A. 9月份支付55万元 　　　　　　B. 10月初的应付账款为29万元

　　C. 10月末应付账款为46万元 　　　D. 10月初应付账款为23万元

8. 下列各项预算中，不属于营业预算的是(　　)。

　　A. 销售预算 　　　　　　　　　　B. 生产预算

　　C. 产品成本预算 　　　　　　　　D. 长期资金筹措预算

9. 下列预算中，只使用实物量计算单位的预算是(　　)。

　　A. 现金预算 　　　　　　　　　　B. 资产负债表预算

　　C. 生产预算 　　　　　　　　　　D. 销售预算

10. 企业编制直接材料预算，预计第四季度期初存量为400千克,预计生产需求量为2000千克，预计期末存量为350千克，材料单价为10元。如果采购货款60%在本季度内支付、40%下季度支付，则该企业年末预计资产负债表中的"应付账款"为(　　)元。

　　A. 13 200 　　　　　B. 7800 　　　　　C. 22 000 　　　　　D. 12 600

11. 下列预算中，属于财务预算的是(　　)。

　　A. 销售预算 　　B. 生产预算 　　C. 产品成本预算 　　D. 资本支出预算

12. 公司机床修理费为半变动成本,机床运行 100 小时的维修费为 250 元,运行 150 小时的维修费为 300 元。则当机床运行 80 小时时,其维修费为( )元。

    A. 220   B. 230   C. 250   D. 200

13. 下列不会受到年度约束,预算期始终保持在一定时间跨度的预算方法是( )。

    A. 固定预算法   B. 弹性预算法   C. 定期预算法   D. 滚动预算法

14. 下列预算中,在编制时不需要以生产预算为基础的是( )。

    A. 变动制造费用预算   B. 销售费用预算

    C. 产品成本预算   D. 直接人工预算

15. 直接材料预算的主要编制基础是( )。

    A. 销售预算   B. 现金预算   C. 生产预算   D. 产品成本预算

16. 不需要另外预计现金支出和收入,直接参加现金预算汇总的预算是( )。

    A. 直接材料预算   B. 销售预算

    C. 直接人工预算   D. 期间费用预算

17. 下列预算中,不能既反映经营业务又反映现金收支内容的是( )。

    A. 销售预算   B. 生产预算

    C. 直接材料消耗和采购预算   D. 制造费用预算

18. 企业每季度销售收入中,本季度收到现金 60%,另外 40%要到下季度才能收回现金,如果预算年度的第四季度销售收入为 40 000 元,则预计资产负债表中年末"应收账款"项目金额为( )元。

    A. 16 000   B. 24 000   C. 40 000   D. 20 000

19. 下列各项中,没有直接在现金预算中得到反映的是( )。

    A. 期初、期末现金余额   B. 现金筹措及运用

    C. 预算期产量和销量   D. 预算期现金余缺

20. 企业按弹性预算方法编制费用预算,预算直接人工工时 50 000 小时,变动成本为 400 000 元,固定成本为 150 000 元,总成本费用为 550 000 元。如果预算直接人工工时为 60 000 小时,则总成本费用为( )元。

    A. 660 000   B. 700 000   C. 630 000   D. 900 000

二、多选题

1. 与增量预算相比,零基预算的优点是( )。

    A. 编制工作量小

    B. 可以重新审视现有业务的合理性

    C. 可以避免前期不合理费用项目的干扰

    D. 可以降低各部门降低费用的积极性

2. 按照出发点的特征不同,预算方法可分为( )。

    A. 增量预算   B. 定期预算   C. 零基预算   D. 滚动预算

3. 相对于固定预算而言,弹性预算的优点有( )。

    A. 预算编制成本低   B. 预算工作量小

    C. 扩大了预算的适用范围   D. 便于预算执行的评价和考核

4. 某批发企业销售甲商品，第三季度各月预计的销售量分别为1000件、1200件和1100件，企业计划每月月末商品存货量为下月销售量的20%，下列各项中正确的有(　　)。

    A. 8月份期初存货为240件 　　　　B. 8月份采购量为1180件

    C. 8月份期末存货为220件 　　　　D. 第三季度采购量为3300件

5. 编制生产预算中的"预计生产量"项目时，需要考虑的因素有(　　)。

    A. 预计销售量 　　　　　　　　　B. 预计期初产成品存货

    C. 预计材料采购量 　　　　　　　D. 预计期末产成品存货

6. 编制产品成本预算时，需要考虑的预算包括(　　)。

    A. 生产预算 　　　　　　　　　　B. 直接材料预算

    C. 直接人工预算 　　　　　　　　D. 制造费用预算

7. 下列各项中，不是以生产预算为基础编制的是(　　)。

    A. 直接材料预算 　　　　　　　　B. 直接人工预算

    C. 销售费用预算 　　　　　　　　D. 固定制造费用预算

8. 下列各项中能够在现金预算中反映的是(　　)。

    A. 期初现金余额 　　　　　　　　B. 现金收支

    C. 现金筹措和运用 　　　　　　　D. 产品成本预算

9. 关于营业预算的计算公式中，正确的是(　　)。

    A. 本期生产量=本期销售量+期末产品存量-期初产品存量

    B. 本期购货付现=本期购货付现部分+以前赊销本期付现部分

    C. 本期材料采购数量=本期生产耗用数量+期末材料存量-期初材料存量

    D. 本期销售收到的现金=本期收入+期末应收账款-期初应收账款

10. 下列预算中，通常属于短期预算的是(　　)。

    A. 资产负债表预算 　　　　　　　B. 直接材料预算

    C. 资本支出预算 　　　　　　　　D. 现金用预算

三、计算分析题

1. A公司是一家零售商，正在编制12月份的预算，有关资料如下。

(1) 预计2016年11月30日资产负债表如表7-12所示。

表7-12　A公司资产负债表

单位：万元

资　产	金　额	负债及股东权益	金　额
现金	22	应付账款	162
应收账款	76	应付利息	11
存货	132	银行借款	120
固定资产	770	实收资本	700
		未分配利润	7
资产合计	1000	负债及股东权益合计	1000

(2) 销售收入预计：2016年11月200万元，12月220万元；2017年1月230万元。

(3) 销售收现预计：销售当月收回 60%，次月收回 38%，其余 2%无法收回(坏账)。

(4) 采购付现预计：销售商品的 80%在前一个月购入，销售商品的 20%在当月购入；所购商品的进货款项，在购买的次月支付。

(5) 预计 12 月份购置固定资产需支付 60 万元；全年折旧费 216 万元；除折旧外的其他管理费用均须用现金支付，预计 12 月份为 26.5 万元；12 月月末归还一年前借入的到期借款 120 万元。

(6) 预计销售成本率为 75%。

(7) 预计银行借款年利率为 10%，还款时支付利息。

(8) 企业最低现金余额为 5 万元；预计现金余额不足 5 万元时，在每月月初从银行借入，借款金额是 1 万元的整数倍。

(9) 假设公司按月计提应计利息和坏账准备。

要求：计算下列各项的 12 月份预算金额。

(1) 销售收回的现金、进货支付的现金、本月新借入的银行借款。

(2) 现金、应收账款、应付账款、存货的期末余额。

(3) 税前利润。

2. M 公司生产经营甲产品，预计全年 1~4 季度的产品需求量分别为 120 件、130 件、150 件、140 件，每件产品需要 A 材料 10 千克，第一季度材料期初存量为 80 千克，上年第四季度材料生产耗用量为 1000 千克，预计期末材料存货量为上一季度生产耗用量的 10%，单位材料购买价格为 20 元，供应商的要求付款条件为当季度支付 60%，下季度付款 40%，年初有应付账款 10 000 元，其中上年第三季度形成的应付账款为 4000 元，上年第四季度形成的应付账款为 6000 元。

要求：完成下列直接材料预算表(见表 7-13)。

表 7-13　直接材料预算表

项　目	季　度				全　年
	一	二	三	四	
产品生产数量/件					
单位产品材料用量/千克·件$^{-1}$					
生产耗用数量/千克					
加：期末存量/千克					
合计/千克					
减：期初存量/千克					
材料采购总量/千克					
材料采购单价/元·千克$^{-1}$					
材料采购金额/元					
预计现金流出/元					
上期应付账款/元					
第一季度付款/元					

项 目	季 度				全 年
	一	二	三	四	
第二季度付款/元					
第三季度付款/元					
第四季度付款/元					
合计/元					

3. 企业 2017 年预算资料如下。

(1) 该企业 2 月份至 6 月份的销售收入为 300 000 元、400 000 元、500 000 元、600 000 元和 700 000 元；各月的销售收入中，当月收现 60%、下月收现 30%、下下月收现 10%。

(2) 各月直接材料采购金额按下月销售收入的 60% 计算，所购材料款当月支付现金 50%，下月支付现金 50%。

(3) 该企业 4～5 月份的制造费用分别是 40 000 元和 57 000 元，其中包括非付现费用每月 10 000 元；4～5 月销售费用分别为 25 000 元和 35 000 元，每月非付现销售费用均为 5000 元。4～5 月管理费用均为 50 000 元，其中包括非付现费用均为 20 000 元。

(4) 该企业 4 月份购置固定资产需要现金 15 000 元。

(5) 该企业现金不足时，向银行借款(借款额为 1000 元的整数倍)；现金多余时，归还银行借款(还款额也是 1000 元的整数倍)；借款在期初，还款在期末，借款年利率为 12%，每月末支付利息。

(6) 企业月末现金余额的范围为 6000～7000 元。

(7) 其他资料如表 7-14 所示。

表 7-14 2017 年 4～5 月现金预算

单位：元

项 目	月 份	
	4 月	5 月
期初现金余额		
销售现金收入		
可供使用现金		
减：各项支出		
直接材料		
直接人工		
制造费用		
销售费用		
管理费用		
所得税费用		
购买设备		
股利支付		

项　目	月　份	
	4月	5月
现金支出合计		
现金多余或不足		
向银行借款		
还银行借款		
支付借款利息		
期末现金余额		

要求：根据以上资料完成企业 2017 年 4～5 月份现金预算编制工作。

四、思考题

1. 全面预算体系是怎样构成的？各组成部分之间的关系如何？

2. 全面预算有何作用？

3. 如何编制弹性预算、零基预算和滚动预算？其优缺点是什么？

4. 怎样编制销售预算？为什么说销售预算是编制全面预算的基础和关键？

5. 什么是现金预算，其组成内容是什么？

第八章

标准成本控制

【学习要点及目标】

- 了解成本控制的意义及基本原则。
- 理解标准成本法的作用和成本差异的分类。
- 掌握标准成本的制定。
- 掌握各种成本差异的计算和分析。

【核心概念】

成本控制　标准成本　成本差异

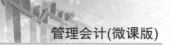

【引导案例】 中石化西北油田分公司的成本控制系统

第一节 成本控制概述

一、成本控制的含义

成本控制是指企业通过技术、经济、管理等一系列方法降低成本、改善成本结构的活动，是成本管理的核心。

成本控制的概念有广义和狭义之分。狭义的成本控制是指通过在生产过程中使用一定方法对构成产品成本的各种耗费进行核算、控制和监督，将成本费用消耗限定在计划、预算的范围内，以达到成本降低目标的管理行为。可见狭义的成本控制主要是指对生产阶段成本的控制。广义的成本控制是实现企业经营的各方面成本得到有效控制，各阶段所有成本的管控、成本规划、成本核算、成本分析和成本考核构成成本管理的主要内容。

二、成本控制的意义

1. 通过成本控制降低企业成本

降低成本是成本控制最直接的目的，成本控制可以通过两种方式实现：一种是技术创新，即采用新设备、新工艺、新设计、新材料，降低成本发生的基础，改善影响成本的结构性因素；另一种是组织管理，即通过管理控制提高生产效率，降低消耗。成本降低会降低盈亏平衡点，扩大安全边际，减少资金占用，降低社会消耗，为企业扩大再生产创造条件。

2. 通过成本控制增加企业利润

增加利润是企业经营的目标之一，成本降低与收入增加都是增加利润的方式，但从控制的难易程度上来说，相较于收入受到市场、供需、经济水平等外部条件的制约，企业对成本的控制能动性更高一些。成本是产品的主要价值来源，成本与质量、价格、销量等因素相互关联，在成本控制时企业既要考虑实现成本降低这一目标，又要考虑维系质量、稳定价格、扩大市场的需要，从而提高经济效益、增加利润。

3. 通过成本控制提高企业竞争力

在激烈的市场竞争中，企业为了抵抗内外压力，提高竞争力，需要制定相应的发展战略，取得竞争优势的战略有低成本战略和差异化战略。低成本战略就是依靠成本控制降低成本，提高产品竞争力。差异化战略就是通过对成本管理的过程，优化成本结构，实现流程再造。成本控制可以打造企业竞争优势，增强市场竞争力。

三、成本控制的原则

1. 全面控制原则

成本控制关系到企业管理的各方面，需要统筹兼顾。在成本控制中要坚持实施全过程、全方面、全部员工参与的成本控制。全过程控制是在成本形成的全部过程对成本进行控制，包括事前成本的预测、计划、决策，事中成本的实施、审核、监督，事后成本的考核、分析、奖惩，都属于成本控制的内容。全方面控制是对构成成本的全部费用加以控制，包括各种资源的耗用和相关费用的开支。全员的控制是充分调动全体员工参与成本控制的积极性。

2. 经济效益原则

降低成本不是成本控制的最终目标，成本控制是通过对成本的管控提高企业经济效益，所以成本控制的目标是以最小的消耗实现最大的效益，是成本的相对节约，因而优化工艺、更新技术、提高质量、协调生产等管理工作都应该包含在成本控制过程中，特别是对降低成本和满足生产经营需要之间的权衡取舍也是深化成本控制的关键问题。

3. 例外管理原则

成本控制工作既要全面控制，又要突出重点，这里的重点就是成本管理的例外事项，如金额较大或性质重要的成本差异。对例外事项导致的差异，要认真研究其产生的原因和责任主体，对不利因素及时调整、改善，防止影响成本控制的不利事项发生。

【阅读资料 8-1】 四大环节加强制造业企业成本控制。

第二节　标准成本控制系统

一、标准成本控制系统的含义及产生背景

标准成本控制系统，又称标准成本制度或标准成本会计，是西方管理会计的重要组成部分，是指以标准成本为核心，通过标准成本的制定、执行、核算、控制、差异分析等一系列有机结合的环节，将成本的核算、控制、考核、分析融为一体，实现成本管理目的的一种成本管理制度。它的核心内容是按标准成本记录和反映产品成本的形成过程和结果，并借以实现对成本的控制。

标准成本控制产生于 20 世纪 20 年代的美国，是早期管理会计的主要支柱之一。美国工业在南北战争以后有很大的发展，许多工厂发展成为生产多种产品的大企业。但是由于

企业管理落后，劳动生产率较低，许多工厂的产量大大低于额定生产能力。为了改进管理，一些工程技术人员和管理者进行了各种试验，他们努力把科学技术的最新成果应用于生产管理中，大大提高了劳动生产率，并因此而形成了一套科学管理制度。

为提高工人的劳动生产率，他们首先改革了工资制度和成本计算方法，以预先设定的科学标准为基础，发展奖励计件工资制度，采用标准人工成本的概念，此后又把标准人工成本概念引申到标准材料成本和标准制造费用等。最初的标准成本计算是独立于会计系统之外的一种计算工作。1919 年美国管理会计师协会成立，对推广标准成本曾起了很大的作用。1920 年至 1930 年，美国会计学界经过长期争论，最终把标准成本纳入了会计系统，从此出现了真正的标准成本会计制度。起初仅是被用于成本控制，现在已与企业的全面预算编制、业绩评价与考核、责任会计实施相结合，成为核算与控制综合运用的成本管理的重要工具。

二、标准成本的概念及种类

(一)标准成本的概念

标准成本，是指按照成本项目反映的、在已经达到的生产技术水平和有效经营管理条件下，应当发生的单位产品目标成本。标准成本是通过调查研究、技术测定的方法制定的，在正常生产和经营条件下能达到的目标成本，是评价实际成本、衡量效率的依据和尺度。

标准成本是目标成本的一种形式。目标成本管理是目标管理的重要组成部分，而制定目标成本是推行目标成本管理必不可少的基础。推行目标成本管理可以促使企业加强成本管理，推动全体职工人人关心成本，从而能够更好地贯彻经济责任制，进一步降低成本。

目标成本是一种预计成本，是指产品、劳务、工程项目等在生产经营活动前，根据预定的目标所预先制定的成本。这种预计成本与目标管理的方法结合起来，就称为目标成本。目标成本一般指单位成本，它包括计划成本、定额成本、标准成本和估计成本等，而标准成本相对来讲是一种较科学的目标成本。

标准成本与计划成本、定额成本是有区别的。计划成本是根据计划消耗定额计算的，表示计划期预定成本；定额成本是根据使用的定额计算的，企业应通过各项措施，有步骤地降低现行定额，以求达到计划中所规定的成本水平；标准成本是通过制定消耗量标准和价格标准，然后根据产品的消耗量标准和价格标准计算出来的。

标准成本不同于预算成本，标准成本是一种单位的概念，它与单位产品相联系；而预算成本往往是一种总额的概念，它建立在一定业务量的基础上。

(二)标准成本的种类

在制定标准成本时，由于依据的生产技术和管理水平等条件不同，单位产品可以达到的标准成本也不同，一般可以获得以下几种标准成本。

1. 理想标准成本

理想标准成本是一种理论上的标准，是指在现有生产技术水平和经营管理条件下，能达到的最优的成本水平。在理想标准成本中，不存在生产浪费、机器故障、人为失误，是最完美的经营下的标准成本。由于理想标准成本要求严格，难以达到，它往往被作为企业奋斗的目标和努力的方向，在实际中企业很少采用。

2. 正常标准成本

正常的标准成本是以过去一个年度或前期实际发生的成本为依据制定的标准成本。这种成本方法使标准成本制定具有历史依据，增强了标准成本的可比性。一般情况下，除非生产技术和组织结构发生了重大变化，否则已经确定的标准往往保持长期不变，相对稳定。这种标准成本的缺点是水平较低，不宜作为企业未来成本控制的奋斗目标。

3. 现实标准成本

现实标准成本是现实条件下，企业通过努力可以实现的标准成本。它是在预计生产水平和生产效率下，通过有效的经验管理活动可以达到的标准成本。这种标准成本具有客观性、激励性，在实际工作中，很多企业以此作为标准成本。

三、标准成本的作用

1. 标准成本是成本控制的依据

评价成本控制工作需要一个合适的标准，标准成本是企业客观衡量实际成本水平的尺度。企业各成本责任主体，可以根据标准成本，对资源消耗和人工耗费进行合理的安排和控制，也可以对比较实际发生成本与标准成本后得到的成本差异追根溯源，消除不利差异，实现成本控制目标。

2. 标准成本有助于预算控制

在预算编制过程中，成本预算的关键是取得生产、供应、销售等环节的消耗定额，之后再将其与预算产量销量相乘，才能确定总预算数，这里的消耗定额可以直接使用标准成本，另外全面预算管理的控制也是以此作为管理依据的。

3. 标准成本是经营决策的依据

标准成本在企业经营决策方面使用广泛，企业常常利用标准成本提供的成本信息，在决策备选方案中比较和择优。比如在产品的定价决策中，可以在标准成本基础上加上利润确定价格。在投资决策中，标准成本可以作为成本支出的现金流量来分析投资合理性。

四、标准成本的构成

企业的成本项目一般包括直接材料、直接人工、制造费用。标准成本一般也按照直接材料、直接人工、制造费用三个项目分别制定，但是无论是哪个项目的标准成本，都是由数量标准和价格标准两部分构成的。

数量标准是反映消耗资源数量的指标，在直接材料中表现为材料标准消耗量，在直接人工中表现为人工用量，在制造费用中是制造费用的用量标准。价格标准是反映消耗的资源单价的指标，对不同成本项目来讲，直接材料价格标准是材料的计划价格，直接人工价格标准是工资率水平，制造费用价格标准是制造费用分配率。而某个成本项目的标准成本等于该项目的数量标准乘以价格标准。

五、成本差异的分类

成本差异是指为生产一定数量产品而发生的实际成本与标准成本之间的差额。成本差异是实际成本偏离标准成本的金额。

成本差异按照构成成本的项目可分为直接材料成本差异、直接人工成本差异和制造费用成本差异，是各个项目实际成本与标准成本的偏差。

成本差异按照数量特征分为有利差异和不利差异。有利差异是当实际成本小于标准成本时形成的节约差异，不利差异是指实际成本大于标准成本时形成的超支差异。但是有利与不利仅反映差异产生的方向，并不具有经济含义。

成本差异按照标准成本内容分为数量差异和价格差异。数量差异是指各成本要素的实际用量消耗与标准用量消耗的差异。价格差异是各要素的实际价格水平与标准价格的差异。

成本差异分析是企业管理成本的手段之一，通过分析，揭示出实际成本耗费与标准不同的原因，特别是实际经营中存在的不足或者需要修补的标准，是企业成功实施成本控制的保障。标准成本都是由数量标准和价格标准决定的，那么差异分析也是从这两方面入手的。我们将在之后的章节中详述。

【阅读资料8-2】 邯钢成本控制型预算管理分析。

第三节 标准成本的制定

一、标准成本法的内容

标准成本法的主要内容包括：标准成本的制定、成本差异的计算和分析。其中标准成本的制定是采用标准成本法的前提和关键，借此可以达到成本事前控制的目的；成本差异计算和分析是标准成本法的重点，借此可以促成成本控制目标的实现，并据以进行经济业绩考评。

产品成本一般由直接材料、直接人工和制造费用三大部分构成，标准成本也应由这三大部分分别确定，其基本公式为：

$$单位产品标准成本 = 直接材料标准成本 + 直接人工标准成本$$
$$+ 制造费用标准成本 \qquad 公式(8.3.1)$$
$$某一成本项目标准成本 = 该项目价格标准 \times 该项目数量标准 \qquad 公式(8.3.2)$$

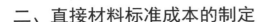

二、直接材料标准成本的制定

　　直接材料的标准成本是生产单位产品所消耗的直接材料成本的标准，由直接材料的数量标准和价格标准来确定。数量标准是在现有生产技术条件下，制造单位产品耗用的材料的数量，包括构成产品的直接物料，以及在生产过程中必要的损耗和无法避免的损失。直接材料的数量标准可以借鉴工艺标准、历史经验、生产人员的意见来共同确定，一般会以科学的调查统计、专业的技术分析为基础进行核算确定。

　　直接材料的价格标准是以材料合同价格为依据，考虑未来市场变化因素后分类计算的材料的计划单价，包括买价、运杂费、装卸费、检验费、合理内损耗等。价格标准的制定需要采购部门按供应商的价目表提供各种材料的基础价格，由财务部门核准。

　　在直接材料标准成本的制定过程中，首先需要区分构成产品的材料的种类；其次，按照材料种类分别确定单位产品中的标准数量和标准价格；再次，按材料种类逐一计算各种材料的标准成本；最后，将各类材料标准成本汇总得到直接材料标准成本。计算公式为：

　　　　直接材料标准成本 $= \sum$(某种材料数量标准×该材料价格标准)　　　公式(8.3.3)

　　【例 8-1】长城公司生产甲产品，需要耗用 A、B、C 三种直接材料，其标准成本计算如表 8-1 所示。

表 8-1　直接材料标准成本计算表

项　目		标　准		
		A	B	C
数量标准	设计用量/吨·件⁻¹	40	12	25
	正常耗损/吨·件⁻¹	1	0.5	1
	单位产品标准用量/吨·件⁻¹	41	12.5	26
价格标准	买价/元·吨⁻¹	10	9	12
	运杂费/元·吨⁻¹	2	1	3
	标准价格/元·吨⁻¹	12	10	15
	标准成本=数量标准×价格标准/元·件⁻¹	492	125	390
	直接材料标准成本=∑各项标准成本/元·件⁻¹	1007		

三、直接人工标准成本的制定

　　直接人工标准成本是生产单位产品所花费的人工成本标准，由直接人工的数量标准和价格标准决定。数量标准是指在现有的生产技术条件下，生产单位产品所消耗的必要劳动时间。直接人工数量标准需要由生产部门、人力资源部门根据动作研究、经验和技术测定共同确定，包括生产加工工时、必要的停工和间歇所需工时。

　　直接人工价格标准也就是标准工资率，是指单位时间所分配的工资费用，这由人事部门根据相关工资制度来确定。标准工资率有计时工资率和计件工资率之分，而在标准成本的制

定中多采用计时工资率,因为计件工资本身就是直接人工的标准成本。相关计算公式如下:

$$标准工资率=标准工资总额÷标准总工时 \qquad 公式(8.3.4)$$

$$直接人工标准成本=工时消耗标准×工资率标准 \qquad 公式(8.3.5)$$

【例8-2】长城公司甲产品直接人工标准成本计算如表8-2所示。

表8-2　直接人工标准成本计算表

项　目		标　准
价格标准	月标准总工时/小时	7800
	月标准总工资/元	168 480
	标准工资率/元·小时$^{-1}$	21.6
数量标准	产品加工时间/小时·件$^{-1}$	2
	设备调整准备时间/小时·件$^{-1}$	0.5
	单位产品标准工时/小时·件$^{-1}$	2.5
	直接人工标准成本=数量标准×价格标准/元·件$^{-1}$	54

四、制造费用标准成本的制定

制造费用标准成本是在现有的生产技术条件下,生产单位产品中耗用的除直接材料、直接人工以外的其他费用的标准,包括间接材料费、人工费、维修费、折旧费等费用。制造费用的构成中,有的费用是随着产量变化而呈比例变化的,属于变动性制造费用;有的不随产量变化,相对固定,属于固定性制造费用。在制定制造费用标准成本时需要区分这两类成本制定标准。

1. 变动制造费用标准成本

变动制造费用,例如燃料动力等辅助材料费和维修费,总额随着产量增减而变化。标准成本是由数量标准和价格标准决定的。数量标准用工时耗用标准表示,含义与直接人工数量标准一致。价格标准是制造费用的分配率标准。计算公式如下:

$$变动制造费用分配率标准=变动制造费用总额÷标准总工时 \qquad 公式(8.3.6)$$

$$变动制造费用标准成本=工时耗用标准×变动制造费用分配率标准 \qquad 公式(8.3.7)$$

2. 固定制造费用标准成本

固定制造费用,例如折旧费、办公费、车间管理人员工资,不随产量变化。其标准成本也是由数量标准和价格标准决定的。数量标准与变动制造费用的一样,也是单位产品的工时标准。价格标准是制造费用的分配率标准。固定制造费用通常采用预算控制的管理方法,事先编制费用预算,再将预算数作为费用总额进行分配。

$$固定制造费用分配率标准=固定制造费用预算总额÷标准总工时 \qquad 公式(8.3.8)$$

$$固定制造费用标准成本=工时耗用标准×固定制造费用分配率标准 \qquad 公式(8.3.9)$$

【例8-3】长城公司甲产品制造费用标准成本计算如表8-3所示。

表8-3　制造费用标准成本计算表

项　目		标　准
工时	月标准总工时/小时	7800
	单位产品工时标准/小时·件$^{-1}$	2.5
变动制造费用	标准变动制造费用总额/元	56 160
	标准变动制造费用分配率/元·小时$^{-1}$	7.2
	变动制造费用标准成本/元·件$^{-1}$	18
固定制造费用	固定制造费用预算总数/元	84 240
	标准固定制造费用分配率/元·小时$^{-1}$	10.8
	固定制造费用标准成本/元·件$^{-1}$	27
制造费用标准成本/元·件$^{-1}$		45

【阅读资料8-3】　上海宝山钢铁集团的预算成本控制。

第四节　成本差异的计算与分析

一、直接材料成本差异计算与分析

直接材料成本差异是在同样产量下，直接材料实际成本与直接材料标准成本的差异。其按差异形成的原因可分解为直接材料数量差异和直接材料价格差异。

直接材料成本差异=实际总成本-实际产量下标准成本

　　　　　　　　=实际用量×实际价格-实际产量下标准用量×标准价格

　　　　　　　=直接材料数量差异+直接材料价格差异　　　　　　公式(8.4.1)

直接材料数量差异=(实际用量-实际产量下标准用量)×标准价格　　公式(8.4.2)

直接材料价格差异=实际用量×(实际价格-标准价格)　　　　　　公式(8.4.3)

由此可见，产品设计、原材料质量、工人熟练程度、废品率等都会导致直接材料数量差异，具体责任要经过具体分析，但主要是生产部门的原因。原材料市场、供应商、采购批量等变动都会产生直接材料价格差异，因此它与采购部门关系密切。

【例8-4】红叶公司生产的某类产品耗用甲材料，标准价格为45元/吨，标准用量为3吨/件，本月投产该产品800件，领用甲材料3200吨，实际价格为42元/吨。直接材料成本差异计算分析如下：

直接材料成本差异=3200×42-800×3×45=26 400(元)　　　　(超支)

直接材料数量差异=(3200-800×3)×45=36 000(元)　　　　　(超支)

直接材料价格差异=3200×(42-45)=-9600(元)　　　　　　(节约)

由上可知，本月耗用材料发生 26 400 元超支。这是由于生产耗用材料超过标准，超支 36 000 元，此时应进一步分析超支原因，以便改进工作。对材料价格来讲，采购价格低于标准，节约 9600 元成本，抵销了用量超标的部分成本超支，这是采购部门的工作成绩。

二、直接人工成本差异计算与分析

直接人工成本差异是在同样产量下，直接人工实际总成本与直接人工标准成本的差异。其按差异形成的原因可分解为直接人工效率差异和直接人工工资率差异。

直接人工成本差异=实际总成本-实际产量下标准成本

=实际工时×实际工资率-实际产量下标准工时×标准工资率

=直接人工效率差异+直接人工工资率差异   公式(8.4.4)

直接人工效率差异=(实际工时-实际产量下标准工时)×标准工资率   公式(8.4.5)

直接人工工资率差异=实际工时×(实际工资率-标准工资率)   公式(8.4.6)

直接人工效率差异一般是由工人技术水平、工作环境、设备条件等导致的，主要责任主体是生产部门。工资率差异是与人力资源管理相关的，工资制度、工人定级、员工配置等都会导致工资率差异。

【例 8-5】红叶公司标准工资率为 20 元/小时，标准工时为 1.5 小时/件。本月生产 800 件，用工 1000 小时，实际支付生产线工人工资 22 000 元。直接人工差异计算分析如下：

直接人工成本差异=22 000-800×20×1.5=-2000(元)   (节约)

直接人工效率差异=(1000-800×1.5)×20=-4000(元)   (节约)

直接人工工资率差异=(22 000÷1000-20)×1000=2000(元)   (超支)

由上可知，直接人工总成本节约 2000 元。人工效率差异节约 4000 元，说明生产效率提高，使工时耗用低于标准。但是工资率超支，大概是由于使用了工资级别高、技术水平高的工人从事要求低的工作。

三、变动制造费用成本差异计算与分析

变动制造费用成本差异是指实际变动制造费用与标准变动制造费用之间的差异。它是由变动制造费用耗费差异和变动制造费用效率差异组成的。

变动制造费用成本差异=实际总变动制造费用-标准变动制造费用

=实际工时×变动制造费用实际分配率-实际产量下标准工时×变动制造费用标准分配率

=变动制造费用效率差异+变动制造费用耗费差异   公式(8.4.7)

变动制造费用效率差异=(实际工时-实际产量下标准工时)×变动制造费用标准分配率

变动制造费用耗费差异=实际工时×(变动制造费用实际分配率-变动制造费用标准分配率)

公式(8.4.8)

效率差异是数量差异，耗费差异是价格差异。变动制造费用效率差异产生的原因与直接人工效率差异原因是一致的，而耗费差异原因就比较多样。

【例 8-6】红叶公司标准变动制造费用分配率为 3.6 元/小时，工时标准是 1.5 小时/件，

本月生产产品 800 件，用 1000 小时，实际发生变动制造费用 4000 元，则变动制造费用成本差异计算分析如下：

变动制造费用成本差异=4000-800×1.5×3.6=-320(元)　　　　(节约)

变动制造费用效率差异=(1000-800×1.5)×3.6=-720(元)　　　　(节约)

变动制造费用耗费差异=(4000÷1000-3.6)×1000=400(元)　　　(超支)

由上可知，变动制造费用节约 320 元，这是由于提高效率，导致工时耗费少了，但由于费用分配率增大了，使费用超支了，故应进一步查明费用分配率提高的具体原因。

四、固定制造费用成本差异计算与分析

固定制造费用成本差异是指实际产量下固定性制造费用的实际发生额与标准发生额之间的差异。但是由于固定制造费用属于固定成本，实际产量和预算产量的差异会影响单位分配的固定制造费用，所以固定制造费用成本差异由固定制造费用效率差异、耗费差异和生产能力利用差异组成。效率差异是指由生产效率引起的固定制造费用的差异。耗费差异也叫开支差异，是实际开支固定制造费用与预算数之间的差异。生产能力利用差异也叫产能差异，是指由于生产能力利用程度不同形成的固定制造费用差异。

固定制造费用成本差异=实际固定制造费用-标准固定制造费用

=效率差异+耗费差异+产能差异　　　　　公式(8.4.9)

标准分配率=固定制造费用预算总额÷预算产量下的标准工时　公式(8.4.10)

效率差异=(实际产量实际工时-实际产量标准工时)×标准分配率　公式(8.4.11)

产能差异=(预算产量标准工时-实际产量实际工时)×标准分配率　公式(8.4.12)

耗费差异=实际固定制造费用-预算产量下标准固定制造费用

=实际固定制造费用-预算产量×标准工时×标准分配率　公式(8.4.13)

【例 8-7】红叶公司中，固定制造费用标准分配率为 12 元/小时，工时标准 1.5 小时/件。产品预算产量 1040 件，实际生产 800 件，开工 1000 小时，发生固定制造费用 19 000 元。其固定制造费用成本差异计算分析如下：

固定制造费用成本差异=19 000-800×1.5×12=4600(元)　　(超支)

效率差异=(1000-800×1.5)×12=-2400(元)　　　　　　　　(节约)

产能差异=(1040×1.5-1000)×12=6720(元)　　　　　　　　(超支)

耗费差异=19 000-1040×1.5×12=280(元)　　　　　　　　　(超支)

本例中，固定制造费用超支 4600 元，主要是产能利用不足，形成产能的浪费，实际产量小于预计产量所致。计算产能差异后能更清晰地说明产能和效率导致的成本差异的情况，有利于分清责任。

【阅读资料 8-4】　某公司实施标准成本法。

本 章 小 结

成本控制与管理是企业整个经营活动中不可或缺的一个重要方面。成本控制应遵循全面性原则、责权利相结合原则、目标管理原则、例外管理原则和经济性原则。为了使成本控制有效进行，必须做好几个方面的基础工作，包括明确划分责权、实行分级归口管理、制定切实可行的成本控制标准、搞好成本的日常核算工作等方面。

标准成本法是通过制定标准成本，将标准成本与实际成本进行比较获得成本差异，并对成本差异进行因素分析，再据以加强成本控制的一种成本管理方法。

直接材料差异包括数量差异和价格差异；直接人工差异包括效率差异和人工工资率差异；变动制造费用差异包括效率差异和耗费差异。

自 测 题

一、单选题

1. 以下成本中，在制定标准成本时经常采用的是(　　)。
    A. 正常标准成本　　　　　　　　　B. 理想标准成本
    C. 现实标准成本　　　　　　　　　D. 稳定标准成本

2. 由于成本项目的实际用量与标准用量不同而导致的成本差异为(　　)。
    A. 用量差　　　　B. 价格差　　　　C. 数量差异　　　　D. 价格差异

3. 标准成本中，成本差异是指一定期间生产一定数量产品所发生的(　　)。
    A. 实际成本与标准成本之差　　　　B. 预算成本与标准成本之差
    C. 实际成本与计划成本之差　　　　D. 预算成本与实际成本之差

4. 实际固定制造费用与预算差异称为(　　)。
    A. 效率差异　　　B. 能量差异　　　C. 预算差异　　　D. 生产能力利用差异

5. 标准成本制度的前提和关键是(　　)。
    A. 标准成本的制定　　　　　　　　B. 成本差异的计算
    C. 成本差异的分析　　　　　　　　D. 成本差异的账务处理

6. 在成本差异分析中，变动制造费用效率差异性质相当于(　　)。
    A. 直接材料成本差异　　　　　　　B. 直接材料价格差异
    C. 直接人工效率差异　　　　　　　D. 直接人工工资率差异

7. 企业本月生产甲产品 8000 件，实际耗用 A 材料 32 000 千克，其实际价格为每千克 40元。该产品 A 材料的用量标准为每件 3 千克，标准价格为每千克 45 元，其直接材料数量差异为(　　)元。
    A. 360 000　　　　B. 320 000　　　　C. 200 000　　　　D. -160 000

8. 固定制造费用开支差异是指固定制造费用的实际金额与固定制造费用的(　　)之间的差额。

A. 预算金额　　　B. 历史金额　　　C. 标准金额　　　D. 计划金额

9. 通常应对不利的材料价格差异负责的部门是(　　)。

　　A. 质量控制部门　　　　　　　　　B. 采购部门

　　C. 工程设计部门　　　　　　　　　D. 生产部门

10. 某公司月成本考核例会上，各部门经理正在讨论、认定直接人工效率差异的责任部门。根据你的判断，该责任部门应是(　　)。

　　A. 生产部门　　　B. 销售部门　　　C. 供应部门　　　D. 管理部门

二、多选题

1. 下列属于成本控制的原则的有(　　)。

　　A. 例外管理原则　　　　　　　　　B. 客观性原则

　　C. 全面控制原则　　　　　　　　　D. 经济效益原则

2. 标准成本中，变动性制造费用成本差异包括(　　)。

　　A. 耗费差异　　　B. 效率差异　　　C. 开支差异　　　D. 预算差异

3. 下列属于标准成本控制系统的有(　　)。

　　A. 标准成本的制定　　　　　　　　B. 成本差异的计算

　　C. 成本差异的分析　　　　　　　　D. 成本预算的编制

4. 可以套用"数量差异"和"价格差异"模式的成本项目是(　　)。

　　A. 直接材料　　　　　　　　　　　B. 直接人工

　　C. 变动制造费用　　　　　　　　　D. 固定制造费用

5. 下列关于固定制造费用差异的表述中，正确的有(　　)。

　　A. 在考核固定制造费用的耗费水平时以预算数作为标准，不管业务量是增加还是减少，只要实际数额超过预算即视为耗费过多

　　B. 固定制造费用闲置能力差异是生产能力与实际产量的标准工时之差与固定制造费用标准分配率的乘积

　　C. 固定制造费用差异的高低取决于两个因素：生产能力是否被充分利用、已利用生产能力的工作效率

　　D. 固定制造费用能力差异是生产能力与实际产量实际工时之差与固定制造费用标准分配率的乘积

三、计算分析题

1. 生产 A 产品需要直接材料 B，生产 A 产品 1000 台，共耗用 B 材料 9000 吨，B 材料的实际价格是每吨 200 元，标准价格为每吨 210 元，单位 A 产品的 B 材料标准用量 10 吨。

要求：进行直接材料成本差异分析。

2. 生产甲产品 300 件，实际耗用人工 4000 小时，实际工资总额 40 000 元，标准工资率为每小时 7.5 元，单位产品工时耗用标准为 13 小时。

要求：进行直接人工成本差异分析。

3. 本期变动制造费用标准工时为 1800 小时，标准分配率为 0.25 元/小时，实际耗用工时 2000 小时，实际发生变动制造费用 510 元。

要求: 进行变动制造费用差异分析。

4. 本期预算固定制造费用为 5000 元,预算工时为 2000 小时,实际耗用工时 1400 小时,实际固定制造费用为 5600 元,标准工时为 2100 小时。

要求: 进行固定制造费用成本差异分析。

四、思考题

1. 什么是标准成本? 如何制定产品的标准成本?

2. 为什么标准成本法能够提供更为详细的控制信息?

3. 什么是成本差异? 成本差异有哪些类型?

4. 分析材料用量差异形成的原因和控制的方法。

5. 成本差异是越大越好吗? 为什么?

第九章

存货控制

【学习要点及目标】

- 了解存货控制的含义和内容。
- 熟练掌握存货订货批量相关思想和概念。
- 掌握最优订货批量推导原理与决策方法。
- 掌握经济订货批量基本模型的扩展。
- 了解零存货管理的基本思想,思考适时制存货管理的问题与对策。

【核心概念】

取得成本　储存成本　缺货成本　经济订货量　保险储备　零存货

【引导案例】 海澜之家的存货决策

第一节 存货控制概述

一、存货的意义

存货是企业在日常活动中持有的以备出售或耗用的一项重要资产。企业的原料、在产品、半成品、产成品、库存商品、包装物、低值易耗品、委托加工物资都属于存货。存货是企业生产经营的必备资源和基本条件，即便是零存货也不代表完全没有存货，而是指存货一直处于在供产销各环节中流动周转的状态，而不是静态地储存于仓库中，因而存货对所有企业来讲都是必不可少的经济资源。存货是连接产品生产和销售的纽带，是从事生产经营的必备条件，是供产销活动顺利进行的物质保障。

(一)存货保证了企业生产对原料的需求并有利于降低生产成本

从原材料投产角度来讲，产品投产需要消耗原材料组合，存货能满足企业生产对原材料的需求，也便于节约生产准备时间和精力。从生产流转过程来讲，由于技术和管理要求，很难做到生产步骤无缝衔接，因而必须在各生产工序之间形成在产品、半成品等存货，以均衡生产。从供应环节来看，企业的存货库存可以享受优惠价格或者免遭价格波动的影响，降低采购成本。

(二)存货满足了企业销售批量化或经常化的需要

产品销售会受到市场、经济、政治、文化等各种因素的影响，销售管理难以实现面面俱到，即便是销售预测也难以预期所有的市场风险，销售活动波动较大。特别是批量销售或均衡销售，难以做到与生产同步均衡，一定数量的库存就是销售保障，可保证按销售订单交货和及时供货。

(三)存货避免了经营失误和意外事故给企业带来的损失

当生产经营受到各方面因素影响偏离预期时，也就是通常遇到的经营风险等各类风险，比如突如其来的订单，供应商不能及时供货，生产不能按时交付等管理和经营意外，一定量的存货能够将这些损失降到最低，避免停工待料、合同违约等情况的发生。

二、存货决策的意义

虽然存货的意义重大，但是存货并非越多越好。一方面，存货增加特别是原材料和产成品的库存增加，可以享受批量购买带来的价格优惠，节约运费，避免供货空档，可以保证生产进度均衡，保持产量稳定，从而确保销售持续性，提升市场应变能力。对采购部门、生产部门和销售部门来讲，存货越多越好。

另一方面，存货在企业的资产中，属于流动资产，会占用大量的流动资金，使资金周转率下降，盈利水平下降。通常情况为，在工业企业中，存货约占总资产份额30%，而在商业企业中，这一比率会更高。另外，存货还需要支付一些其他相关费用开支，如保险费、仓储费、管理费以及毁损变质损失等。这降低了资金运作效率，影响企业的生产效益和经济效益。综合各方面情况而言，存货应处在一个最优水平，在这个存货水平下，企业既能保证供产销的需要，又节约存货成本，使企业效益最大化。为了达到这个最优水平而进行的存货管理的相关决策就是存货决策。

所谓存货决策，就是依据一定的标准和方法，对企业存货批量及成本水平进行的管理和控制，根本目标是在保证企业的正常生产和销售需要的基础上使存货成本达到最低，经济效益达到最高。这也是企业内部管理的一项重要内容。

综上所述，存货决策对企业具有重大的现实意义。

(1) 存货管理为生产销售提供保证，避免停工待料，维持生产连续性，迅速满足订单需求，避免各种损失，帮助企业适应市场变化，提高企业竞争力。

(2) 存货控制能够降低企业流动资金占用率，降低成本，提高存货周转率和流转速度，加强资产的管理水平，提高经济效益。实践证明，降低存货成本已经成为企业的第三类利润源泉。因此存货决策对企业发展具有重要的意义。

三、存货成本

存货是企业重要的流动资产。存货成本是指企业为存货所发生的一切支出，本节主要介绍库存材料的采购问题，即介绍在保证生产需要的前提下，如何确定采购材料的数量才能使企业的存货总成本最低。与存货有关的成本主要有取得成本、储存成本和缺货成本三个部分。

(一)取得成本

取得成本是指为取得某种存货而发生的成本，通常用 TC_a 来表示。取得成本又分为订货成本和购置成本。

1. 订货成本

订货成本是指为取得订单而发生的成本，主要有办公费、差旅费、邮资、信息费、电话费等支出。订货成本中有一部分与订货次数无关，如常设采购机构的基本支出等，称为订货的固定成本，用 F_1 表示；另一部分与订货次数有关，如差旅费、邮资等，称为订货的变动成本，每次订货的变动成本用 K 表示，每年订货次数等于存货年需求量 D 除以每次进货量 Q。订货成本的计算公式为：

$$TC_a = F_1 + \frac{D}{Q} \cdot K \qquad\qquad 公式(9.1.1)$$

在存货的决策中，订货的固定成本是无关成本，订货的相关成本为订货的变动成本。

2. 购置成本

存货的购置成本是指存货本身的价值，其数额等于年购置数量 D 与单位采购成本 U 的乘积，用公式表示为：

$$购置成本 = D \cdot U \qquad\qquad 公式(9.1.2)$$

因此，存货的取得成本等于订货成本与购置成本之和，用公式表示为：

$$取得成本=订货成本+购置成本$$

$$TC_a = \left(F_1 + \frac{D}{Q} \cdot K \right) + D \cdot U \qquad\qquad 公式(9.1.3)$$

(二)储存成本

储存成本是指为保存存货而发生的成本，包括仓库费用、保险费用、存货破损和变质费用以及存货占用资金所应计的利息等，通常用 TC_c 来表示。

储存成本也分为固定成本和变动成本。固定储存成本与储存的存货数量无关，如仓库折旧费、仓库保管员的固定月工资等，通常用 F_2 表示。变动储存成本与储存的存货数量有关，如存货占用资金的应计利息、存货破损和变质损失、存货的保险费用等，通常单位变动储存成本用 K_c 来表示。变动储存成本等于存货平均储存量与单位变动储存成本的乘积，其计算公式为：

$$变动储存成本 = \frac{Q}{2} \cdot K_c \qquad\qquad 公式(9.1.4)$$

储存存货的总成本用公式表示为：

$$储存成本=固定储存成本+变动储存成本$$

$$TC_c = F_2 + \frac{Q}{2} \cdot K_c \qquad\qquad 公式(9.1.5)$$

(三)缺货成本

缺货成本是指由于存货供应中断而造成的损失，包括因材料供应过程中断造成的停工损失、产成品库存短缺造成的拖欠发货损失和丧失销售机会的损失。如果生产企业紧急采购代用材料解决库存材料中断之急，那么缺货成本表现为紧急额外购入成本(紧急额外购入的开支会大于正常采购的开支)。缺货成本通常用 TC_s 表示。

如果以 TC 来表示存货的总成本，其计算公式为：

$$存货成本=取得成本+储存成本+缺货成本$$

$$TC = TC_a + TC_c + TC_s \qquad\qquad 公式(9.1.6)$$

$$TC = \left(F_1 + \frac{D}{Q} \cdot K + D \cdot U \right) + \left(F_2 + \frac{Q}{2} \cdot K_c \right) + TC_s \qquad\qquad 公式(9.1.7)$$

企业存货的最优化管理，即使上式总成本 TC 达到最小值。

【阅读资料9-1】 精益生产降低存货资金"四部曲"。

第二节 存货决策分析

一、经济订货量决策基本模型

这里的存货决策分析是指按照存货管理的目的，通过确定合理的进货批量和进货时间，使存货的总成本降到最低。使存货的总成本最低的进货量叫作经济订货量或经济批量。有了经济订货量，就很容易找出最适宜的进货时间。影响存货总成本的变量有很多，为了先研究简单的问题，再扩大到复杂的问题，需要先设立一些假定条件，再在此基础上建立经济订货量的基本模型。

(一)经济订货量的基本模型假定条件

经济订货量基本模型需要设立的假定条件如下。
(1) 企业能够及时补充存货，即需要存货时可立即取得存货。
(2) 存货能集中到货，而不是陆续入库。
(3) 不允许缺货，即无缺货成本，TC_s 为零，这是因为良好的存货管理本来就不应该出现缺货成本。
(4) 年需求量稳定，并且能预测，即 D 为已知常量。
(5) 存货单价不变，不考虑现金折扣，即 U 为已知常量。
(6) 企业现金充足，不会因现金短缺而影响进货。
(7) 所需存货市场供应充足，不会因买不到需要的存货而影响其他。

(二)经济订货量的基本模型

有了上述假设条件后，存货总成本的公式可以简化为：

$$TC = \left(F_1 + \frac{D}{Q} \cdot K + D \cdot U \right) + \left(F_2 + \frac{Q}{2} \cdot K_c \right) \qquad 公式(9.2.1)$$

当 F_1、K、D、U、F_2、K_c 为常量时，TC 的大小取决于 Q。假设与 Q 相关的存货总成本为 TC_Q，则用公式表示为：

$$TC_Q = \frac{D}{Q} \cdot K + \frac{Q}{2} \cdot K_c \qquad 公式(9.2.2)$$

根据极值原理，当 $\frac{D}{Q} \cdot K = \frac{Q}{2} \cdot K_c$ 时，TC_Q 达到最小值，此时存货的进货量为经济订货量，用 $Q*$ 表示，其计算公式为：

$$Q* = \sqrt{\frac{2KD}{K_c}} \qquad\qquad 公式(9.2.3)$$

这一公式称为经济订货量的基本模型，与经济订货量相关的总成本 TC_Q 的最小值用公式表示为：

$$TC_Q = \frac{D}{Q*} \cdot K + \frac{Q*}{2} \cdot K_c = Q* \cdot K_c$$

即：
$$TC_Q = \sqrt{2KDK_c} \qquad\qquad 公式(9.2.4)$$

每年订货次数 N 的计算公式为：

$$N = \frac{D}{Q*} = \frac{D}{\sqrt{\dfrac{2KD}{K_c}}} = \sqrt{\frac{DK_c}{2K}} \qquad\qquad 公式(9.2.5)$$

最佳订货周期 $t*$ 为：

$$t* = \frac{360}{N} \qquad\qquad 公式(9.2.6)$$

经济订货量占用的资金是指最高订货量与最低订货量占用资金的平均数，用 $I*$ 表示，其计算公式为：

经济订货量占用资金=平均经济订货量×单位购置成本

$$I* = \frac{Q*}{2} \cdot U \qquad\qquad 公式(9.2.7)$$

【例 9-1】 某企业每年需要甲材料 14 400 千克，单位采购成本为 60 元，年单位储存成本为 4 元，平均每次进货费用为 200 元。

要求：计算与经济订货量有关的指标。

解：

$$Q* = \sqrt{\frac{2KD}{K_c}} = \sqrt{\frac{2 \times 200 \times 14\,400}{4}} = 1200(千克)$$

$$N = \frac{D}{Q*} = \frac{14\,400}{1200} = 12\,(次)$$

$$TC_Q = \sqrt{2KDK_c} = \sqrt{2 \times 200 \times 14\,400 \times 4} = 4800(元)，\quad 或 = K_c \cdot Q* = 4 \times 1200 = 4800(元)$$

$$t* = \frac{360}{N} = \frac{360}{12} = 30(天)$$

$$I* = \frac{Q*}{2} \cdot U = \frac{1200}{2} \times 60 = 36\,000(元)$$

上述计算表明，当进货批量为 1200 千克时，进货费用与储存成本总额最低。

二、基本模型的扩展

经济订货量的基本模型是在上述假设条件下建立的，但在实际生活中，很难满足这些假设条件的要求，为此需要研究复杂条件下的经济批量问题，并确定其模型。

(一)订货提前期

一般情况下，企业生产经营所需要的存货由于受购货地点、交通条件、资金供给等客观因素的影响，不可能随时用随时补充，因此，为了保证企业生产经营活动的连续正常进行，不能等到存货消耗完以后再去订货，而需要在存货还有剩余时提前订货。为此需要研究在存货不能及时补充，而经济订货量基本模型的其他假设条件不变的情况下如何提前订货的问题。

在提前订货的情况下，企业再次发出订货单时，尚有的存货库存量若正好在交货时间内耗用完，会使存货成本最低，这样既能保证存货的正常耗用，又不会因为存货储量过多形成资金占用上的浪费，此时的存货库存量称为再订货点，用 R 表示，其数量应等于交货时间 L 和每日平均需求量 d 的乘积，用公式表示为：

$$R = L \times d \qquad\qquad 公式(9.2.8)$$

【例9-2】承例9-1，企业订货日至到货期的时间为11天，每日存货需求量为10千克。

要求：计算确定再订货点。

解：再订货点 $R = L \times d = 11 \times 10 = 110$(千克)

这就是说，企业库存还有110千克存货时，就应再次订货，等到下次订货到达时，这110千克的存货刚好用完。此时有关存货的每次订货量、订货次数、订货时间间隔等并无变化，与瞬间补充时相同。订货提前期对经济订货量并没有影响。

(二)存货陆续供应和使用

在建立经济批量的基本模型时，是假设存货集中到货而不是陆续入库，故存货增加时其数量的变化为一条垂直的直线。而实际中，各批存货往往是陆续入库的，即存量是陆续增加的。在这种情况下需要对经济批量的基本模型进行修改。

设每日送货量为 p，每批订货数量仍为 Q，则该批存货全部到达所需天数，即送货期为 $\dfrac{Q}{p}$；存货每日耗用量为 d，则送货期内的全部耗用量为 $\dfrac{Q}{p} \cdot d$；由于存货边送边用，所以每批送完时，最高库存量为 $Q - \dfrac{Q}{p} \cdot d$；则平均库存量为 $\dfrac{1}{2}\left(Q - \dfrac{Q}{p} \cdot d\right)$。这样与批量有关的总成本为：

$$TC_Q = \frac{D}{Q} \cdot K + \frac{1}{2}\left(Q - \frac{Q}{p} \cdot d\right) \cdot K_c \qquad\qquad 公式(9.2.9)$$

根据极值原理，在订货变动成本与储存变动成本相等时，TC_Q 有最小值，用公式表示为：

$$\frac{D}{Q} \cdot K = \frac{1}{2}\left(Q - \frac{Q}{p} \cdot d\right) \cdot K_c$$

故陆续供应和使用经济订货量的模型为：

$$Q^* = \sqrt{\frac{2KD}{K_c} \cdot \frac{p}{p-d}} \qquad\qquad 公式(9.2.10)$$

在此情况下，与经济订货量有关的总成本为：

$$TC_Q = \sqrt{2KDK_c \cdot \frac{p-d}{p}} \qquad 公式(9.2.11)$$

【例 9-3】某零件的年需求量为 7200 件，每日送货量为 40 件，每日耗用量为 20 件，单价为 15 元，一次订货成本为 25 元，单位储存变动成本为 2 元。

要求：计算经济订货量与其总成本。

解：

$$Q^* = \sqrt{\frac{2KD}{K_c} \cdot \frac{p}{p-d}} = \sqrt{\frac{2 \times 25 \times 7200}{2} \times \frac{40}{40-20}}$$

$$= 600(件)$$

$$TC_Q = \sqrt{2KDK_c \cdot \frac{p-d}{p}} = \sqrt{2 \times 25 \times 7200 \times 2 \times \left(\frac{40-20}{40}\right)}$$

$$= 600(元)$$

陆续供应和使用经济订货量的模型，还可以用于自制和外购的决策。自制零件属于边送边用的情况，这时就可借用陆续供应或瞬时补充的模型。

(三)保险储备

上述分析假定存货的供需是稳定且已知的，即每日需求量不变，交货时间也固定不变。实际上，每日需求量可能变化，交货时间也可能变化。按照某一订货批量(如经济批量)和再订货点发出订单后，如果需求增大或送货延迟，就会发生缺货或供货中断。为防止由此造成的损失，就需要多储备一些存货以备应急之需，这些多储备的存货称为保险储备。这些存货在正常情况下不动用，只有当存货过量使用或送货延迟时才动用。假设保险储备量为 B，考虑了保险储备后的再订货点为 R^*，则

$$R^* = 交货时间 \times 平均日需求量 + 保险储备量 \qquad 公式(9.2.12)$$

$$= L \cdot d + B$$

假设企业每日耗用量为 10 件，交货时间间隔为 10 天，保险储备量为 100 件，则

$$R^* = 10 \times 10 + 100 = 200(件)$$

建立保险储备，虽然可以使企业避免缺货或供应中断造成的损失，但存货平均储备量加大却使储备成本提高。所以研究保险储备的目的就是要找出合理的保险储备量，使缺货或供应中断造成的损失和储备成本之和最小。其具体方法是先计算出不同保险储备量的总成本，然后再对总成本进行比较，最后选定其中最低的总成本对应的保险储备量。

假设与此有关的总成本为 $TC(S,B)$，缺货成本为 C_S，保险储备成本为 C_B，则

$$TC(S,B) = C_S + C_B \qquad 公式(9.2.13)$$

设单位缺货成本为 K_U，一次订货缺货量为 S，年订货次数为 N，保险储备量为 B，单位存货储存成本为 K_c，则

$$C_S = K_U \cdot S \cdot N \qquad 公式(9.2.14)$$

$$C_B = B \cdot K_c \qquad 公式(9.2.15)$$

$$TC(S,B) = K_U \cdot S \cdot N + B \cdot K_c \qquad 公式(9.2.16)$$

在实际中，缺货量 S 是有概率的，可根据其概率求其平均数；保险储备可根据其对应

的总成本大小而选定。

【例9-4】假设 $D=3600$ 件，$K_c=2$ 元，$K_U=4$ 元，$L=10$ 天，经济批量 $Q=300$ 件，每年订货次数 $N=12$ 次，交货期内的存货需求量及其概率分布如表9-1所示。

表9-1 预测资料

需求量 $10 \times d$	70	80	90	100	110	120	130
概率 P	0.01	0.04	0.20	0.5	0.20	0.04	0.01

要求：确定最佳保险储备量。

解：

1) 先计算不同保险储备的总成本

平均日需求量=3600÷360=10(件)

(1) 不设保险储备量。

即 $B=0$，再订货点为100件。此情况下，当日需求量为100件或者不足100件时，不会发生缺货，其概率为0.75(0.01+0.04+0.20+0.50)；当需求量为110件时，缺货10件，其概率为0.20；当需求量为120件时，缺货20件，其概率为0.04；当需求量为130件时，缺货30件，其概率为0.01。因此，$B=0$ 时缺货的期望值 S_0 为：

$$S_0=(110-100) \times 0.2+(120-100) \times 0.04+(130-100) \times 0.01=3.1(件)$$

总成本 $TC(S,B)$ 为：

$$\begin{aligned} TC(S,B) &= K_U \cdot S \cdot N+B \cdot K_c \\ &=4 \times 3.1 \times 12+0 \times 2 \\ &=148.8(元) \end{aligned}$$

(2) 设保险储备量为10件。

即 $B=10$，再订货点 $R=100+10=110$ 件。此情况下，当日需求量为110件或者不足110件时，不会发生缺货，其概率为0.95(0.01+0.04+0.20+0.50+0.20)；当需求量为120件时，缺货10件，其概率为0.04；当需求量为130件时，缺货20件，其概率为0.01。因此，$B=10$ 时缺货的期望值 S_{10} 为：

$$S_{10}=(120-110) \times 0.04+(130-110) \times 0.01=0.6(件)$$

总成本 $TC(S,B)$ 为：

$$TC(S,B) = K_U \cdot S \cdot N + B \cdot K_c =4 \times 0.6 \times 12+10 \times 2=48.8(元)$$

(3) 设保险储备量为20件。

即 $B=20$，再订货点 $R=100+20=120$ 件。此情况下，当日需求量为120件或者不足120件时，不会发生缺货，其概率为0.99(0.01+0.04+0.20+0.50+0.20+0.04)；当需求量为130件时，缺货10件，其概率为0.01。因此，$S=20$ 时缺货的期望值 S_{20} 为：

$$S_{20}=(130-120) \times 0.01=0.1(件)$$

总成本 $TC(S,B)$ 为：

$$TC(S,B) = K_U \cdot S \cdot N + B \cdot K_c =4 \times 0.1 \times 12+20 \times 2=44.8(元)$$

(4) 设保险储备量为30件。

即 $B=30$，再订货点 $R=100+30=130$ 件。此情况下可满足最大需求，不会发生缺货。

即 $S_{30}=0$，此时总成本 TC(S,B) 为：

$$TC(S,B) = K_U \cdot S \cdot N + B \cdot K_c = 4 \times 0 + 30 \times 2 = 60(元)$$

2) 比较上述不同保险储备下的总成本，以其最低者为最佳

当 $B=20$ 件时，总成本为 44.8 元，在总成本中是最低的，故应选择保险储备量为 20 件，或者说应确定再订货点为 120 件。

以上举例解决了由于需求量变化引起的缺货问题。至于由于延迟交货引起的缺货，也可以通过建立保险储备量的方法来解决。确定其保险储备量时，可将延迟的天数折算为增加的需求量，其余计算过程与前述方法相同。

(四)存在数量折扣的经济订货批量模型

在基本的经济订货批量模型中，由于前提条件中假设订购货物的单价稳定，不存在价格上的优惠和折扣，而需求总量是固定不变的，存货的采购成本也是总额固定的，不受决策影响的，所以采购成本属于无关成本，在订货模型中不予考虑。而随着市场竞争不断激烈，为鼓励销售，供应商企业往往对大宗采购的购买者给予数量折扣，规定当单次的订货达到某一数量规模时，可以享受价格优惠。

对存货采购来讲，如果订货批量达到或超过规定数量条件，就能享受供应商的数量折扣，这也意味着取得较低的买价，节约其他购货费用，降低采购总成本。而如果订货批量未达折扣的规定数量就享受不到优惠，于是在决策中就增加了采购成本的机会成本，采购成本成为决策的相关成本，需要予以考虑。

当然，享受折扣，增大订货批量，也会增加储存成本导致多占资金，同时会减少批次而减少订货成本。实际上，在有数量折扣的决策中，考虑采购、储存、订货三类成本合计最低才是最优订货方案。

【例 9-5】弘基公司全年需要某种零件 1200 件，每次订货成本为 400 元，每件年储存成本为 6 元，采购价格 10 元/件。供应商规定：每次购买数量达 600 件时，可给予 2% 的批量折扣，不足 600 件仍保持 10 元/件的单价。

要求：试求使得此时年成本合计最低的最优的订货批量。

解：这属于存在数量折扣的订货决策，由题意得 D=1200 件，采购单价是：当订购数量小于 600 件时，单价=10 元；当购货量达到 600 件时，单价=10×(1-2%)=9.8 元。

不考虑数量折扣，使用基本订货批量模型计算的经济订货批量为：

$$Q^* = (2 \times 1200 \times 400 \div 6)^{1/2} = 400(件)$$

如果采用该批量订购，就不能享受数量折扣，需要以 10 元/件的价格购买零件，采购成本高，但如果采用折扣的数量要求，采购成本则会下降，相应地，订货和储存成本的总和都会上升，因此下一步需要比较不同批量水平情况下的总成本来确定采购方案。

(1) 以经济订货批量为 400 件情况下：

采购成本=1200×10=12 000(元)

订货成本=(1200÷400)×400=1200(元)

储存成本=(400÷2)×6=1200(元)

年总相关成本=12 000+1200+1200=14 400(元)

（2）以经济订货批量为 600 件情况下：

采购成本=1200×10×(1-2%)=11 760(元)

订货成本=(1200÷600)×400=800(元)

储存成本=(600÷2)×6=1800(元)

年总相关成本=11 760+800+1800=14 360(元)

（3）通过比较可知，以 600 件作为订货批量年相关总成本较低，因此是最佳订货批量。

需要说明的是，本题仅针对具有一个数量折扣条件的情况，实际情况中可能有多个数量折扣条件。延伸这类问题，可以总结出如下分析步骤。

① 在不考虑数量折扣时，计算经济订货批量。

② 对经济订货批量和各个数量折扣条件分别计算出相关总成本，这是采购成本、订货成本和储存成本的合计。

③ 比较所有情况下的相关总成本，其中最小的总成本对应的订货批量即为最优经济订货批量。

【阅读资料 9-2】　精益生产降低存货资金过程中遇到的阻碍。

第三节　零存货管理

一、零存货管理的内涵

零存货管理又称适时制，是指企业使存货在采购、生产、销售、配送各经营环节中一直处于周转的状态，以最大可能地减少仓储形式的存在。零存货管理最早可以追溯到 20 世纪六七十年代日本丰田汽车提出的适时制生产系统，并实施看板管理、单元化生产、需求拉动式生产等管理模式，零存货管理基本消除了生产过程中原料和半成品的积压，降低了资金的占压，提高了管理效率。现在，零库存管理已经从生产环节延伸到材料供应、市场销售、物流配送等经营管理的各个环节。

实质上，零存货管理并不是不需要存货，而是通过存货控制和管理，使储备量最小。零存货的前提必须是满足存货供给和需要。要实现零存货，企业需要与供应商和客户协商好，当生产中需要原料时，供应商恰好将原材料送过来，而当产品一旦被生产出来，客户就将其买下带走。每一个步骤环环相扣，都是实施零存货管理所必需的。

二、零存货管理的意义

1. 提高资金使用效率

大量存货会占用企业资金，零存货管理很大程度降低库存，减少存货资金的占有率，

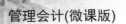

提高资金的流动性，加快资金的周转速度，从而提高资金的使用效率。

2. 降低存货的储存成本

传统的存货仓储管理，企业要储存一定数量的存货，仓储管理成本很高。零存货管理基本实现仓库的存货为零，减少了仓库的占用，甚至有的企业不设置仓库，以避免仓储成本和管理费用的发生。

3. 提高资产管理水平

存货一方面可以保障生产销售的持续和稳定，但另一方面，存货形成了生产和销售等环节的缓冲，会掩盖企业生产中发生的质量问题和效率问题。而零存货管理体制下，仓储存货减少，供应、生产和销售形成联动，任何一环的失误都将导致整个生产线停工。在零存货模式下企业必须进行全面的资产管理和质量控制，以保证生产的顺利进行。

三、零库存管理关键措施

(一)采取不同的材料采购策略

零存货对采购工作提出两个很高要求，一是供应的及时性，二是材料的高质量。此时，企业可以实施的采购策略包括以下几方面。

1. 存货按照特点和价格高低分类管理

根据特点及其价格高低可以将企业的存货分为以下三类，不同类别的存货分别采用不同的结算方式。

第一类存货是主要原材料存货，特点是价格高，但需向供应商预订且支付定金。

第二类存货是虽然价格较高但可以赊购的原材料等存货。

第三类存货是价格较低、种类多，可以批量采购的原材料。

2. 针对不同存货采取不同的采购策略

针对上述三类存货应当采用不同的采购策略，具体如下所示。

第一类存货要建立与供应商长期合作关系，可以结为战略合作伙伴，规定总需求量、随需随发。供应商数量限制在1~2家，以厂商为主，缩短订货时间，保证货源稳定，价格优惠，保质保量。

第二类存货可以选择厂商和经销商作为供应商，采取订单采购或计划采购方式，供应商维持在3~5家。

第三类存货涉及资金量较少，可以适当放宽采购。

3. 选择供应商时要兼顾价格和产品质量

虽然存货价格因素十分重要，但也要考虑供应商所提供的服务和产品的质量，这是由零存货管理本身的特点决定的。企业可以与供应商签订质量保证协议，建立质量合格供应商名册，注重材料合格率和交货的及时性，并定期考核供应商。

(二)根据市场需要采用不同的生产方式

根据生产指令发送方式的不同，生产方式可以分为拉动式和推动式生产方式。拉动式生产方式是按照客户订单确定产量，根据产量从最后一道工序开始控制生产加工数量，再向前一道工序倒推需要的生产加工数量，以此类推，一直倒推至开始工序前，最后根据投料的需求量组织采购，与供应商签订采购订单。这也称作订单式生产方式。推动式生产方式是根据历史经验确定物料的需求量，结合企业核算的销售计划和库存结余确定生产投料数量，按计划组织生产和订货。这是一种补充库存式的生产方式。为实现零存货管理，如果产品市场状况属于供过于求的买方市场的话，拉动式生产方式以销定产，重视市场，有利于提升经济效益。如果市场形势是供不应求的卖方市场，推动式生产鼓励生产，提高效率，有利于提升企业管理水平。

(三)实施全面质量管理

在零库存管理机制下，企业库存量很少，如果某道工序生产出不合格产品或半成品，且没有存货可补充生产，后续工序只能停工待料，直到前面工序补充生产出产品，这样生产的连续性不能保证，因而在零库存管理中保证产品质量，消除不合格产品成为顺利生产的基本保障。零存货管理的企业实施全面质量管理，从根源上保证质量，把质量管控从事后移到事前，从改善工艺流程，协调产供销环节，做好新产品论证，解决产品设计缺陷，培训员工作业规范和操作技能等入手，对质量进行预防性维护。

四、零库存管理实施方式

(一)委托保管方式

企业通过一定的程序将库存物资交给专业物流公司管理，并向物流公司支付相应的代管费用。物流公司接受用户的委托后，利用专业库存管理知识、高水平的管理技能、较低的库存管理费用代为管理用户委托的物资，从而使用户不再设有仓库，从而实现零存货。这种方式使受托方能以较低的库存管理费用提供较高水平的服务，也可以使委托方能够集中精力和资金从事生产经营活动。但是这种库存方式实质上是库存位置的移动，并未减少社会总库存。这是目前国内企业发展零存货的主要趋势。

(二)配套生产和协作分包方式

这种方式是主要应用在制造企业的一种产业结构形式，生产企业通过与其上游的供应商建立紧密稳固的配套生产关系，来形成稳定的供货渠道。供货渠道稳定后，就可以免除生产企业在后勤保障工作上存在的后顾之忧，进而可使其减少物资库存总量，甚至可以取消供应品库存，从而实现零存货。

(三)看板供货方式

看板供货方式是准时方式中的一种简单有效的方式,最早出现在日本丰田汽车公司,主要应用于零组件的管理上。它是指在企业内部各工序之间,或在建立供求关系的企业之间,采用固定格式的卡片即看板,由下一环节根据自己的生产节奏向上一个环节提出供货要求,看板上记载着什么时候生产、生产多少、运往何地等作业指令,上一环节则根据卡片上指定的供应数量、品种等及时组织供货,以此类推,每一个工序按照看板的指示向先行工序一次索取组件,然后向后续工序送达。在具体操作过程中,可以通过增减看板数量的方式来控制库存量。

(四)订单生产方式

企业的一切生产活动都建立在采购、制造、配送的流程上,仓库不再是传统意义上的储存物资的仓库,而是物资流通过程中的一个"枢纽",是物流作业中的一个站点。物资是按订单信息要求而流动的,因此,剔除了呆滞物资,也就消灭了"库存"。订单生产方式多采用小批量、多频次的送货方式,目的是降低库存,减少浪费,满足客户多样化、个性化的需求。

(五)水龙头方式

在水龙头方式下,用户随时提出购入要求,采取需要多少就购入多少的方式,供货者依靠自身拥有的物流设备,以及自己的库存和有效的供应系统,通过多种配送方式,保证及时供应,从而使用户实现零存货。但是,这种方法给供应商带来一定的库存,因为供应商要想满足用户随时购入的要求,就要做好完全的准备,随时响应用户需求,因此社会的物资总量并没有减少。

五、零库存管理应注意的问题

(一)零存货管理需要有创新精神

关于零存货是否能够实现以及能否应用在日常经营中,企业需要全面地考虑为此付出的代价,综合考虑衡量要付出的成本以及所能带来的收益。因此,实施零存货管理,必须坚持从具体问题具体分析这一思路出发。举个例子,唐钢的设备机动部结合自身的特点,并借鉴同行业的先进经验,制定了设备材料、备品备件零存货管理办法,在公司范围内大力推行零存货管理模式,并取得了显著成果。将已实现集中管理的设备材料部分物资,具有一定通用性、用量较大的备品备件,各单位专业性较强、有一定用量或占用资金较多且周转天数较长的备品备件,如轧机轴承、液压缸阀门、减速机等,作为零存货推进工作的重点。这是企业引进"零存货"管理方式的前提条件,也是需要进行可行性分析的原因。

(二)零存货管理需要良好的管理环境来支撑

零存货管理,必须依赖于先进的技术、先进的管理水平和管理环境等。这是零存货管理模式得以成功实施的关键因素。库存管理及其他经营活动的速度都是通过信息的传递来实现的，现代库存管理面临更大量的信息处理，也就对速度和准备提出更高的要求。要进行购、存、供、产、销等各个作业环节的整合，以及实现存货管理系统的综合管理，必须有计算机和电子商务系统等高科技手段，否则难以实现。同时，要采用包括 ERP 管理系统，按订单采购、制造、配送等先进的供应链库技术与方法，努力提高管理水平。同时在此基础上，对原材料采购管理、日常生产管理、销售管理、信息管理、人力资源管理等都必须以管理全局的思想作指导。也就是说，要想实现零存货，需要软件与硬件的配套与支撑。

(三)零存货管理容易受周围因素的影响

零存货管理的成功实施需要有稳定和理想的客观环境作为保障。因此，在实际操作中，零存货也暴露出这样一个问题：当周围某些与之相关的因素突然发生变化时，零存货便会在短期突然增长的市场需求面前显得不堪一击。因此，必须防范周围相关因素的突变性。市场因素方面，生产型企业所面对的市场包括物资资料采购市场和产品销售市场，这两个市场的影响因素是不一样的。对于销售市场而言，产品就是它所面对的终端，它是时时刻刻都在变化的，这就要求企业建立稳定的销售网络，提高市场占有率。零存货管理强调以市场为导向，以销定产。

【阅读资料9-3】 戴尔公司的零存货管理。

本 章 小 结

存货决策主要研究材料采购和生产投入的批量问题，从成本角度介绍了使存货总成本最低的进货时间和进货批量的确定方法。存货成本主要有取得成本、储存成本和缺货成本。零存货管理又称适时制，是使存货在采购、生产、销售、配送各经营环节中一直处于周转的状态，最大可能地减少仓储形式的存在。零存货管理并不是不需要存货，而是通过存货控制和管理，使储备量最小。零存货的前提必须是满足存货供给和需要。

自 测 题

一、单选题

1. 在订货成本中，属于变动成本的是( )。

　　A. 采购人员工资　　　　　　　　B. 采购机构基本支出

　　C. 采购人员差旅费　　　　　　　D. 预付定金

2. 存在价格折扣时，存货订货批量的判断标准是( )。

    A. 相关总成本最低　　　　　　　　　B. 采购数量最多

    C. 采购价格最低　　　　　　　　　　D. 材料质量最好

3. 实行数量折扣的经济进货批量模式不需要考虑的成本因素是(　　)。

    A. 变动进货费用　　　　　　　　　　B. 进价成本

    C. 缺货成本　　　　　　　　　　　　D. 变动储存成本

4. 与生产数量没有直接联系而与批次成正比的成本是(　　)。

    A. 缺货成本　　　　　　　　　　　　B. 调整准备成本

    C. 储存成本　　　　　　　　　　　　D. 标准成本

5. 经济订货量是指(　　)。

    A. 订货成本最低的采购批量　　　　　B. 储存成本最低的采购批量

    C. 缺货成本最低的采购批量　　　　　D. 存货总成本最低的采购批量

6. 以下各项存货成本中，与经济订货批量呈正方向变动的是(　　)。

    A. 固定订货成本　　　　　　　　　　B. 单位存货持有费率

    C. 固定储存成本　　　　　　　　　　D. 每次订货费用

7. 下列订货成本中属于变动成本的是(　　)。

    A. 采购部门管理费用　　　　　　　　B. 采购人员的计时工资

    C. 订货业务费　　　　　　　　　　　D. 预付订金的机会成本

8. 某企业全年需要 A 材料 2400 吨，每次的订货成本为 400 元，每吨材料年储存成本为 12 元，则每年最佳订货次数为(　　)。

    A. 12　　　　　　　　B. 6　　　　　　　　C. 3　　　　　　　　D. 4

9. 下列项目属于存货储存成本的是(　　)。

    A. 进货差旅费　　　　　　　　　　　B. 存货储存利息成本

    C. 入库检验费　　　　　　　　　　　D. 由于材料中断造成的停工损失

10. 基本经济进货批量模式所依据的假设不包括(　　)。

    A. 存货价格稳定　　　　　　　　　　B. 所需存货市场供应充足

    C. 仓储条件不受限制　　　　　　　　D. 允许缺货

二、多选题

1. 下列属于存货基本经济订货批量模型的前提假设的有(　　)。

    A. 存货一次性到货　　　　　　　　　B. 不允许缺货

    C. 总需求量确定　　　　　　　　　　D. 不存在价格折扣

2. 在允许缺货的情况下，经济订货批量需要考虑的成本有(　　)。

    A. 订货成本　　　B. 存储成本　　　C. 缺货成本　　　D. 采购成本

3. 存货在企业生产经营中的重要作用包括(　　)。

    A. 维护均衡生产　　　　　　　　　　B. 适应市场变化

    C. 防止停工待料　　　　　　　　　　D. 降低进货成本

4. 缺货问题的原因主要有(　　)。

    A. 需求量的变化　　　　　　　　　　B. 交货期日需求量增大

    C. 延迟交货　　　　　　　　　　　　D. 存货过量使用

5. 存货控制的基本要素有( )。

    A. 需求量   B. 供应间隔期   C. 批量   D. 提前期

三、计算分析题

1. 某公司只生产一种产品，该产品耗用的主要原料为甲材料，每件产品耗用 2.4 吨，假定每年生产 12 000 件产品，需求量稳定，每次采购甲材料的变动订货成本为 200 元，单位材料的年储存成本为 8 元。

要求：计算经济订货批量、年最低总成本、最佳订货次数。

2. 某厂生产 A 产品，全年需要甲种原料 4900 件，每次订货成本为 200 元，每件原料年储存成本为 12 元，订货后每日到货量为 60 件，每日耗用量为 15 件。

要求：计算甲种原料经济订货批量和年最低总成本。

3. 某公司全年需要甲零件 40 000 件，采购价格 20 元/件，每次订货成本为 25 元，每件年储存成本为 8 元。供应商为扩大销售，规定每次购买数量达 800 件时，可给予 5%的数量折扣，每次购买数量达 1000 件时，可给予 10%的数量折扣。

要求：试做出订货批量决策。

4. 某公司每年需外购零件 4900 件，每件产品年储存成本 400 元，每次订货成本 5000 元，允许缺货，单位缺货成本 200 元。

要求：试做出订货批量决策。

四、思考题

1. 存货控制包括哪些内容？

2. 如何理解基本经济订货批量模型中的前提条件？

3. 允许缺货条件下，经济订货批量模型的特殊性有哪些？

第十章

考核与评价

【学习要点及目标】

- 了解业绩考核和评价系统的构成。
- 掌握责任会计的基本原则和责任中心的划分。
- 掌握基于 EVA 的业绩评价方法。
- 掌握基于平衡计分卡的业绩评价方法。

【核心概念】

责任会计　责任中心　　内部转移价格　　EVA　平衡计分卡

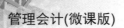

【引导案例】 平衡计分卡在国内企业的应用案例

第一节　业绩考核评价系统概述

一、业绩考核评价系统的含义

现代企业的基本特征是委托代理的关系广泛存在。对于大多数企业来说，某种程度上的分权是必不可少的，但当下级管理人员被赋予决策自主权时，他们可能以牺牲公司整体的利益和长远的利益为代价，来使自己的业绩达到最大；也可能为了避免风险，放弃某些可能获得的利润；或者各内部单位之间相互争执、推卸责任以争取利益等。为了发挥分权型管理的优点，抑制其缺点，实行分权管理体制的企业必须建立和健全有效的业绩评价和考核制度。

业绩考核评价系统是运用特定的评价指标体系，比照相应的评价标准，采用统计学和运筹学的方法，对企业经营管理业绩进行全面的分析与评价，并据此实施企业奖惩激励政策。企业的业绩包括经营业绩和管理业绩两方面。经营业绩考核评价不同于财务报表分析，财务报表分析更为关注企业经营的结果，而经营业绩考核评价是在经营成果的基础上，分析经营业绩的成因、由谁负责，是一个综合评价系统。管理业绩考核评价则主要是对企业员工的管理行为的评价。

二、业绩考核评价系统的构成

(一)考核评价主体

考核评价主体是考核评价工作的组织者和承担者。从管理层级的角度来讲，考核评价主体是个多层次的主体，既有企业所有者作为考核评价主体对管理层业绩考核评价，也有企业上层管理者作为考核评价主体对下级员工业绩进行考核评价。前一个层次的考核评价主要来源于委托代理关系，是产权关系的体现；后一层次的考核评价是实现管理权，确立内部责任单位的逐级负责制度。

(二)考核评价客体

考核评价客体是考核评价工作的对象。客体是根据主体而定的，主体分为两个层次，客体也相应地分为企业最高管理层和相对于上级的被考核下级。不同客体各有特色，这就要求对应的考核评价指标也应是不同的。作为最高管理层，根据《公司法》的规定，不同公司形式最高管理者也不同，经理、董事会等拥有公司经营权，都会成为考核评价客体。

而作为考核评价客体的下级，根据企业管理层级的划分而定。

(三)考核评价目标

考核评价目标是考核评价的需要和目的。考核评价主体将企业的追求和预期设置为考核评价目标，并以此衡量业绩实现情况。整个考核评价系统围绕目标进行设计，因而考核评价目标可由企业的总目标决定。企业目标是多样的，考核评价目标也是多种目标的综合体现。

(四)考核评价指标体系

考核评价指标体系是根据目标制定的考核评价标准和参照，是考核评价实施的依据。企业的考核评价目标最初是利润，因此基于利润的营业利润率、成本费用率、投资收益率等指标构成的体系经常用于考核评价。后来将股东财富最大化、净资产收益率等全面反映企业整体财务状况的指标改为考核评价的目标。而现在企业可持续发展的总价值最大化成为考核评价的目标，主要是财务性业绩指标的传统考核评价指标体系就不再满足要求了，加入了非财务业绩指标的评价方法和体系也在现代企业中得到推广。考核评价指标体系是考核评价系统的核心部分，财务考核评价指标在财务管理课程中已经涉及，本章主要是介绍管理会计中将财务与非财务相结合的新型指标体系。

(五)考核评价结论

考核评价工作的结论一般以业绩评价报告的形式披露，能够反映出企业业绩状况、评价的结果。业绩评价报告要体现业绩考核评价的目标、指标、方法、过程、结果。提供的业绩评价报告可以根据需要提供多种信息。

三、业绩考核评价系统的作用

1. 通过业绩考核评价，可以掌握企业的财务实力

通过对企业财务报表进行分析，计算相关财务指标，可以了解企业盈利能力、偿债能力、营运能力和发展能力，掌握企业的财务实力。

2. 通过业绩考核评价，揭示财务状况中存在的问题

评价和考核的过程，是计算、比较、分析企业的各项指标的过程，特别是偿债能力、周转能力、盈利能力，通过横向纵向比较，可以找到差距，发现问题。

3. 通过业绩考核评价，发掘企业潜力

通过考核评价，发掘企业经营管理中的经验和成绩，发掘企业资源利用、成本控制、利润上升的空间，进一步提高企业经济效益。

4. 通过业绩考核评价，预测企业发展趋势

通过业绩考核评价，可以判断企业未来发展前景、生产经营能力和偿债水平，为管理

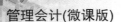

层的经营决策、股东的投资决策、债权人的信贷决策提供依据。

【阅读资料 10-1】 领导归因理论。

第二节 责 任 会 计

一、责任会计和责任中心的含义

责任会计是通过核算和控制企业内部各责任单位生产经营活动过程的耗费和成果，以保证企业经营计划顺利执行和经济效益不断提高的管理活动。责任会计起源于 20 世纪 60 年代的西方企业财务管理工作。责任会计也是一种会计制度，会计的基本职能也适用于责任会计，但是责任会计最为突出的特点是核算主体。会计的主体往往是企业主体，但责任会计是以每个责任单位作为核算主体，责任单位被称作责任中心。责任会计来源于现代企业制度中的分权管理，随着企业内外部环境越来越复杂，企业将相关的决策权分配到各部门，实行分权管理。但企业在下发权限的同时，必须及时了解各部门的工作情况，加强内部控制，而评价各部门业绩，就需要责任会计对各部门进行考核。

建立责任会计核算体系的首要任务就是确立各级责任中心，并明确其责任范围。责任中心是根据其分配到的管理权限承担一定经济责任，并完成某项特定责任目标的企业内部责任单位。一般来讲，责任中心都是在管理上有授权、责任可辨认、业绩可单独核算的内部单位，分公司、部门、车间、班组都可以作为责任中心。在责任会计的核算中，按照责任范围的大小可将责任中心划分为成本中心、利润中心、投资中心三类。

二、责任中心的设置

(一)成本中心

1. 成本中心的含义

成本中心是指只对其成本或费用承担责任的责任中心，它处于企业的基础责任层次。企业内部能够控制成本的任何一级责任中心都是成本中心。成本中心使用的范围最广，一般来说，凡企业内部有成本发生，需要对成本负责，并能实施成本控制的单位，都可以成为成本中心。小至一个车间、一个作业小组甚至个人，大至一个工厂、一个部门、一个地区机构，只要有成本发生，而且能够进行核算，都可成为成本中心。成本中心不会形成可以用货币计量的收入，因而不对收入、利润或投资负责。因此，成本中心一般包括负责产品生产的生产部门、劳务部门及给予一定费用指标的管理部门。至于企业中不进行生产而只提供一定专业性服务的单位，如人事部门、总务部门、会计部门、财务部门等，则可称为"费用中心"，实质上也属于广义的成本中心。

成本中心的规模大小不一，各较小的成本中心可以共同组成一个较大的成本中心，各个较大的成本中心又可以共同组成一个更大的成本中心，从而在企业内部形成一个逐级控制，并层层负责的成本中心体系。规模大小不一且层次不同的成本中心，其控制和考核的内容也不尽相同。

2. 成本中心的种类

按照成本中心控制的对象的特点，可将成本中心分为技术性成本中心和酌量性成本中心两类。

(1) 技术性成本中心。技术性成本中心又称为标准成本中心，是指把生产实物产品而发生的各种技术性成本作为控制对象的成本中心。所谓技术性成本，是指发生的数额通过技术分析可以相对可靠地估算出来的成本，如产品生产过程中发生的直接材料、直接人工和变动制造费用等。其特点是，成本的发生与企业提供的物质基础，如技术上投入量有密切的联系。标准成本中心的典型代表是制造业工厂、车间、工段、班组等。基本上各行业都可能建立标准成本中心，如银行业根据经手支票的多少建立标准成本中心。

(2) 酌量性成本中心。酌量性成本中心又称为费用中心，是指把为组织生产经营活动而发生的酌量性成本或经营费用作为控制对象的成本中心。酌量性成本的发生原因主要是为企业提供一定的专业服务，一般不能产生可以用货币计量的成果。其是否发生及发生额的多少，是由管理人员的决策所决定的，主要包括各种管理费用和某些间接成本项目，如研发费、宣传费和职工培训费等。

酌量性成本中心一般不形成实物产品，不能用财务指标来衡量，从技术上看投入量和产出量之间没有直接关系，往往通过加强对预算总额的审批和严格执行预算标准来控制经营费用开支，主要包括一般行政管理部门，如会计、人事、劳资部门等。

3. 成本中心的特点

成本中心相对于其他层次的责任中心而言，有其自身的特点，主要表现在以下几方面。

(1) 成本中心只评价成本费用，不评价收益。成本中心一般不具有经营权和销售权，其经济活动的结果不会形成可以用货币计量的收入。有的成本中心可能有少量的收入，但从整体上讲其产出和投入之间不存在密切的对应关系，因而这些收入不作为主要的考核内容，也不必计算这些货币收入。成本中心只以货币形式计量投入，不以货币形式计量产出。

(2) 成本中心只对可控成本承担责任。作为成本中心考核依据的成本不是传统的产品成本，而是可控成本。凡是责任中心能够控制其发生及其数量的成本称为可控成本。属于某成本中心的各项可控成本之和构成该成本中心的责任成本。从考核的角度看，成本中心工作成绩的好坏应以可控成本作为主要依据，不可控成本只有参考意义。在确定责任中心成本责任时，应尽可能使责任中心发生的成本成为可控成本。

可控成本和不可控成本是相对而言的，是以一个特定的责任中心和一个特定的时期作为出发点的，这与责任中心所处管理层次的高低、管理权限及控制范围的大小和经营期间的长短有直接关系。因而，可控成本和不可控成本可以在一定的时空条件下发生相互转化。

首先，某些成本相对于较高层次的责任中心是可控的，对于其下属较低层次的责任中心就可能是不可控的；反之，较低层次的责任中心的不可控成本，可能是其所属较高层次责任中心的可控成本。对企业来讲，几乎所有的成本都是可控的，而对于企业内部的各部门乃至个人来讲，则既有各自的可控成本，又有各自的不可控成本。

其次，成本的可控与否，与责任中心的管辖权限有关。某项成本，就某一个责任中心看是不可控的，而对另一个责任中心可能是可控的，这主要取决于该责任中心的业务内容，如生产部门负责控制材料消耗，因而应对材料成本负责，但由于原材料单位成本过高而引起的成本差异，则应由材料供应部门负责。

再次，成本的可控与否也与一定的期间有关。某些从短期看是不可控的成本，从较长的期间看又成了可控成本。如现有生产设备的折旧，就具体使用它的部门来说，其折旧费用是不可控的；但是，当现有设备不能继续使用，要用新的设备来代替它时，是否发生新设备的折旧费又成了可控成本。

最后，随着时间的推移和条件的变化，过去某些可控的成本项目可能转变为不可控成本。

一般来说，成本中心的变动成本大多是可控成本，而固定成本大多是不可控成本；各成本中心直接发生的直接成本大多是可控成本，其他部门分配到的间接成本大多是不可控成本。但在实际工作中，必须用发展的眼光看问题，要具体情况具体分析，不能一概而论。

(3) 成本中心只对责任成本进行考核和控制。责任成本是各个成本中心当期确定或发生的各项可控成本之和，可分为预算责任成本和实际责任成本。前者是指根据有关预算所分解确定的、各责任中心应承担的责任成本；后者指各责任中心由于从事业务活动而实际发生的责任成本。

对成本费用进行控制，应以各个成本中心的预算责任成本为依据，确保实际责任成本不会超过预算责任成本；对成本中心进行考核，应通过各个成本中心的实际责任成本与预算责任成本进行比较，确定其成本控制的绩效，并采取相应的奖惩措施。只有以责任成本作为成本中心考核和评价的依据，才能保证成本中心承担的责任和享有的权利是相适应和对等的，而不会出现权责分离的情况。

(二)利润中心

1. 利润中心的含义

利润中心是对利润负责的责任中心。它不仅有成本发生，而且还发生利润，因此它不但要对成本负责，还要对收入负责。与成本中心相比，利润中心的权力和责任都相对较大，往往处于企业内部的较高层次，是具有成本或劳务生产经营决策权的企业内部部门。利润中心一般具有独立的收入来源，一般还具有独立的经营权，如分厂、分店、分公司等，利润中心可等视为一个有独立收入的部门。

2. 利润中心的分类

按照收入来源的性质不同，利润中心可分为自然的利润中心和人为的利润中心两类。

(1) 自然的利润中心，是指可以直接对外销售产品并取得收入的利润中心。这类利润中心虽然是企业内部的一个责任单位，但它本身直接面向市场，具有产品销售权、价格制定权、材料采购权和生产决策权，其功能与独立企业相近。最典型的形式就是企业内的事业部，每个事业部均有销售、生产、采购的职能，有很大的独立性，能独立地控制成本、取得收入。

(2) 人为的利润中心，是指在企业内部按照内部转移价格出售产品或提供劳务的利润中心，它一般不直接对外销售产品。成立人为利润中心应具备两个条件：一是该中心可以向其他责任中心提供产品或劳务；二是能为该中心的产品或劳务确定合理的内部转移价格，以实现公平交易、等价交换。

实际上，大部分的成本中心都可以转化为人为的利润中心，因为这可以为它们的产品或劳务制定适当的内部转移价格。但并不是企业内部的一切责任单位都可以成为利润中心，只有成本和收入都能明确划分并受其控制和影响的责任单位，才能成为利润中心。

(三)投资中心

投资中心是指能全面控制收入、成本和投资效果的责任中心。其特点是既对成本、收入和利润负责，又对投资效果负责。由于投资的目的是获得利润，因此，投资中心同时也是利润中心。但是投资中心又不同于利润中心，二者的区别主要表现在以下两点。一是权利不同，利润中心没有投资权，它只能在项目投资形成生产能力后进行具体的经营活动；而投资中心则不仅在产品生产和销售上享有较大的自主权，而且能相对独立地运用所掌握的资产，有权购建或处理固定资产，扩大或缩减现有的生产能力。二是考核办法不同，考核利润中心业绩时不联系投资多少或占用资产多少，即不进行投入产出的比较；而在考核投资中心业绩时，必须将所获得利润与所占用的资产进行比较。

投资中心是处于企业最高层次的责任中心，它具有最大的决策权，也承担最大的责任。投资中心的管理特征是较高程度的分权管理。一般而言，大型集团的所属子公司、分公司、事业部往往都是投资中心。在组织形式上，成本中心一般不是独立法人，利润中心可以是也可以不是独立法人，而投资中心一般是独立法人。由于其拥有充分的经营决策权和投资决策权，因而独立性较高，一般由公司的总经理或董事长直接负责。

三、责任中心的业绩考核与评价

(一)成本中心的业绩考核与评价

成本中心的业绩考核与评价指标主要是责任成本，通过成本差异、标准成本、生产效率、成本增幅等指标体现。

$$成本差异=实际责任成本-预算责任成本 \qquad 公式(10.2.1)$$

$$成本变化率=\frac{责任成本差异}{预算责任成本} \qquad 公式(10.2.2)$$

【例 10-1】通达集团生产部门下属 A、B、C 三个成本中心，责任成本预算额分别是 60 000 元、70 000 元、80 000 元，其可控的实际成本发生额为 58 500 元、72 500 元、79 500 元。

据上述资料编制成本中心的业绩报告如表 10-1 所示。

在三个成本中心里，A 成本中心实际成本比预算节约 2.5%，预算完成情况最好，B 成本中心预算完成情况最差。

表 10-1　各成本中心预算完成情况表

成本中心	预算/元	实际/元	成本差异/元	成本变化率/%
A	60 000	58 500	-1500	-2.5
B	70 000	72 500	2500	3.57
C	80 000	79 500	-500	-0.63

另外，对成本中心的业绩进行考评不仅要考核责任成本，还要考核责任中心的产量差异，以达到最佳产量下成本费用最小的目标。

(二)利润中心的业绩考核与评价

利润中心的业绩考核评价指标主要是责任利润，利润中心包括自然利润中心和人为利润中心，两者在考评中的区别在于对责任收入的计量，自然利润中心以销售收入计价，而人为利润中心需要引入内部转移价格来定价。

责任利润是由可控利润组成的，不同层次的利润中心的可控范围不同，用于评价责任利润的指标也不同，主要有贡献边际和营业利润两种：

营业利润=销售收入-销售成本直接费用-间接费用　　　　　公式(10.2.3)

贡献边际=销售收入-销售成本-利润中心直接费用　　　　　公式(10.2.4)

采用贡献边际作为考评指标，区分直接费用和间接费用，而间接费用不受利润中心的控制，因而只考查该利润中心创造的贡献边际，将间接费用保留在上级部门。

【例 10-2】某公司利润中心的数据如下(单位：元)：

中心销售收入	15 000
已销产品的变动成本和变动销售费用	10 000
中心可控固定间接费用	800
中心不可控固定间接费用	1200
分配的公司管理费用	1000

要求：计算该利润中心的实际考核指标，并评价该利润中心的利润完成情况。

解：依题意可得：

利润中心经理可控贡献边际总额=15 000-10 000-800=4200(元)

利润中心贡献边际=4200-1200=3000(元)

利润中心营业利润=3000-1000=2000(元)

利润中心的业绩考核和评价是通过将一定期间实际实现的利润同用责任预算所确定的预计利润进行对比，并对差异形成的原因和责任进行具体剖析，来对其经营上的得失和有关人员的功过作出全面而公正的评价。

(三)投资中心的业绩考核与评价

投资中心常用的业绩考核评价指标有投资报酬率和剩余收益，用于衡量投资中心的经营业绩。

1. 投资报酬率

投资报酬率又叫投资利润率，是指投资中心所获得的利润与投资额的比率，其计算公式为：

$$投资报酬率=息税前利润÷总投资额 \qquad 公式(10.2.5)$$

需要说明的是，由于息税前利润是期间量指标，所以总投资额或总资产占用额应按照平均投资额或平均占用额计算。

【例 10-3】某投资中心在生产经营中掌握使用的全部资产年初数为 900 000 元，年末数为 1 200 000 元，全年支付的利息费用为 40 000 元。年末税后利润为 60 000 元，所得税税率为 40%。

要求：计算该中心的投资报酬率。

解：

税前利润=60 000÷(1-40%)=100 000(元)

息税前利润=100 000+40 000=140 000(元)

总资产占用额=(900 000+1 200 000)÷2=1 050 000(元)

则该投资中心的投资报酬率=140 000÷1 050 000≈13.33%

用投资报酬率评价投资中心的优点：一是可以根据会计资料计算，比较客观，可用于不同部门和行业比较；二是投资报酬率可以进一步分解为总资产周转率、销售成本率和成本费用利润率，有助于深入地作出评价。

投资报酬率指标也有不足之处：投资中心负责人会放弃高于资本成本而低于目前部门报酬率的机会，或者减少现有的投资报酬率较低但高于资本成本的资产，使部门的业绩提高，但是却损害了企业整体利益。

仍以例 10-3 为例，如果该投资中心面临一个报酬率为 11%的投资机会，投资额为 100 000 元，企业整体资本成本为 10%。对于企业整体而言，投资报酬率大于资本成本，因而应当利用该投资机会。但是该投资中心会因利用该投资机会使得自身投资报酬率下降，此时：

$$投资报酬率=\frac{140\ 000+100\ 000×11\%}{1\ 050\ 000+100\ 000}×100\%=13.13\%$$

同样地，假设该中心有一项资产价值 50 000 元，每年获利 5500 元，投资报酬率为 11%，超过了资本成本，对企业整体有利，但是投资中心负责人却愿意放弃以提高自身业绩的投资报酬率，此时：

$$投资报酬率=\frac{140\ 000-5500}{1\ 050\ 000-50\ 000}×100\%=13.45\%$$

2. 剩余收益

为了克服投资利润率指标的不利影响，可以采用剩余收益作为评价指标。剩余收益是一个绝对数指标，主要是为了消除利用投资报酬率来衡量和评价部门业绩所带来的问题。所谓剩余收益，是指投资中心的利润扣减其最低投资收益后的余额。最低投资收益是投资中心的投资额按照规定或者预期的最低报酬率计算的收益，其计算公式如下：

$$剩余收益=息税前利润-资产占用额×规定或预期的最低投资报酬率 \qquad 公式(10.2.6)$$

上述所谓规定或预期的最低收益率和总资产息税前利润率通常是指企业为了保证其生产经营正常、持续进行所必须达到的最低收益水平，一般可以根据整个企业各投资中心的加权平均收益率计算。

采用剩余收益指标来考核投资中心的经营业绩，一方面可以体现投入产出关系，全面评价与考核投资中心的业绩；另一方面也能避免投资中心的本位倾向，使其愿意接受对整个企业有利的投资项目，使企业整体利益与投资中心的局部利益得到协调统一。因此，该指标的优点在于考虑了权益资本成本的补偿，可以防止投资中心的短期行为。投资者由于承担了企业经济业务的风险，对这部分资本也需要支付费用。投资报酬率忽略了权益资本的机会成本，在一定程度上可以认为是虚增了利润，剩余收益指标克服了这个缺点，它将经营业绩评价和企业的目标协调起来，使得经营者在决策的时候全面地考虑资金成本。

但是以剩余收益作为考核指标时，所采用的规定或者预期投资报酬率的高低对剩余收益的影响很大，如果掌握不好，则会影响对投资中心的考评的公正性、合理性。一般可用企业整体的平均利润率或资金成本率等作为基准收益率。

【例 10-4】某公司有 A、B 两个投资中心，该公司加权平均最低投资收益率为 10%。公司拟追加投资 300 万元，其他资料如表 10-2 所示。

表 10-2　投资中心考核指标的计算

单位：万元

项目		投资额	利润	投资利润率(%)	剩余收益
追加投资前	A	400	20	5	20-400×10%=-20
	B	600	90	15	90-600×10%=30
	Σ	1000	110	11	110-1000×10%=10
A 追加投资 300 万	A	400+300=700	20+22=42	6	42-700×10%=-28
	B	600	90	15	30
	Σ	1300	132	10.15	132-1300×10%=2
B 追加投资 300 万	A	400	20	5	-20
	B	600+300=900	90+42=132	14.67	132-900×10%=42
	Σ	1300	152	11.69	152-1300×10%=22

要求：评价 A、B 两个投资中心的业绩。

解：若以投资利润率为考评指标，则追加投资后 A 的利润率由 5%上升到 6%，而 B 的利润率则由 15%下降到 14.67%，由此判断对 A 追加投资优于对 B 追加投资。但是若以剩余收益作为考评指标，则 A 的剩余收益由原来的-20 万元变成-28 万元，而 B 的剩余收益则由 30 万元上升到 42 万元，由此判断对 B 追加投资优于对 A 追加投资。如果从整个公司进行评价，可以看到，对 A 追加投资时全公司的总投资利润率由 11%下降到 10.15%，剩余收益则由 10 万元降到 2 万元，对 B 追加投资全公司投资利润率由 11%上升到 11.69%，剩余收益由 10 万元上升到 22 万元，这和以剩余收益作为考评指标的评价结果是一致的。所以，以剩余收益作为考评指标可以保持各投资中心获利目标与公司的获利目标达成一致。

考虑到投资利润率和剩余收益两项指标各有优缺点，在实际考核工作中，企业应当将两项指标结合起来，以正确评价各投资中心的工作业绩和投资效果。

四、内部转移价格

上面讨论到的内部转移价格，就是企业内部有关责任中心之间转移中间产品时的结算价格。从总体来看，内部转移价格是不会影响企业利润总数的，但会影响利润在各责任中心之间的分配情况。制定内部转移价格是划分责任中心经济责任的基本前提。下面介绍几种主要的内部转移价格。

(一)以成本为基础的内部转移价格

以成本作为内部转移价格，包括以下几种方法。

(1) 实际成本法。即以生产实际发生的成本作为转移定价，这种方法在转移产品的同时也将产品的利润和损失转嫁，因而对提供产品的部门缺乏激励作用。同类方法有实际成本加成法，即以实际成本加一定的利润作为转移定价。

(2) 标准成本法。即以中间产品的标准成本作为转移价格，这种方法使核算和控制工作联系起来，有利于确认经济责任和提高效率。同类方法有标准成本加成法，即以标准成本加一定的利润作为转移定价。但无论是实际成本法还是标准成本法，完全成本作为转移价格会面临将转移部门的固定成本变为接收部门的变动成本的矛盾。

(3) 变动成本法。即以变动成本作为转移价格，但这种方法对接收部门有利，为此，有企业将其改进为变动成本加成的方法。

(二)以市场价格为基础的内部转移价格

以市场价格作为内部转移价格，可以引入市场机制，在企业内部营造竞争气氛，使每个利润中心都成为各自经营、自负盈亏、相互竞争的独立机构。但是某些中间产品的市场价格往往是不易取得的。另外该方法对提供产品一方有利，其将全部市场利润都归功于提供产品单位的业绩中，导致了接受产品一方对产品再加工所付出的努力被忽视。

(三)协商转移价格

由各责任中心之间协商确定内部转移价格，这种转移价格相对公平，双方都易于接受，但是各方确定协商价格的谈判成本很高。协商价格的确定成为各部门争取利润的手段。

(四)双重内部转移价格

双重内部转移价格是指提供产品的责任中心和接收产品的责任中心分别采用不同的转移价格结算的方法，其差额交由财务部门调整。比如，产品提供方采用市场价格计价，而接收方采用变动成本计价。选用不同的结算价格，能满足各自管理的需要。对输出方来讲，有利于核算责任利润，调动主动性和积极性；对接收方来讲，有利于区别核算变动成本，正确确定产品成本。

【阅读资料 10-2】 某公司的责任会计制度。

第三节 经济增加值

一、经济增加值的基本概念

经济增加值(EVA)是由美国思腾思特咨询公司于20世纪80年代提出的一种业绩考核与评价方法。经济增加值的概念来源于剩余收益,剩余收益是责任会计中评价投资中心业绩的财务指标,它弥补了投资收益率指标的一些不足,厘清了利润和投资之间的内部联系。剩余收益由于利息计算导致资源配置的短期性,经济增加值对剩余收益加以改进,将收益进行调整,使剩余收益更接近于企业的经济收益。

经济增加值是企业扣除了投资的资本成本后剩下的利润,在数值上等于调整后的税后净营业利润减去资本成本费用后的余额。经济增加值是与股东财富联系最紧密的业绩考核评价指标,促进了企业创造股东财富最大化目标的实现。

$$经济增加值=调整后税后净营业利润-资本成本$$
$$=调整后税后净营业利润-总资本×加权平均资本成本 \qquad 公式(10.3.1)$$

二、经济增加值的计算

(一)税后净营业利润的调整

会计报表上记载的净营业利润是按照会计准则的要求填写的,由于会计的稳健性会低估真实的经济利润,在计算经济增加值时需要将利润进行调整,使其更接近真实的经济现实。调整的原则就是将对企业市场价值产生影响的项目进行调整,比如对未来利润有贡献的费用都应资本化,作为长期资本投入。

主要的调整项目有三项,分别是研究与开发费用、广告与销售费用、员工培训费用。会计上将其计入当期,同样还有递延税金、各种计提的准备、加速折旧等项目。在税后净营业利润的调整中,调整项目因企业情况不同而不同。考虑企业不同的组织结构、业务组合、会计政策,需要定做适合本企业的税后净营业利润调整公式。

(二)资本成本的计算

企业大多采用多种筹资方式,在核算资本成本时需要计算全部投资资金的总成本,即加权平均资本成本。加权平均资本成本以各种资本的比重为权数,对个别资本成本进行加权平均。企业的筹资方式分为负债筹资和权益筹资,前者主要是借款和发行债券,后者是发行股票和留存收益转增。资本成本的形式主要有利息和股息,利息可税前扣除抵扣所得税。

三、经济增加值的应用

1. 应用经济增加值评价指标必须有合适的组织结构和战略规划

为发挥经济增加值的潜力，经济增加值的衡量体系、管理体系和激励系统需依靠合适的企业组织形式来建立，而企业经营战略必须适合经济增加值核算，经济增加值才能帮助企业改善绩效。

2. 应用经济增加值必须有企业高层管理者的支持

企业管理者要深刻经济增加值的意义，并大力推动组织实施，制定更优的资本结构，制定激励政策，增加企业价值。

3. 应用经济增加值需要激励政策与全员参与

经济增加值的激励计划是经济增加值的核心，合格的激励计划能够克服管理人员的短期行为。全员参与经济增加值培训对成功实施经济增加值十分重要。

【例 10-5】EVA 在企业绩效评价中的应用。

已知：瑞星公司计算 EVA 的相关基础数据如表 10-3 所示。

表 10-3　瑞星公司 EVA 计算表

项　目	20×4	20×5	20×6	20×7	20×8
调整后净营业利润/万元	122 330	106 702.25	144 256	147 062.5	135 358
调整后资本总额/万元	904 925	936 721	1 080 837	1 218 477	1 420 325
加权平均资本成本/%	7	7.6	8.19	8.75	9.6

要求：计算瑞星公司 20×4—20×8 年的经济增加值，并对该公司的绩效进行评价。

解：

20×4 年的 EVA=122 330−904 925×7%=58 985.25(万元)

20×5 年的 EVA=106 702.25−936 721×7.6%=35 511.45(万元)

20×6 年的 EVA=144 256−1 080 837×8.19%=55 735.45(万元)

20×7 年的 EVA=147 062.5−1 218 477×8.75%=40 445.76(万元)

20×8 年的 EVA=135 358−1 420 325×9.6%=−993.2(万元)

可以看到，20×4—20×7 年，瑞星公司连续 4 年的 EVA 均为正数，说明在此期间瑞星公司能够持续地为股东创造财富，公司的价值创造能力持续增强。然而 20×8 年情况出现逆转，瑞星公司的 EVA 仅为−993.2 万元，说明该公司当年不仅没有为股东创造财富，还使公司价值下降 993.2 万元。仔细观察后可以发现，这主要是因为公司在调整后净营业利润下滑这一不利局面的同时，加权平均资本成本也从 20×7 年的 8.75%增加到 9.6%。为此，下一步，瑞星公司需结合影响公司会计利润创造能力的因素以及影响加权平均资本成本的债务融资、股本融资等因素，进行全面的分析，并采取有效措施，以提升公司创造价值的能力。

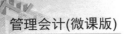

第四节　平衡计分卡

一、平衡计分卡的含义

从工业经济进入知识经济时代，知识、技术、信息、员工等因素对企业价值创造的影响越来越大，但是这些因素很难用传统的财务业绩评价模式进行评价，而这些知识和能力又对企业建立竞争优势至关重要。单一的财务业绩考评在一定程度上与企业价值目标脱节，难以引导企业关注关键成功因素。因而，很多企业开始对业绩评价方法进行创新，从战略层面衡量业绩水平，平衡计分卡就是这样一种业绩考核评价方法。

20世纪90年代，哈佛商学院的卡普兰和诺顿的衡量未来组织业绩的课题组拓展了社会上流行的一种"公司计分卡"，形成了平衡计分卡，这是一种从财务、客户、内部运营、学习与成长多维度衡量业绩的计分卡。所谓平衡，是指这种方法平衡了财务业绩与非财务业绩指标、短期与长期目标、内部与外部的关系、战略与战术的关系，综合反映企业业绩。

二、平衡计分卡的基本内容

(一)财务维度

财务维度是指财务业绩指标，它能反映企业战略的执行对企业价值的增值所做出的贡献，盈利能力是平衡计分卡其他三个维度的战略的集中体现。财务维度的核心业绩考核评价指标有投资报酬率、经济增加值、利润率、收入增长率。

(二)客户维度

客户维度衡量企业在致力于为客户服务，满足客户需求方面所做的努力。客户特别是核心顾客的需求主要是产品的质量、性能、服务、成本、时间，满足客户需求要把客户需求作为企业的目标，根据目标客户制定企业战略。客户维度的指标包括客户满意度、市场占有率、客户保持率、新客户获得率。

(三)内部运营维度

内部运营维度是在制定财务维度和客户维度方面的目标的基础上，考核评价对实现财务目标和客户满意度影响最大的经营业务流程，这里的经营业务既涉及短期的业务，又有长期的业务。内部运营维度的指标包括创新过程、经营过程和售后服务过程的衡量指标，如质量指标、成本指标、时间指标。

(四)学习与成长维度

学习与成长维度是衡量企业在员工培训、改进技术水平、提高学习能力方面的表现。

另外，员工是学习与成长的主体和基础，这个维度也将员工因素作为企业考核的指标。学习与成长维度的指标包括员工满意度、员工离职率、员工盈利能力。

三、平衡计分卡的意义

(一)实现了五大类平衡

平衡计分卡实现了财务指标与非财务指标的平衡，长期指标与短期指标的平衡，外部指标与内部指标的平衡，主观指标与客观指标的平衡，结果指标与动因指标的平衡。其平衡了企业的各种利益导向，实现了企业的可持续发展。

(二)重视战略目标的实现

平衡计分卡实现了战略在经营过程中的具体化，将战略与经营活动目标相联系，确保各方面工作着眼于战略实现，加强沟通，使员工活动都统一在战略决策目标下。

(三)重视竞争优势的获取

平衡计分卡将客户满意度作为一个考核目标，将对顾客价值的重视提升到战略高度，并贯彻企业竞争战略，旨在获取和保持竞争优势。

【阅读资料10-3】 责任中心的"阿米巴管理哲学"。

本 章 小 结

在分权管理体制下，企业必须建立有效的业绩评价和考核制度。本章主要介绍了部门层面和企业层面的业绩评价方法。

在部门层面，业绩评价方法是首先将内部各单位划分为许多责任中心，再按照控制范围的大小及业务流动特点，将责任中心划分为成本中心、利润中心和投资中心。成本中心的考核指标包括责任成本的变动额和变动率两类；利润中心主要是通过一定期间实际利润与预算利润进行对比，分析差异及其形成原因，明确责任，借以对责任中心的经营得失和有关人员的功过做出正确的评价与分明的奖惩；投资中心除了考核和评价利润指标以外，更需要计算、分析利润与投资额的关系性指标，即投资利润率和剩余收益。

企业层面的业绩评价方法，我们主要讲述了经济附加值的含义、算法及优缺点。平衡计分卡是从财务、客户、内部运营、学习与成长多维度衡量业绩的计分卡。所谓"平衡"，就是指这种方法平衡了财务与非财务指标、短期与长期目标、内部与外部、战略与战术的关系，综合反映企业业绩。

自 测 题

一、单选题

1. 下列责任中心中，拥有产品销售权、价格制定权、生产决策权的责任中心是( )。

    A. 利润中心　　　B. 投资中心　　　C. 成本中心　　　D. 收入中心

2. 责任会计中，将内部交易结算价格称为( )。

    A. 变动成本　　　　　　　　　　B. 重置成本

    C. 内部转移价格　　　　　　　　D. 责任成本

3. 责任会计产生的直接原因是( )。

    A. 跨国公司的产生　　　　　　　B. 运筹学的产生和发展

    C. 分权管理　　　　　　　　　　D. 行为科学的产生和发展

4. ( )是责任会计中应用最广泛的一种责任中心形式。

    A. 成本中心　　　B. 利润中心　　　C. 投资中心　　　D. 责任中心

5. 利润中心和投资中心的区别在于其不对( )负责。

    A. 投资效果　　　B. 收入　　　C. 利润　　　D. 成本

6. ( )把企业的使命和战略转变为目标和各种指标，它并不是对传统战略和评估方法的否定，而是对其进行了进一步的发展和改进。

    A. 剩余收益　　　B. EVA　　　C. 业绩金字塔　　　D. 平衡计分卡

7. 以标准成本作为基础的内部转移价格主要适用于( )。

    A. 自然利润中心　　　　　　　　B. 人为利润中心

    C. 投资中心　　　　　　　　　　D. 成本中心

8. 某公司某部门的有关数据为：销售收入 50 000 元，已销产品的变动成本和变动销售费用 30 000 元，可控固定间接费用 2500 元，不可控固定间接费用 3000 元，分配来的公司管理费用为 2000 元。那么，该利润中心部门贡献边际为( )元。

    A. 20 000　　　B. 17 500　　　C. 14 500　　　D. 10 750

9. 某车间为成本中心，生产甲产品，预算产量为 5000 件，单位成本 200 元；实际产量为 6000 件，单位成本 195 元。则预算成本节约率为( )。

    A. 17%　　　B. −2.5%　　　C. 2.5%　　　D. 6%

10. 若企业的生产部门、采购部门都是成本中心，由于材料质量不合格造成的生产车间超过消耗定额差异部分应由( )负责。

    A. 生产部门　　　B. 生产部门与采购部门共同负责

    C. 采购部门　　　D. 生产部门和采购部门共同的上一层责任中心负责

二、多选题

1. 下列属于责任中心的有( )。

    A. 成本中心　　　B. 利润中心　　　C. 投资中心　　　D. 包装中心

2. 业绩评价系统的两个核心要素是( )。

A. 评价主体的选择 　　 B. 评价目标的建立

C. 评价指标体系的构建 　　 D. 评价个体的选择

3. 投资中心必须对( )负责。

A. 利润 　　 B. 收入 　　 C. 成本 　　 D. 投入的资金

4. EVA与传统财务指标的最大不同，就是充分考虑了投入资本的机会成本，使得EVA具有( )的突出特点。

A. 度量的是资本利润 　　 B. 度量的是企业的利润

C. 度量的是资本的社会利润 　　 D. 度量的是资本的超额收益

5. 平衡计分卡通过( )指标体系设计来阐明和沟通企业战略，促使个人、部门和组织的行动方案达成一致和协调，以实现企业价值最大化和长期发展的目标。

A. 客户维度 　　 B. 内部运营维度

C. 学习与成长维度 　　 D. 财务维度

三、思考题

1. 成本中心、利润中心、投资中心的业绩考核评价指标有哪些？

2. 如何计算经济增加值？

3. 平衡计分卡四个维度的逻辑关系是什么？

第十一章

作业成本会计

【学习要点及目标】

● 掌握作业成本的相关理论。
● 掌握作业成本计算方法。
● 掌握作业成本管理的内容。

【核心概念】

作业成本法　成本动因分析　作业分析　作业成本管理

【引导案例】 菲尼克斯－AEROTECH 公司的疑惑

第一节　作业成本管理概述

一、作业成本管理的含义

作业成本管理，是指企业利用计算作业成本所获得的信息进行作业管理，以达到不断消除浪费、实现持续改善、提高客户价值，并最终实现企业战略目标的一系列活动。就本质而言，作业管理是以客户需求为出发点，以作业分析为核心，以不断降低成本、提高企业价值为目的，通过对作业链的不断改进和不断优化，从而使企业获得竞争优势的一种先进的成本管理方式。

作业成本制度的建立应满足以下两个条件。

(1) 企业有大量的间接费用和辅助性资源。

(2) 产品、顾客和生产过程多样化。许多公司利用传统的标准成本系统或变动成本系统提供的信息，盲目增加产品品种，使其产品过于顾客化和过多地为顾客服务。他们没有看到为实现产品多样性、顾客化和为顾客服务所制定的决策是怎样导致过高的间接费用和辅助资源费用的。

二、作业成本管理产生的时代背景

20 世纪 70 年代以后，以计算机技术为代表的高科技广泛应用于企业。一方面，随着企业生产条件的转化，产品成本中的制造费用比重急剧增长，而直接人工比重则相对下降。在这种情况下，传统产品成本计算中的制造费用分配方法面临挑战。

另一方面，高新技术日新月异并广泛应用于生产领域，经济活动日益全球化，企业间的竞争日趋激烈，富裕社会逐渐形成，顾客需求日益多样化。这一切导致企业生产组织形式的重大变革，从而带来企业经营管理思想和方法的深刻变革，促进"新的企业观"的形成。所谓新的企业观，就是以顾客需求为导向，将企业设计成一系列作业的集合体，形成了一个由此及彼、由内到外的作业链。作业成本管理随之产生并得到了广泛的应用。

三、作业成本管理的内容

作业成本管理由两个相互关联的过程组成：一个是作业成本的计算(分配)过程，即所谓的成本分配观；另一个是作业的控制过程，即所谓的成本过程观，包括作业产生的原因分析、作业的确认和作业的评价。

作业成本管理模型如图 11-1 所示。

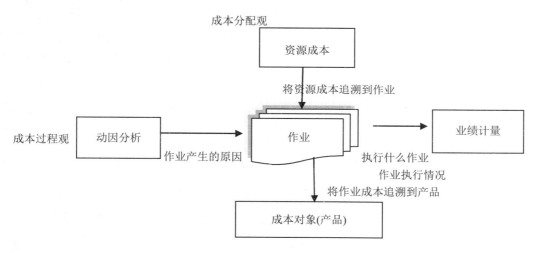

图 11-1 作业成本管理模型

(一)作业成本计算(分配观)

图 11-1 中垂直部分反映了成本分配观,它说明成本对象引起作业需求,而作业需求又引起资源的需求。因此,成本分配是从资源到作业,再从作业到成本对象,而这一流程正是作业成本计算的核心。

(二)作业成本控制(过程观)

图 11-1 中水平部分反映了成本过程观,它为企业提供所引起作业的原因(成本动因)以及作业完成情况(业绩计量)的信息。过程观关注的是确认作业成本的根源、评价已经完成的工作和已实现的结果。企业利用这些信息,可以改进作业链,提高从外部顾客获得的价值。

作业的控制过程关心的是作业的责任,包括成本动因分析、作业分析和业绩考核三个部分。其基本思想是:以作业来识别资源,将作业分为增值作业和非增值作业,并把作业和过程联系起来,确认过程的成本动因,计量过程的业绩,从而促进过程的持续改进。

四、作业成本管理的相关概念

(一)作业和作业中心

作业是指需要进行操作并因此消耗资源的流程或程序,是企业生产经营过程中各项独立并相互联系的活动。比如给供应商打电话订购就是一个作业。

作业中心是指构成一个业务过程的相互联系的作业集合。作业中心有助于企业更明晰地分析一组相关的作业,以便进行作业管理以及企业组织机构和责任中心的设计与考核。

(二)成本库

成本库是指作业所发生的成本的归集。在传统的成本会计中以部门为单位进行各类制造费用的归集，而在作业成本法中，将每一个作业中心所发生的成本或消耗的资源归集起来作为一个成本库。一个成本库是由同质的成本动因组成，它对库内同质费用的耗费水平负有责任。

(三)作业链和价值链

作业链是指企业为了满足顾客需要而设立的一系列前后有序的作业的集合体。

价值链是指企业作业链的价值表现。一项作业转移为另一项作业的过程，同时也伴随着价值量的转移，由此形成作业价值链。

(四)资源动因

资源动因反映了作业量与资源耗费之间的因果关系。这类成本动因发生在各种资源耗费向相应作业中心分配的过程中，它是将资源成本分配到作业中心的分配标准，资源动因与最终产品的产量没有直接的关系。

(五)作业成本动因

成本动因亦称成本驱动因素，是指导致成本发生的因素，即成本的诱因。作业成本动因通常以作业活动耗费的资源来进行度量，如质量检查次数、用电度数等。在作业成本法下，作业成本动因是成本分配的依据。

作业成本动因是引起产品成本变动的驱动因素，用于反映了产品产量与作业成本之间的因果关系，计量各种产品对作业耗用的情况，并被用作作业成本的分配依据，是沟通资源消耗与最终产出的中介，如直接人工小时、订单份数、机器准备次数等。作业成本动因充当着作业和产品之间的纽带。

【阅读资料 11-1】 作业成本法的产生和发展。

第二节　作业成本计算

一、作业成本计算的基本原理

作业成本法是以"成本驱动因素"理论为基本依据，根据产品生产或企业经营过程中发生和形成的产品与作业、作业链和价值链的关系，对成本发生的动因加以分析，选择"作业"为成本计算对象，归集和分配生产经营费用的一种成本核算方式。

作业成本计算以作业为中心，而作业的划分是划分从产品设计、物料供应、生产工艺流程(各车间)的各个环节、质量检验、总装，到发运销售的全过程。具体而言，作业成本计算是通过对作业及作业成本的确认、计量，最终计算出相对真实的产品成本。同时，通过对所有与产品相关联作业活动的追踪分析，尽可能消除"不增值作业"，改进"增值作业"，优化"作业链"和"价值链"，增加"顾客价值"，促使损失、浪费减少到最低限度，提高决策、计划、控制的科学性和有效性，最终达到提高企业的市场竞争能力和盈利能力、增加企业价值的目的。

作业成本计算法分配间接费用遵循的原则是"作业消耗资源，产品消耗作业"。作业成本法包括两个阶段：第一阶段，将作业执行中消耗的资源追溯到作业，计算作业的成本，并根据作业动因计算作业成本分配率；第二阶段，根据第一阶段计算的作业成本分配率和产品消耗作业的数量，将作业成本追溯到各有关产品。

其分配原理如图 11-2 所示。

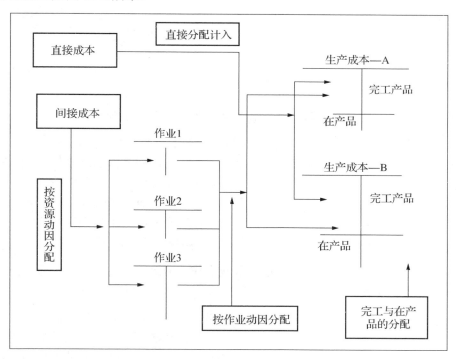

图 11-2　作业成本法的分配原理

将作业分配到产品时，应根据作业成本和作业成本动因数量计算作业成本动因分配率(Activities Cost Driver Rate)。作业成本动因分配率是作业成本与作业成本动因数量的比率，其计算公式为：

作业成本动因分配率(R)＝作业成本(C)÷作业成本动因数量(X)　　公式(11.2.1)

如果企业生产品种较多，作业数量也较多，则需要分别计算每项作业的作业成本动因分配率(R)。假设一个企业的生产过程由五项作业组成，可分别计算五项作业的作业成本动因分配率，即

$$R_1 = \frac{C_1}{X_1}, \quad R_2 = \frac{C_2}{X_2}, \quad R_3 = \frac{C_3}{X_3}, \quad R_4 = \frac{C_4}{X_4}, \quad R_5 = \frac{C_5}{X_5}$$

其中某种产品制造费用(C)的计算公式如下：

$$C=C_1+C_2+C_3+C_4+C_5$$
$$=R_1X_1+R_2X_2+R_3X_3+R_4X_4+R_5X_5 \qquad\qquad 公式(11.2.2)$$

而在传统成本计算法下，制造费用分配只使用一个分配标准来计算一个统一的制造费用分配率。假设企业以第一项作业动因(X_1)作为分配标准，计算制造费用分配率(R')，其计算过程如下：

$$R' = \frac{C}{X_1} = \frac{C_1 + C_2 + C_3 + C_4 + C_5}{X_1} \qquad\qquad 公式(11.2.3)$$

则某种产品分配的制造费用计算公式为：

$$C = R' \cdot X_1 \qquad\qquad 公式(11.2.4)$$

通过这个公式计算产品成本，当其余四项作业动因 X_2、X_3、X_4 和 X_5 与被选择的作业动因 X_1 不呈比例时，产品成本将被严重扭曲。

二、作业成本计算的一般程序

1. 确认和计量各类资源耗费，将资源耗费价值归集到各资源库

这一步骤是按资源类别对资源耗费价值进行归集的过程。在资源被耗费后，一般来说，都应该按照一定的价值归集范围，对其进行分类归集。这样既可以从总体上反映各类资源的耗用情况，同时也为将各类资源的耗费价值向作业成本库进行分配创造了条件。至于价值归集范围，一般应视企业的规模和作业组合状况而定。对于小规模企业，若不分设制造中心，则直接在整个企业范围内按类别归集资源耗费价值；对于大规模企业，一般可分设若干制造中心，并将各制造中心视为小规模企业来归集各类资源耗费价值。

2. 确认作业、主要作业和作业中心，并建立作业成本库，将各个资源库汇集的价值分配到各个作业成本库中

这一步骤的实施，是建立在对企业生产经营过程进行全面分析的基础上的。因为只有通过对企业生产经营过程的全面详尽的分析，才能将其描述为一个由此及彼、由内向外的作业链，才能发现各项作业的成本动因，从而在此基础上，按照作业成本动因来建立作业成本库。在实际工作中，一个企业的作业可能成百上千，按照重要性原则，应选择主要作业作为资源分配的基础。

在作业成本库建立之后，如何将各类资源的价值耗费向各作业成本库进行分配，就成为本步骤的重要内容。按照作业成本计算的规则，作业量的多少决定着资源耗用量的高低，资源耗用量的高低与最终产品的产出量没有直接关系。所以这一步骤分配资源的价值耗费的基础是反映资源消耗量与作业量之间关系的资源动因，即如何正确地确定资源动因是正确地将各类资源耗费分配计入各作业成本库的关键。

确立资源动因的原则如下。

(1) 如果某项资源耗费能直观地确定其是为某一特定产品所消耗，则直接计入该特定产

品成本，此时资源动因也是作业动因，该动因可以认为是"终结耗费"，材料费往往适用于该原则。

(2) 如果某项资源耗费可以从发生领域上区分为各作业所耗，则可以直接计入各作业成本库，此时资源动因可以是"作业专属耗费"，如作业各自发生的办公费一般适用这种原则，各作业按实付工资额核定应负担的工资费时，也适用这一原则。

(3) 如果某项资源耗费从最初消耗上呈混合耗费形态，则需要选择合适的量化依据将资源分解后，再分配到各作业，这个量化依据就是资源动因。

按照以上原则，各资源库价值根据资源动因逐项分配到特定范围内的各作业成本库中，然后将每个作业成本库中转入的各项资源价值相加，就形成了作业成本库价值。

3. 将各作业成本库价值分配计入最终产品或劳务成本计算单，计算完工产品或劳务成本

该成本计算步骤应遵循的作业成本计算规则是：产出量的多少决定着作业耗用量的高低，这种作业消耗量与产出量之间的关系即为作业动因。

作业动因是将作业成本库成本分配到产品或劳务中去的依据，也是沟通作业耗费与最终产出的中介。既然作业中心和作业成本库是依据作业动因确认的，就每一作业成本库而言，其动因在第 2 步骤已经确立，因而成本计算在这一步骤并无障碍。如订单作业是批量动因作业，我们只需将该作业成本库成本除以当期订单份数得出分配率，再将此分配率乘以某批产品所用订单份数即可得到应计入该批产品成本计算单中订单成本项目中去的价值。

三、作业成本计算举例

【**例 11-1**】某企业生产 A、B 两种产品，有关年产销量、批次、成本、工时等资料具体如表 11-1 所示。

表 11-1　产销量及直接成本等资料表

项　　目	A 产品	B 产品	合　　计
产销量/件	200 000	40 000	240 000
生产次数/次	4	10	14
订购次数/次	4	10	14
每次订购量/件	25 000	2 000	27 000
直接材料成本/元	24 000 000	2 000 000	26 000 000
直接人工成本/元	3 000 000	600 000	3 600 000
机器制造工时/小时	400 000	160 000	560 000

该企业当年制造费用项目与金额如表 11-2 所示。

解：作业成本计算的关键在于对制造费用的处理不是完全按机器制造工时进行分配，而是根据作业中心与成本动因，确定各类制造费用的分配标准。

表 11-2 制造费用明细表

单位:元

项 目	金 额
材料验收成本	300 000
产品检验成本	470 000
燃料与水电成本	402 000
开工成本	220 000
职工福利支出	190 000
设备折旧	300 000
厂房折旧	230 000
材料储存成本	140 000
经营者薪金	100 000
合计	2 352 000

下面分别确定表 11-2 中各项制造费用的分配标准和分配率。

(1) 对于材料验收成本、产品检验成本和开工成本,其成本动因是生产与订购次数,可以此作为这三项制造费用的分配标准。其分配率为:

材料验收成本分配率=300 000÷14 ≈ 21 428.57(元)

产品检验成本分配率=470 000÷14 ≈ 33 571.43(元)

开工成本分配率=220 000÷14 ≈ 15 714.29(元)

(2) 对于设备折旧费用、燃料与水电费用,其成本动因是机器制造工时,可以机器制造工时作为这两项费用的分配标准。其分配率为:

设备折旧费用分配率=300 000÷560 000 ≈ 0.535 71(元)

燃料与水电费分配率=402 000÷560 000 ≈ 0.717 857(元)

(3) 对于职工福利支出,其成本动因是直接人工成本,可以直接人工成本作为职工福利支出的分配标准。其分配率为:

职工福利支出分配率=190 000÷3 600 000 ≈ 0.052 78(元)

(4) 对于厂房折旧和经营者薪金,其成本动因是产品产销量,厂房折旧和经营者薪金可以此为分配标准。其分配率为:

厂房折旧费用分配率=230 000÷240 000 ≈ 0.9583(元)

经营者薪金分配率=100 000÷240 000 ≈ 0.416 67(元)

(5) 对于材料储存成本,其成本动因是直接材料的数量或成本,可以此为标准分配材料储存成本。其分配率为:

材料储存成本分配率=140 000÷26 000 000 ≈ 0.005 38(元)

根据上述计算的费用分配率,将各项制造费用在 A 产品和 B 产品之间分配,其分配结果如表 11-3 所示。

表 11-3　制造费用分配明细表

单位：元

项　目	合　计	A 产品	B 产品
材料验收成本	300 000	85 714	214 286
产品检验成本	470 000	134 286	335 714
燃料与水电成本	402 000	287 143	114 857
开工成本	220 000	62 857	157 143
职工福利支出	190 000	158 340	31 660
设备折旧	300 000	214 284	85 716
厂房折旧	230 000	191 660	38 340
材料储存成本	140 000	129 120	10 880
经营者薪金	100 000	83 334	16 666
合计	2 352 000	1 346 738	1 005 262

根据上述分析与计算可编制作业成本计算表，具体如表 11-4 所示。

表 11-4　作业成本计算法下的成本计算表

项　目	A 产品	B 产品
直接材料成本/元	24 000 000	2 000 000
直接人工成本/元	3 000 000	600 000
制造费用/元	1 346 738	1 005 262
总成本/元	28 346 738	3 605 262
产销量/件	200 000	40 000
单位产品成本/元	141.73	90.13

【阅读资料 11-2】　价值链理论。

第三节　作业成本控制

一、作业成本分析

(一)成本动因分析

要进行作业成本管理，就必须找出导致作业成本的原因。每项作业都有投入和产出，作业投入是为取得产出而由作业消耗的资源，而作业产出则是一项作业的结果或产品。比如，原料搬运，搬运到指定地点的材料数量，就是该"搬运"作业的产出量，也可以称为作业动因。然而，产出量指标不一定是作业发生的根本原因，必须进一步进行动因分析，找出形成作业成本的根本原因。例如，搬运材料的根本原因，可能是车间布局不合理造成的。一旦得知了根本原因，就可以采取相应的措施改善作业，如改善车间布局，减少搬运成本。

(二)作业分析

作业分析的主要目标是认识企业的作业过程，以便从中发现持续改善的机会及途径。分析和评价作业、改进作业和消除非增值作业构成了过程价值分析与管理的基本内容。改进过程首先需要将每一项作业分为增值作业或非增值作业，明确增值成本和非增值成本，然后再进一步确定如何将非增值成本减至最小。

1. 增值作业

所谓增值作业，就是那些顾客认为可以增加其购买的产品或服务的有用性，有必要保留在企业中的作业。一项作业必须同时满足下列三个条件才能被认定为增值作业。

(1) 该作业导致了状态的改变。

(2) 该状态的变化不能由其他作业来完成。

(3) 该作业使其他作业得以进行。

例如，印刷厂的最后装订工序是先裁边再装订，其中裁边作业是为了使所有纸张整齐划一，从而改变了原来的状态。这种状态之前的印刷或其他作业均不能实现该目的，而且只有裁边以后，才能进行后续的装订作业。裁边作业符合上述全部条件，因此为增值作业。增值作业又可分为高效作业和低效作业。增值成本是指那些以完美效率执行增值作业所发生的成本，或者说，是高效增值作业产生的成本。而那些增值作业中因为低效率所发生的成本则属于非增值成本。

2. 非增值作业

非增值作业是指即便消除也不会影响产品对顾客服务的潜能，不必要的或可消除的作业。如果一项作业不能同时满足增值作业的三个条件，就可断定其为非增值作业。例如：检验工作只能说明产品是否符合标准，而不能改变其形态，不符合第一个条件；次品返工作业是重复作业，在其之前的加工作业本就应提供符合标准的产品，因此也属于非增值作业。执行非增值作业发生的成本全部是非增值成本。持续改进和流程再造的目标就是寻找非增值作业，将非增值成本降至最低。

3. 作业成本管理的途径

在区分了增值成本与非增值成本之后，企业要尽量消除或减少非增值成本，最大化利用增值作业，以减少不必要的耗费，提升经营效率。作业成本管理中进行成本节约的途径，主要有以下四种形式。

(1) 作业消除：消除非增值作业或不必要的作业，降低非增值成本。

(2) 作业选择：对所有能够达到同样目的的不同作业，选取其中最佳的方案。

(3) 作业减少：以不断改进的方式降低作业消耗的资源或时间。

(4) 作业共享：利用规模经济来提高增值作业的效率。

作业分析是过程价值分析的核心。通过对作业的分析研究来采取措施，消除非增值作业，改善低效作业，优化作业链，对于削减成本、提高效益具有非常重要的意义。

二、作业业绩考核

实施作业成本管理，其目的在于找出并消除所有非增值作业，提高增值作业的效率，削减非增值成本。当利用作业成本计算系统识别出流程中的非增值作业及其成本动因后，业绩改善的方向就明确了。若要评价作业和过程的执行情况，必须建立业绩指标，业绩指标可以是财务指标，也可以是非财务指标，以此来评价是否改善了流程。财务指标主要集中在增值成本和非增值成本上，可以提供增值与非增值报告，以及作业成本趋势报告。而非财务指标主要体现在效率、质量和时间三个方面，如投入产出比、次品率和生产周期等。

三、作业成本管理与传统成本管理的主要区别

1. 作业成本管理与传统成本管理关注的重点不同

传统成本管理的对象主要是产品，关注的重点是如何降低产品成本，而不涉及作业；而作业成本管理的对象不仅是产品，而且包括作业，并把关注的重点放在作业上。

2. 作业成本管理与传统成本管理职责的划分、控制标准的选择、考核对象的确定以及奖惩兑现的方式不同(如表 11-5 所示)

表 11-5　作业成本管理与传统成本管理区别表

项　目	职责划分	控制标准	考核对象	奖惩兑现方式
传统成本管理	按部门或生产线划分	以企业现实可能达到的水平为控制标准，而不是以最高水平为标准，这一标准相对稳定	部门可控成本	对部门或相关责任人兑现奖惩
作业成本管理	按作业及价值链划分	以实际作业能力(不考虑低效、残次品、非正常停工情况下可能达到的最高产出水平)，即最优或理想成本为标准	财务指标和非财务指标	对作业链中各项作业的执行者实施奖惩

3. 传统成本管理忽视非增值成本，而作业成本管理高度重视非增值成本，并注重不断消除非增值成本

传统成本管理，关注的是在经营过程中实际发生的成本，并在此基础之上，采取各种手段和措施来控制这些成本，而忽视实际发生的成本中存在的非增值成本。

非增值成本，是指那些不增加客户价值的作业所耗费的成本。在现实的管理水平下，非增值成本并非不必要的成本，但却是可以通过持续改善加以消除的成本。如产品质量检验作业的成本，为了防止不合格产品流向市场，检验作业是必需的。但是，检验作业的成本不能增加客户价值。通过持续改善，不断提高生产技术和工艺水平，可以实现下线产品

一次合格率达到百分之百，那么检验作业就可以消除。传统成本管理虽然也注重提高产品质量，也注意控制和压缩检验费用的开支，但是没有意识到它是一项非增值成本，应逐步予以消除。而作业成本管理从实现和提高客户价值方面考虑，能够发现并报告非增值成本，并十分明确地提出目标，最终通过持续改善，消除非增值成本。

四、作业成本管理的应用

(一)作业成本管理在决策中的应用

1. 对变动成本法的影响

变动成本法通过传统成本性态分析将成本划分为固定成本与变动成本，将与产量变动无关的固定成本视作期间成本，将与产量呈正比例变动的变动成本作为产品成本，其目的是满足短期决策的需要。作业成本管理提出了非产量基础变动成本概念，使许多不随产量变动的间接成本可以明确地归属于各产品，产品成本不仅随产量变动，而且随相关作业变动，这就动摇了变动成本法的基础。特别是适时制条件下，单元式制造使大量的制造费用(如折旧、辅助生产)由间接成本变为直接成本；零库存意味着产品成本和期间成本趋于一致，这些对变动成本法造成了更大的冲击。

有专家认为，新的制造环境下变动成本法的重要性在日益减弱，造成这种情况的原因主要有两个。

(1) 在总制造成本中，变动成本的比重越来越小，特别是那些技术先进的组织，变动成本的比重低于10%。

(2) 把各项固定费用按期间归集处理，并不能为控制日益增长的固定成本提供良策。作业成本法的采用在一定程度上避免了这些缺陷，因此，作业成本法有可能取代变动成本法。

2. 对本量利分析的影响

本量利分析是进行成本决策分析的基础模型。传统的本量利模型为：

$$R=PS-VS-F \qquad 公式(11.3.1)$$

式中：R——税前利润；

$\quad\;\;P$——销售单价；

$\quad\;\;V$——单位变动成本；

$\quad\;\;S$——产销量；

$\quad\;\;F$——固定成本。

作业成本管理理念下非产量基础成本动因的采用，放宽了原本量利分析的假设条件，改变了原本量利模型中税前利润仅与售价、产销量、单位变动成本、固定成本相关的模式，建立起税前利润与售价、产销量、单位变动成本、作业量、单位作业成本及固定成本的关系，扩展了本量利模型的使用范围。与作业成本法相适应的本量利模型为：

$$R=PS_1-V_1S_1-V_2S_2-\cdots-V_nS_n-F \qquad 公式(11.3.2)$$

式中：R——税前利润；

$\quad\;\;P$——销售单价；

V_1——单位变动成本；

S_1——产销量；

$V_2 \cdots V_n$——单位作业成本；

$S_2 \cdots S_n$——作业量；

F——固定成本。

作业成本法下，单位变动成本将更为准确，原假定随产量变动的成本解释为非产量基础变动成本；固定成本的内容也发生了变化，一部分传统意义上的固定成本转化为非产量基础的长期变动成本；最突出的变化是增加了一系列单位作业成本和作业变量，利用本量利模型进行预测时需要考虑各作业量和产量的对应关系。

3. 对相关成本决策法的补充

相关成本决策法是管理会计中一项重要的管理决策方法，它将同某项决策相关的成本与收入进行配比来做出决策。其主要特点是只考虑随决策而变动的成本，略去不受决策影响的成本。

传统的相关成本决策分析往往将固定成本作为非相关成本而在决策中不予考虑。在作业成本法下，许多原本与产量无关的固定成本由于与作业成本动因相关而在决策中从非相关成本变成相关成本，有助于提高相关成本决策的正确性、科学性。传统决策的成本核算假设是决策引发成本。作业成本管理将成本核算假设发展为决策引发作业，作业引发成本，进而以成本动因为依据将成本与资源消耗作业联系起来，指明了影响成本动因的决策又如何影响着成本的发生。因此，在给定管理决策所影响的成本动因条件下，作业成本法有利于较准确地建立"如果—怎样"的分析模型，以产生预测型信息。

传统决策法假设决策只对成本在短时间内发生影响，并且多项决策间相互独立、互不影响。但现实中，企业总是面临多项决策，从长远看，一项决策对其他决策尤其是后续决策会产生影响，也就会对其成本产生影响。实际上，某些成本就单个决策而言是固定的，但就一系列决策而言是变动的。作业成本管理以作业为立足点，通过分析作业间的链接关系更好地解释决策间的相互联系与影响，为分析、掌握长期战略决策最相关信息——长期变动成本创造条件。

综上所述，作业成本管理动摇了原有决策方法的基础，扩展了原有决策方法与模式的用途。在实践中，作业成本管理应用于生产决策、定价决策、长期投资决策，提供的决策信息更具准确性、及时性、相关性，提高了决策模式和方法的有效性，从而帮助企业优化决策。

(二)作业成本管理对计划和执行会计的影响

弹性预算、标准成本制度以及责任会计是执行会计的重要组成部分。作业成本管理以开阔的视野研究投入与产出间的关系，追踪"作业消耗资源，产品消耗作业"的动态过程，从根源上对成本进行控制，影响了执行会计的上述组成部分。

1. 对标准成本制度及弹性预算的发展

传统的预算制度和标准成本制度过分强调对耗费差异与效率差异的计量与控制，而且

"费用库"过于浓缩，费用分配标准过于单一，可能引发不当行为。例如，采购人员为了追求有利的价格差异，可能购买质量较差的原料，或大量采购以获取数量折扣的利益，结果造成废料、生产返工的增加，或使原料堆积如山；又如，为了避免出现不利的材料数量差异，员工可能将不良品转入下一道工序，造成废品的产生及生产的中断；再如，为了追求有利的制造费用差异，员工可能减少机器的防护性维修费用，致使设备经常损坏引起生产中断。

作业成本管理关注成本发生的前因后果，强调产品的顾客驱动，以是否增加顾客价值为标准，将作业区分为不增值作业及增值作业，将作业成本区分为不增值作业成本及增值作业成本。作业成本控制就是要强调事前、事中控制，消除不增值作业，提高增值作业的效率和效益，从而消除不增值作业成本。作业成本法下多样化成本库的设置和多样化成本动因的采用使标准成本控制深入作业层次。

增值作业成本及不增值作业成本的计算公式如下：

$$增值作业成本 = 作业标准消耗量 \times 单位作业标准价格 \qquad 公式(11.3.3)$$

$$不增值作业成本 = (作业实际消耗量 - 作业标准消耗量) \times 单位作业标准价格 \qquad 公式(11.3.4)$$

不增值作业包括不增加顾客价值的作业以及增加顾客价值但无效率的作业，不增值作业成本是由不增值作业引发的成本。因此，增值作业成本为作业标准消耗量与单位作业标准价格的乘积，代表标准成本；而不增值作业成本代表不利的作业成本差异。不增值作业的标准成本为零，不必考虑价格差异，其作业量差异就是不增值作业成本；增值作业需要综合考虑价格差异与作业量差异，增值作业产生的不利成本差异是不增值作业成本。相应地，弹性预算也应以作业的成本动因为基础进行编制。

2. 对责任会计基础的更新

传统责任会计强调成本管理，按企业内部各组织机构的职能、权限、目标和任务来制定责任预算，并据此对预算的执行情况进行计量和评价，强调责任中心成本、收入以及利润的绩效衡量，关注成本本身的降低。由于受职能和权限所限，传统责任会计忽视了许多可控间接费用的责任归属，突出表现在没有规范对分布在不同部门却又具有联系和同质性的费用的管理和控制上。此外，传统责任会计还可能以团体业绩掩盖员工个人业绩，不利于对从事不同作业的员工进行业绩考评。

作业成本管理强调作业管理，重视成本发生的原因而不仅仅是成本本身。管理人员关注的问题有：作业是否必要？是否会增加产品或劳务的价值？作业能否改善？其核心是消除无附加价值的作业，提高附加价值作业的效率。作业成本法以同质作业为基础设置责任中心，使用更合理的分配标准，使控制主体与被控制对象间的因果关系增强、可控成本的范围拓宽，从而将更多的费用纳入责任管理，规范了责、权、利之间的对应关系。此外，在评价指标上，作业成本法在保留有用财务指标的基础上，提供了许多非财务指标，如产品质量、市场占有率等，以辅助管理人员从非财务的角度进行业绩评价。

特别地，作业成本管理可按作业将原有责任中心细分为若干子中心，各部门将不可避免地出现同质子中心，如部门的设备维护、质量控制等作业中心，企业既可将这些子中心的信息与原有责任中心的信息汇总而得到该部门责任中心的责任成本信息，又可汇总出同质作业的信息，按相同作业标准在不同部门间进行考核与评价。

总之，作业成本管理在执行会计中的应用，主要是将传统的以产品为中心的控制转化为以作业为中心的控制，从而改进了弹性预算、标准成本制度以及责任会计，提供有助于业绩计量和考核、预算制定的数据和信息，因此对企业加强成本控制与管理有重要意义。

　　【阅读资料 11-3】　作业管理是成本管理的基础。

本 章 小 结

　　作业成本法认为最终产品凝聚了各个作业上形成并最终转移给顾客的价值；而且产品成本是完全成本，所有的费用支出只要是合理的、有效的，都是对最终产出有益的支出，因而都应计入产品成本。另外，成本计算的对象大体上可以分为资源、作业、产品等三个层次。

　　作业成本法下，产品成本的计算大致包括如下基本内容：确定作业，明确成本计算标的；确认和计量各类资源耗费，建立资源库；建立作业成本法计算模型；确定资源动因；将消耗资源的价值分配至各个作业成本库；确定作业动因；分配作业成本库价值至产品或服务价值。

自 测 题

一、单选题

1. 作业消耗一定的(　　)。

　　A. 成本　　　　　　B. 时间　　　　　　C. 费用　　　　　　D. 资源

2. (　　)是负责完成某一项特定产品制造功能的一系列作业的集合。

　　A. 作业中心　　　B. 制造中心　　　C. 企业　　　　　　D. 车间

3. 采购作业的作业动因是(　　)。

　　A. 采购次数　　　B. 采购批量　　　C. 采购数量　　　D. 采购员人数

4. 下列属于工时动因作业的是(　　)。

　　A. 采购作业　　　B. 生产规划作业　C. 厂部作业　　　D. 缝纫作业

5. 服务于每批产品并使每一批产品都受益的作业是(　　)。

　　A. 专属作业　　　　　　　　　　　B. 不增值作业

　　C. 批别动因作业　　　　　　　　　D. 价值管理作业

6. 作业成本计算法的成本计算程序是先确认作业中心，然后将(　　)归集到各作业中心。

　　A. 资源耗费价值　　　　　　　　　B. 直接材料

　　C. 直接人工　　　　　　　　　　　D. 制造费用

7. 下列属于产品数量动因作业的是( )。

    A. 原材料搬运作业   B. 订单作业

    C. 机加工作业   D. 包装作业

8. 在作业成本计算法中, 对于编外人员的工资, 应计入( )。

    A. 制造费用   B. 期间费用   C. 直接人工   D. 产品成本

9. 从作业成本计算的角度看, ( )是基于一定的目的、以人为主体、消耗一定资源的特定范围内的工作。

    A. 资源   B. 作业   C. 作业中心   D. 制造中心

10. ( )是将作业成本分配到产品或劳务中去的标准, 也是沟通作业耗费与最终产出的中介。

    A. 资源动因   B. 作业动因   C. 成本动因   D. 价值动因

11. 与传统成本计算方法相比, 作业成本计算法更注重成本信息对决策的( )。

    A. 有用性   B. 相关性   C. 可比性   D. 一致性

12. 作业成本法是把企业消耗的资源按( )分配到作业, 把作业收集的作业成本按( )分配到成本对象的核算方法。

    A. 资源动因、作业动因   B. 资源动因、成本动因

    C. 成本动因、作业动因   D. 作业动因、资源动因

13. 下列关于传统成本管理与作业成本管理的说法, 不正确的是( )。

    A. 传统成本管理关注的重点是成本, 而作业成本管理关注的重点是作业

    B. 传统成本管理一般以部门(或生产线)作为责任中心, 而作业成本管理以价值链作为责任控制单元

    C. 传统成本管理忽视非增值成本, 而作业成本管理高度重视非增值成本

    D. 传统成本管理不会使产品成本扭曲, 而作业成本管理会使产品成本扭曲

14. ( )的多少决定着作业的耗用量。

    A. 作业量   B. 产出量   C. 销售量   D. 加工量

15. 如果某项资源耗费从最初消耗上呈混合耗费形态, 则需要选择合适的资源动因, 将资源分解并分配到各作业, 如( )。

    A. 材料费

    B. 各作业发生的办公费

    C. 按实付工资额核定应负担的工资费

    D. 动力费

16. ( )是为多种产品生产提供服务的作业。

    A. 不增值作业   B. 产品作业   C. 过程作业   D. 共同消耗作业

17. 使每种产品的每个单位都受益的作业是( )。

    A. 批别动因作业   B. 产品数量动因作业

    C. 工时动因作业   D. 价值管理作业

18. 企业管理深入到作业层次以后, 企业成为满足顾客需要而设计的一系列作业的集合体, 从而形成了一个由此及彼、由内向外的( )。

    A. 采购链   B. 作业链   C. 供应链   D. 产品链

二、多选题

1. 作业成本计算法的成本计算对象包括(　　)几个层次。
    A. 资源　　　　　　　　B. 作业　　　　　　　　C. 作业中心
    D. 批次　　　　　　　　E. 制造中心

2. 作业成本法下的资源包括(　　)。
    A. 货币资源　　　　　　B. 信息资源　　　　　　C. 材料资源
    D. 人力资源　　　　　　E. 动力资源

3. 作业应具备(　　)特征。
    A. 作业是以人为主体的　　　　　B. 作业消耗一定的资源
    C. 区分不同作业的标志是作业目的　D. 作业可以分为增值作业和非增值作业
    E. 作业的范围可以被限定

4. 传统制造企业的经营过程习惯地分为(　　)。
    A. 材料采购　　　　　　B. 产品设计　　　　　　C. 产品生产
    D. 产品销售　　　　　　E. 售后服务

5. 作业成本计算理论中的顾客可以是(　　)。
    A. 资源　　　　　　　　B. 作业　　　　　　　　C. 作业中心
    D. 制造中心　　　　　　E. 最终用户

6. 按照作业动因可以把作业分为(　　)。
    A. 逻辑性作业　　　　　B. 不增值作业　　　　　C. 共同消耗作业
    D. 质量作业　　　　　　E. 专属作业

7. 共同消耗作业按其为产品服务的方式和原因可分为(　　)。
    A. 批别动因作业　　　　　　　　B. 产品数量动因作业
    C. 工时动因作业　　　　　　　　D. 价值管理作业
    E. 专属作业

8. 以下(　　)属于工时动因作业。
    A. 机加工作业　　　　　B. 厂部作业　　　　　　C. 缝纫作业
    D. 订单作业　　　　　　E. 平整作业

9. 传统的成本计算方法把产品成本区分为(　　)。
    A. 直接材料　　　　　　B. 直接人工　　　　　　C. 制造费用
    D. 生产成本　　　　　　E. 间接费用

10. 在作业成本计算法下，成本计算的对象是多层次的，大体上可以分为(　　)。
    A. 资源　　　　　　　　B. 作业　　　　　　　　C. 产品
    D. 作业中心　　　　　　E. 制造中心

三、计算题

某小型企业为客户定制产品 (部分零件购买，部分零件按客户需要加工)。企业现有员工 20 人，分加工和装配两个中心组织生产，加工中心月生产能力 800 小时，装配中心月生产能力 1000 小时。

企业本月生产作业规划、费用资料如表 11-6 至表 11-9 所示。

表 11-6　本月生产作业规划

名　称	数量/件	单位材料定额/元	需用工时定额/小时		完工情况
			加　工	装　配	
产品 A	100	46	2.5	4	完工
产品 B	10	336	50	50	完工

表 11-7　本月资源耗费计算表

单位：元

资源项目	材料费	工资费	动力费	折旧费	办公费	合　计
金额	8000	10 000	500	3000	2000	23 500

表 11-8　主要参数及专属费用表

参　数	订　单	计　划	采　购	加　工	装　配	搬　运	厂　部	合　计
人员编制(人)	1	1	2	5	7	1	3	20
耗电度数(度)	20	60	20	500	200	100	100	1000
折旧费(元)	200	200	300	1000	500	500	300	3000
办公费(元)	200	200	300	200	200	100	800	2000

表 11-9　作业衡量参数表

作业名称	作业动因	衡量参数	产品消耗		
			产品 A	产品 B	其他订单
订单	订单份数/份	10	1	1	8
计划	计划次数/次	4	1	1	2
采购	采购次数/次	10	9	1	0
加工	加工小时/时	750	250	500	0
搬运	搬运次数/次	25	20	5	0
装配	装配小时/时	900	400	500	0
厂部	价值/元				

要求：用作业成本法计算产品 A 和产品 B 的总成本和单位成本。

四、思考题

1. 作业成本计算法产生的原因是什么？

2. 试述作业成本计算法的成本计算对象。

3. 企业对成本信息的需求主要包括哪几方面？

4. 试述作业成本计算法下的成本计算程序。

第十二章

战略管理会计

【学习要点及目标】

- 了解战略管理会计的发展背景。
- 理解战略管理会计的内涵、特征及基本内容。
- 理解并掌握战略定位分析的内容及基本方法。

【核心概念】

战略管理会计　战略成本管理　战略投资决策　战略绩效评价　战略分析　战略成本动因分析

【引导案例】 战略管理会计在海尔集团中的应用

第一节　战略管理会计概述

一、传统管理会计的局限性

(一)成本计算

传统管理会计以成本性态作为研究的起点，推崇变动成本法，在传统的生产技术方式下，直接材料和直接人工成本在产品成本中所占比重较大，这种成本计算方法，具有较大的现实性。然而，现代企业生产是建立在高度自动化基础上的技术密集型生产：技术含量高，制造费用的发生在"顾客化生产"方式下与产品产量关系不大；直接人工与间接人工的界限逐渐模糊。因此，在现代企业生产中，变动成本法已无法反映产品成本的基本概貌。此外，变动成本法关于成本性态的划分建立在相关范围(相关产量、相关期间)基础上，这种限定显然不能满足企业长期决策分析的需要。

(二)存货控制

传统管理会计主要采用"经济订货量"对存货进行控制。管理人员通过平衡订货成本、储存成本和缺货成本等来追求最优存货，竭力寻求一个理想的经济存货量的数学模型，结果导致存货控制理论越来越复杂。在自动化、"顾客化生产"、市场需求日新月异的今天，"经济订货量"模型极易导致存货积压。

(三)投资决策

投资决策是传统管理会计的一项重要内容。对投资项目的经济评价主要考虑的是财务效益，把重点放在直接材料和直接人工的节省上，这是与传统的劳动密集和低技术密集的生产条件相适应的。但是，面对全球性的国际大市场，对投资项目的评价与取舍，不能仅仅考虑财务效益，还要考虑多样化的非财务效益。投资项目的评价与取舍不能采用僵化的模式，而必须做到数量因素与质量因素并重，货币计量与非货币计量并重，数量计算与综合判断相结合。

(四)业绩评价

传统管理会计的业绩评价，主要依据的是财务指标，信息来源也主要取自会计信息系统，不仅时效性较差，而且与决策的相关性也较低。随着企业的生产组织方式向"顾客化生产"转变，管理者的目光开始从企业内部转向企业外部，扩大市场份额、提高企业竞争优势已成为企业关注的重点。在这种情况下，以衡量企业内部经营管理的财务指标作为管理会计业绩评价的依据，显然已经不能满足管理者的要求。引入与战略决策相关性高的其他非财务指标作为业绩评价指标已成为一种必然趋势。

二、战略管理会计的形成

20 世纪 50 年代以前，大多数企业的经营处在一个相对稳定的外部环境中，此时管理会计的主要功能是向内部管理人员提供有助于经营决策的相关信息，不太关注企业的外部环境及其变化。然而随着科学技术及社会生产力的迅猛发展，企业内外部环境发生了剧烈变化，企业的管理思维、管理方式也发生了变革，这对管理会计的理论和方法提出了新的要求和挑战。市场需求从传统的大批量、标准化、为满足基本消费需求的生产向小批量、高质量、满足个性化需求过渡。科学技术水平的提升推动了产品或制作工艺的发展，加剧了企业间的竞争，再加之现代化通信和交通的发展、全球市场的开放，所有这些在给企业带来新的发展机遇的同时，也使得企业时刻面临巨大的竞争风险。垄断行为、环境污染等问题产生的外部性影响引发社会、顾客、民间组织的不满，企业将面临外部的舆论压力，甚至法律的制约。

为了适应时代的需要，许多企业开始改变管理方式，如采取以人为本的柔性管理、建立弹性制造系统、采取全面质量管理、实行小批量多样化生产、建立灵捷制造系统等。正是这些发展变化使得战略管理应运而生，它强调外部环境的影响，重视内外协调和面向未来，寻求企业持续的竞争优势，提升企业应对来自外部的、越来越多难以预料而又生死攸关的挑战的能力。战略管理的蓬勃发展，使得人们开始重新审视现行管理会计的理论与方法，并认为其缺乏战略相关性，无法为战略管理提供有助于决策的信息支撑。因此，自 20 世纪 80 年代以来，人们开始将战略的因素引入管理会计的理论与方法中，由此进入了战略管理会计阶段。

三、战略管理会计的定义

战略管理会计(Strategic Management Accounting，SMA)是由英国学者西蒙兹(Simmonds)在 1981 年提出来的，他将战略管理会计定义为"用于构建与监督企业战略的有关企业及其竞争对手的管理会计数据的提供与分析"。

伦敦经济学院的教授布罗维奇(Bromwich)，在西蒙兹的基础上，提出了战略管理会计的新定义："战略管理会计是这样一种管理会计，它收集并分析企业产品在市场和竞争对手方面的成本以及成本结构的信息，并在一定时期内监察企业和竞争对手的战略。"

我国著名管理会计学家余绪缨教授认为，战略管理会计的形成与发展旨在消除传统管理会计强调服务于企业内部管理而忽视企业外部环境的缺陷，它需要审时度势，使管理会计站在战略的高度面向全球，以取得竞争优势为主要目标，来分析和探讨有关问题。

中国人民大学王化成教授等将战略管理会计定义为："战略管理会计是以企业价值最大化为最终目标，运用灵活多样的方法，搜集、加工、整理与企业战略管理相关的各种信息，并据此来协助管理当局确立战略目标、进行战略规划、评价战略管理业绩的一个管理会计分支。"

虽然各位学者和会计学家们对战略管理会计的定义不尽相同，但是对战略管理会计包含的要素意见基本一致，包括环境审视、竞争者分析，以及用战略眼光而非纯营运眼光看待内部信息。

四、战略管理会计的特征

战略管理会计是对传统管理会计的突破性发展，具有如下特征。

(一)明显的外向性

战略管理会计是站在战略的高度，突破单一企业的狭隘视角，关注企业外部环境的变化，面对竞争对手，通过分析企业自身所处的地位，来帮助企业取得并维持竞争优势，因而具有明显的外向性特征。

(二)提供的信息具有全面性

战略管理会计所搜集的信息涉及面广，不仅仅是财务信息，还包含了大量诸如质量、需求量、市场占有份额等应该考虑的重要非财务信息。这样既能适应企业战略管理和决策的需要，也改变了传统会计比较单一的计量手段模式。因此有人提出"战略管理会计已不是会计"的观点。

(三)运用的方法具有全新性

从运用的分析方法角度看，战略管理会计不仅联系竞争对手进行"相对成本动态分析""顾客盈利性动态分析"和"产品盈利性动态分析"，而且采取了一些新的方法，如产品生命周期法、经验曲线、产品组合矩阵以及价值链分析方法等。

从业绩评价角度看，重视战略性绩效评价，即将评价指标与企业所实施的战略相结合，根据不同的战略采取不同的评价指标，同时战略管理会计的业绩评价贯穿战略管理应用过程的每一步，强调业绩评价必须满足管理者的信息需求。

(四)注重企业的长期及整体利益

战略管理会计主要服务于企业长期战略计划，追求企业长久的竞争优势，从长远利益角度分析、评价企业的资本投资。对于投资方案的评价不再限于财务效益指标，而是更加强调非财务效益方面的指标，如科技开发、人力资源投资等。企业为了长远利益，会考虑放弃短期利益；为了整体利益，会考虑放弃某个部门、分部、子公司的利益；战略管理会计不仅关注利润，更加关注企业的价值。

五、战略管理会计的内容

战略管理会计是个新兴研究领域，其完整的理论与方法体系尚未建立。从战略管理会计的发展过程和特点看，战略管理会计体系是围绕战略管理展开的，其主要包含以下几方面的内容。

(一)制定战略管理目标

战略管理会计的首要内容是协助企业管理层制定战略目标。战略目标是一种宏观目标，是企业对企业发展的一种总体设想，其着眼点是整体而不是局部，它是从宏观角度对企业的未来做出的一种较为理想的设定，反映企业整体发展的总要求和根本方向。

企业的战略目标分为企业总体战略、竞争战略和职能战略三个层次。总体战略指的是站在企业整体层面制定的战略，是企业最高层次的战略；竞争战略，又称业务单位战略，指的是站在战略业务单位层面制定的战略，研究的是产品或服务在市场上的竞争目标的问题；职能战略指的是为了保证企业总体战略和竞争战略的实施，运用各种专业职能，使企业的生产经营活动有效地适应内外部环境的要求所制定的长远谋划和方略。

(二)建立战略管理会计信息系统

战略管理会计信息系统，是指搜集、加工、提供战略管理信息的技术与方法体系。面对复杂多变的外部环境和众多战略决策问题，战略管理会计需要这样一个能够提供足够相关、可靠信息的平台，并使其满足有助于战略决策、消除信息流通障碍、灵活反映环境变化等要求。

战略管理信息系统能够提供如下方面的信息。

(1) 国际形势、国家政策、市场状况及可能影响企业发展的其他信息。

(2) 行业状况及发展趋势的信息。

(3) 企业情况分析、预测及与竞争对手比较的信息。

(4) 对竞争对手的分析、评价及其发展趋势的信息。

(5) 客户方面的信息。

(三)战略成本管理

在传统成本管理中引入战略管理思想，在战略意义上实现功能拓展，便形成了战略成本管理。在战略思想指导下，战略成本管理关注的是"在不同战略选择下如何组织成本管理"。通过将成本管理会计信息贯穿由战略环境分析、战略规划、战略实施、战略业绩评价组成的战略管理循环，将成本分析、成本信息和影响战略的相关要素结合在一起，从战略高度对企业成本结构和成本行为进行全面了解、控制和改善，寻求长久的竞争优势。战略成本管理的基本内容包括价值链分析、成本驱动因素分析、战略定位分析三部分。

(四)战略投资决策

传统的管理会计在进行项目投资决策时常常用诸如净现值、内含报酬率等指标作为评价标准，然而这些评价指标有一定的缺陷。

(1) 与项目相关的某些成本和现金流量难以准确预测。

(2) 没有将某项目的接受与否和企业的整体战略统一考虑。

(3) 传统管理会计在决策时没有考虑项目执行过程中的风险问题。因此，战略管理会计要求，投资评价需要突破传统管理会计的束缚，发展更加有效的决策工具。

(五)战略绩效评价

所谓战略绩效评价，是指结合企业的战略，采用财务性和非财务性指标结合的方法，动态地衡量战略目标的完成程度，并及时提供反馈信息的过程。战略绩效评价的优势体现在：全面体现企业长远利益；清晰反映与战略决策紧密相关的内外部因素；综合运用不同层级与企业内外部的绩效评价指标；将绩效评价指标的执行贯穿计划和评价过程。这些优势使得绩效评价在财务指标和非财务指标之间求得平衡，既体现内部绩效的改进，又借助外部标准衡量企业竞争能力，既关注战略执行的结果，又要评价结果的实现过程。典型的战略绩效评价工具包括业绩金字塔、积木法、平衡计分卡、业绩三棱柱等。

【阅读资料 12-1】 木桶定律的战略悖论。

第二节 战 略 分 析

一、战略定位

通俗而言，战略定位就是让企业的产品、形象、品牌等在预期消费者的头脑中占据有利的位置，即企业做的事如何吸引人。进行战略定位首先需要搞清楚几个核心问题。

(1) 企业从事什么业务。

(2) 企业如何创造价值。

(3) 企业的竞争对手是谁。

(4) 哪些客户对企业是至关重要的，哪些是必须要放弃的。

从战略角度研究定位问题的代表人物是"竞争战略之父"——迈克尔·波特(Michael Porter)。他认为，战略定位是企业竞争战略的核心内容，形成竞争战略的实质是要在企业与其环境之间建立联系。虽然企业面临的环境纷繁复杂，但是关键的内容是企业投入竞争的一个或几个产业。产业结构直接影响着市场竞争规则的建立以及企业竞争战略的选择。因此，波特认为，一个企业的战略目标就在于使企业在产业内部获得最佳位置，并通过影响和作用于各种市场竞争力量来保护这一位置。

二、战略分析的方法

准确判断企业面临的环境是企业战略定位的关键，这里的"环境"包括外部环境和内部环境两个方面。外部环境包括宏观环境、产业环境、竞争环境、市场需求及消费者等层次，而内部环境包括企业资源和能力、价值链、业务组合等内容。

(一)外部环境分析

1. 外部宏观环境分析

外部宏观环境分析，又称 PEST 分析，分别是政治因素(political factors)、经济因素(economical factors)、社会因素(society factors)、技术因素(technological factors)。政治因素指的是企业所处的国家或地区的政局稳定性、政府行为及执政党的态度和基本政策；法律因素指的是国内法律法规、国家司法和执法机关、企业的法律意识及国际法律环境等；经济因素主要指社会经济结构、经济发展水平、经济体制、宏观经济政策、经济状况及其他一般经济条件；社会文化因素包括人口因素、生活方式、文化传统、社会流动性及价值观等；技术因素包括国家科技体制、科技政策、科技水平及科技发展趋势等。

2. 产业环境分析

产业环境是指对处于同一产业内的组织都会发生影响的环境因素。与宏观环境不同，产业环境只对处于某一特定产业内的企业以及与该产业存在业务关系的企业产生影响。产业环境分析方法主要包括以下两种。

1) 产品生命周期分析法

按产业销售额增长率曲线的拐点划分，产品生命周期可分为引入期、成长期、成熟期和衰退期四个阶段。

(1) 引入期的特点包括：产品用户较少，产品虽然新颖但是质量有待提高；经营风险高；竞争对手较少；一般采用高价高利的政策。此阶段企业的战略目标是扩大市场份额、努力成为行业"领头羊"；实施途径是投资于研发和技术改进，提高产品质量。

(2) 成长期的特点包括：销售量不断攀升；经营风险开始下降；产品价格达到最高，单位利润也达到最高。此阶段企业的战略目标是争取更大的市场份额、坚持到成熟期的到来，实施途径是实行市场营销，提升产品质量与企业形象。

(3) 成熟期的特点包括：整个产业销售额达到最大规模，且比较稳定；竞争者之间竞争激烈，且出现价格竞争；经营风险适中。此阶段企业的战略目标是巩固市场份额、提高投资报酬率，实施途径是提高效率，降低成本。

(4) 衰退期的特点包括：购买者对产品性价比要求较高；经营风险继续下降。此阶段企业的战略目标是防御，获得最后的现金流，实施途径是控制成本，维持正的现金流量。如果无法维持成本优势，应及时选择退出战略。

2) 五力模型分析法

迈克尔·波特教授于 1979 年创立了用于产业分析和商业战略研究的理论模型，被称为波特五力模型(又称波特竞争力模型)。"五力"分别指的是潜在进入者的威胁、替代品的威胁、供应者讨价还价的能力、购买者讨价还价的能力和产业内现有企业的威胁。

潜在进入者的威胁取决于"结构性障碍"和"行为性障碍"两方面。前者包括规模经济、现有企业对关键资源的控制及现有企业的市场优势三方面，规模经济越明显、现有企业对关键资源的控制越强及现有企业的市场优势越强，潜在进入者的威胁越小。后者包括限制进入定价和进入对方领域，是现有企业对前者进入者的一种抵制行为，能降低潜在进入者的威胁。

替代品指的是能够起到相同作用而并非直接取代另外一些产品的产品，如打火机会对火柴产生替代威胁。

供应者与购买者讨价还价的能力取决于如下几方面：买方或卖方集中程度和业务量大小、产品差异化程度、纵向一体化程度、信息掌握程度等。

产业内现有企业的竞争方面，如果整个产业发展缓慢、产业中生产能力过剩、产品同质性明显、竞争者众多且势均力敌、产业进入壁垒低而退出壁垒高，则表明产业现有企业竞争比较激烈。

3. 竞争环境分析

竞争环境分析包括竞争对手分析和战略群组分析两个方面。

分析竞争对手首先应明确谁是企业真正的竞争对手。竞争对手指的是向目标市场提供相同或相似产品及服务的企业、经营具有相互替代性的同类产品或服务的企业、在市场上试图改变或影响消费者的消费习惯与消费倾向的企业等。分析竞争对手时，可以采用战略群组的概念去研究竞争对手的战略特征。战略群组指的是同一产业中采取相同或相似战略，或具有相同战略特征的企业群体，如同时采用低成本战略的两家手机制造商即为同一战略群组。进行战略群组分析有助于企业了解自身的战略地位及企业战略变化可能产生的竞争性影响。

分析竞争对手较为有效的方法是"标杆法"，即通过将企业的绩效与竞争对手中存在的最佳绩效进行比较，寻求不断改善企业经营活动、提高绩效的有效途径与方法。

4. 市场需求及消费者分析

进行市场需求分析时可采用市场营销的理论，具体如图 12-1 所示。

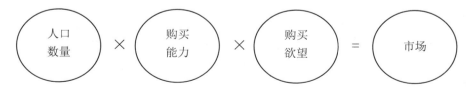

图 12-1　市场需求的决定因素

在图 12-1 中，人口数量和购买能力是企业不可控因素，通常作为进入一个新市场的考察依据。而购买欲望对企业而言是可控因素，如采用灵活多样的营销策略、提升售后服务质量可强化消费者的购买欲望。

消费者分析的基本思路是，先确定消费细分，然后分析消费动机，最后确定消费者未满足的需求。消费细分的确定依据可选择地理、人口、心理、行为等变量。消费动机分析就是要弄清购买或消费的原因和动力。消费者未满足的需求往往表明潜在的市场需求，能为企业提供进入市场的契机。

(二)内部环境分析

1. 企业资源和能力分析

企业资源包括有形资源、无形资源和人力资源三种。企业应该判断哪些资源是有价值的，是能够让企业获得竞争优势的。判断的标准包括稀缺性、不可模仿性、不可替代性、持久性。企业能力分析，就是要分析企业各项职能的实力或潜力，包括研发能力、生产管理能力、营销能力、财务能力和组织管理能力等。分析的重点是企业的核心能力，即企业在具有重要竞争意义的经营活动中能够比其竞争对手做得更好的能力。企业的能力要成为核心能力，需要满足三个条件。

(1) 对顾客而言是有价值的。

(2) 与竞争对手相比是有优势的。

(3) 很难被别人模仿或者复制。

2. 企业价值链分析

波特教授在 20 世纪 80 年代提出了著名的价值链理论。他把企业的经营活动定义为由一系列相关的价值增值活动组成的链条，链条上的所有环节分为基本活动和支持活动两大类，每一项活动都有不同的成本投入并带来相应的价值增值，因此现代企业就是一个价值链。

企业价值链分析的基本目的就是优化价值链，即尽可能消除不增值作业，同时提高增值作业的运作效率，进而提升顾客价值。进行分析时应始终围绕增加顾客价值这一中心，对顾客需求迅速做出反应。如果企业在优化内部价值链方面取得了优于竞争对手的成果，就能更好地满足顾客需求，即赢得竞争优势。

3. 业务组合分析

常用的业务组合分析的工具是波士顿矩阵。波士顿矩阵是由美国著名的管理学家、波士顿咨询公司创始人布鲁斯·亨德森首创的用来分析和规划企业产品组合的方法。该方法分别以相对市场占有率和市场增长率为横轴和纵轴建立坐标轴，如图 12-2 所示。其计算公式为：

相对市场占有率＝本企业某业务的市场占有率÷该业务最大竞争对手市场占有率

市场增长率＝(本期销售额－上期销售额)÷上期销售额

"问号"业务："高增长、低竞争地位"。这类业务通常现金流量缺乏，应采取选择性投资，对可能成为"明星"的业务重点投资。

"明星"业务："高增长、强竞争地位"。这类业务需要大量投资，以支持其继续发展。企业应该积极扩大经济规模和市场机会，提高市场占有率，加强竞争地位。

“现金牛”业务：“低增长、强竞争地位”。这类业务能产生大量的现金结余，企业应该尽量压缩投资，采取收获战略。对市场增长率仍有增长的业务可以进行市场细分，以维持现有增长率或者延缓市场增长率的下降。

“瘦狗”业务：“低增长、弱竞争地位”。这类业务市场潜力不大，且竞争激烈，期望利润较低，企业应及时采取撤退战略，使企业资源向其他产品转移。

高
“明星”业务
“问号”业务
高
低
“现金牛”业务
“瘦狗”业务
低

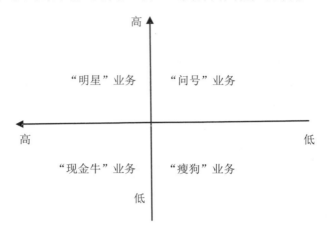

图 12-2　波士顿矩阵

(三)企业综合环境分析——SWOT 分析

综合企业外部环境和内部环境，更加全面的分析方法是企业综合环境分析——SWOT 分析，它分别从优势(strengths)、劣势(weakness)、机会(opportunities)、威胁(threats)四个角度进行分析，如图 12-3 所示。

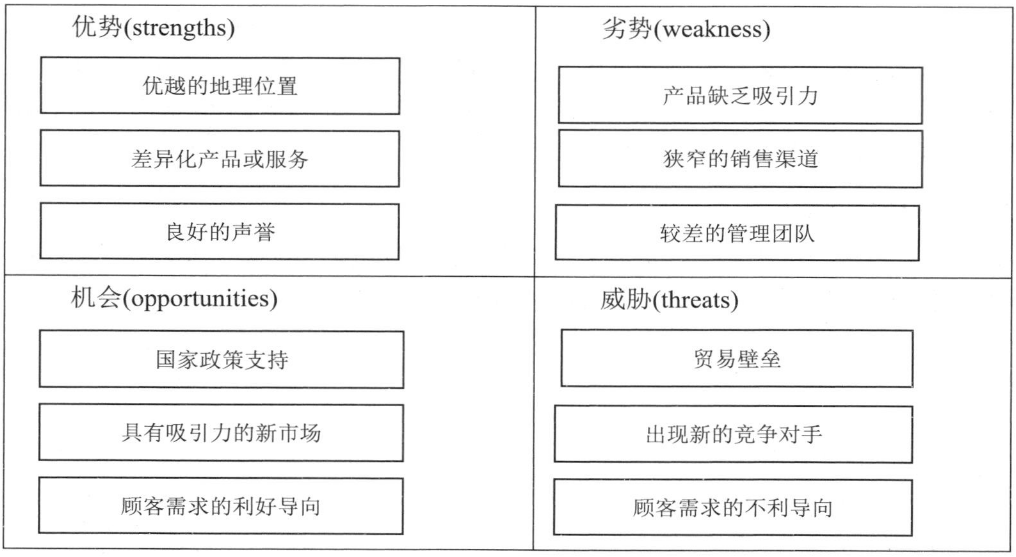

优势(strengths)
优越的地理位置
差异化产品或服务
良好的声誉
劣势(weakness)
产品缺乏吸引力
狭窄的销售渠道
较差的管理团队
机会(opportunities)
国家政策支持
具有吸引力的新市场
顾客需求的利好导向
威胁(threats)
贸易壁垒
出现新的竞争对手
顾客需求的不利导向

图 12-3　SWOT 分析图

在 SWOT 分析图中，优势和劣势是企业内部环境因素，机会和威胁是企业外部环境因素。其中，优势指的是企业拥有比竞争对手更多的资源或能力，是建立竞争优势的基础；劣势则相反，说明企业缺乏重要的资源或能力。机会是指外部环境中对企业有利的情况；相反，威胁是指外部环境中存在对企业不利的情况。针对分析出来的优势、劣势、机会及威胁，企业需要选择适当的战略予以应对。对于"优势+机会"组合，企业应该采用积极发展的增长型战略；对于"优势+威胁"组合，企业应利用自身优势，减轻威胁，可采用多元化战略；对于"劣势+机会"组合，应采用扭转型战略；对于"劣势+威胁"组合，企业应采取防御型战略。

【阅读资料 12-2】 战略管理再理解。

第三节　战略定位框架

一、企业总体战略定位

企业总体战略包括发展战略、稳定战略和收缩战略三大类。

(一)发展战略

发展战略就是凭借自身内部的资源优势，充分利用外部环境中的机会，引领企业向更高一级的方向发展，这是一种积极向上的战略。发展战略具体包括以下三种类型。

1. 一体化战略

一体化战略指的是针对具有竞争优势和增长潜力的产品或业务，沿着其经营链条的纵向或横向扩大纵深，实现企业成长的战略。一体化战略包括纵向一体化战略和横向一体化战略。前者是指沿着经营链条的纵向发展，具体包括前向一体化战略(即向下游企业发展)和后向一体化战略(即向上游企业发展)；后者也叫水平一体化战略，是指为了扩大生产规模、降低成本、巩固企业的市场地位、提高企业竞争优势、增强企业实力而与同行业企业进行联合的一种战略，是企业沿着经营链条的横向发展。

2. 密集型战略

密集型战略具体包括如下三种战略。

(1) 市场渗透战略，即增加现有产品或服务在现有市场中的份额，或者增加现有市场中经营的业务的战略，其目标是通过各种方法增加产品的使用频率。

(2) 市场开发战略，即将现有产品或服务打入新市场的战略。

(3) 产品开发战略，即开发新产品满足现有市场的新的需求，以改善企业竞争地位的战略。

3. 多元化战略

多元化战略对应着产品与市场组合中的新产品面对新市场的战略,包括相关多元化战略和非相关多元化战略。如果企业以现有业务或市场为基础进入相关产业市场,则称为相关多元化战略;如果企业进入与当前产业或市场均不相关的领域,则称为不相关多元化战略。

(二)稳定战略

稳定战略指的是限于经营环境和内部条件,企业期望经营状况基本保持在战略起点的范围和水平的战略。如果企业前期经营相当成功,而且预测战略期环境变化不大,一般适合采用稳定战略。

(三)收缩战略

收缩战略是没有发展潜力或者发展潜力很渺茫的企业采用的战略。采用该战略的原因包括企业战略重组的需要、企业失去竞争优势等。当然企业可能面临一些困难导致该战略难以实施,包括退出成本较高、情感障碍、政府及社会约束、资产专用性等。

二、业务单位战略

业务单位战略主要解决如何在市场上与竞争对手展开竞争、资源如何分配等问题,包括成本领先战略、差异化战略和集中化战略。

(一)成本领先战略

成本领先战略指的是企业以低成本优势获得企业在市场中的竞争地位,又称低成本战略。企业通过降低产品成本,能够在较低的价格下维持适当的利润,进而通过价格战挤垮竞争对手。要实施成本领先战略需要外部市场条件和内部资源条件两个方面。外部市场条件包括产品具有标准化的特性、具有较高的价格弹性、购买者不太注重品牌等;而内部资源条件包括能够实现规模经济、能够降低生产要素成本、能提高生产效率等。

(二)差异化战略

差异化战略指的是通过提供差异化的产品或服务取得竞争优势的战略。如果一个企业能够提供给顾客某种具有独特性的东西从而具备区别于竞争对手的经营差异化,那么这种差异化就能减少竞争,保证市场份额,让企业获得超额收益。要实施差异化战略也需要外部市场条件和内部资源条件两个方面。外部市场条件包括产品或服务能够实现差异化、顾客的需求多样化、产业技术更新较快使得创新成为竞争的焦点等;而内部资源条件包括企业具有强大的研发和产品设计能力、具有良好的创新机制、具有较强的市场营销能力等。

(三)集中化战略

集中化战略是指当企业限于资源或能力而不能在整个产业或行业实现成本领先或者差异化战略时，就选择某一细分市场实施成本领先或者差异化战略。这样做可以避开大范围内或正面与竞争对手产生直接竞争，从而使企业获得相对竞争优势。集中化战略包括成本领先集中战略和差异化集中战略。

三、职能战略

职能战略一般可分为市场营销战略、研究与开发战略、生产运营战略、财务战略等几方面。职能战略是为企业总体战略和业务单位战略服务的，必须与企业总体战略和业务单位战略相配合。

(一)市场营销战略

市场营销战略内容包括以下两方面。

1. 确定目标市场

目标市场就是企业打算进入的市场，根据目标市场，市场营销可分为三种类型。

(1) 无差异市场营销，即不考虑子市场的特性，只注重子市场的共性，决定推出单一产品，力求在一定程度上满足尽可能多的顾客的需求。

(2) 差异化市场营销，即企业决定同时为几个子市场服务，设计不同的产品，并在渠道、促销、定价方面都相应地加以改变，以适应各子市场的需要。

(3) 集中市场营销，即以一个或少数几个性质相似的子市场作为目标市场，试图在较少的子市场上占领较大的市场份额。

2. 设计市场营销组合

设计市场营销组合主要从产品、促销、分销、价格四个变量展开，因此又称"4P 营销理论"。产品变量包括产品组合策略、品牌策略、产品开发策略等方面；促销变量包括广告促销、营销推广、公关宣传和人员推销等；分销包括直接分销和间接分销两种方式；价格策略包括差别定价法和上市定价法(如渗透定价法、撇脂定价法)。

(二)研究与开发战略

研究与开发战略内容包括以下两方面。

1. 研发定位

企业的研发战略有以下几种研发定位。

一是成为向市场推出新技术产品的企业。

二是成为成功产品的创新模仿者。

三是成为成功产品的低成本生产者。

2. 获取研发技术的途径

一般而言，企业获取研发技术的途径包括内部研发、从企业外部取得独家或非独家的研发技术两大类。

(三)生产运营战略

生产运营战略内容包括以下两方面。

1. 产能计划

产能计划包括以下三类。

(1) 领先策略，即根据对需求的预期增加产能，例如预计春季礼品需求增加，厂商提前进行生产。

(2) 滞后策略，即仅当企业因需求增长而满负荷或超额生产后才增加产能，例如，由于产品市场需求迅猛增长，企业将产能增加到最大后才购置新的生产线增加产能。

(3) 匹配策略，即少量地增加产能以应对市场需求的变化。

2. 质量管理

要进行全面质量管理需要耗费质量成本，质量成本包括预防成本、鉴定成本、内部缺陷成本和外部缺陷成本四部分。实施全面质量管理时，企业应该保证四项成本之和最小。

(四)财务战略

1. 财务战略的分析工具

财务战略，是指为谋求企业资金均衡有效地流动及实现企业整体战略，为增强企业财务竞争优势，在分析企业内外环境因素对资金流动影响的基础上，对企业资金流动进行全局性、长期性和创造性的谋划。

财务战略分析的重要工具是财务战略矩阵，财务战略矩阵把价值创造和现金余缺结合起来形成价值创造/增长率矩阵。该矩阵可以作为评价和制定战略的分析工具。该矩阵以纵轴表示价值创造(以投资资本报酬率与资本成本的关系反映)，以横轴表示增长率(以销售增长率与可持续增长率的关系反映)。投资资本报酬率是投资收益与相应的投资额间的比值，资本成本则是筹集和使用投资额这部分资金所付出的代价。

如果投资资本报酬率大于资本成本，说明企业(或业务单位)投资所得不仅弥补了使用资金所付出的代价，而且还有剩余，创造了价值；如果投资资本报酬率小于资本成本，说明企业(或业务单位)投资所得未能弥补使用资金所付出的代价，没有创造价值，而是减损了价值。

销售增长率是企业实际销售收入的增长率，而可持续增长率则是企业不发行新股，且企业的财务政策和经营政策不变情况下的销售增长率。在可持续增长率状态下，企业下年的销售增长率等于本年的可持续增长率。如果销售增长率大于可持续增长率，说明企业实际增长超过了目前状态下所能支持的增长率，此时必然需要额外资金的补充，即出现现金不足；如果销售增长率小于可持续增长率，说明企业实际增长处于目前状态下所能支持的增长范围内，此时出现现金剩余。

2. 财务战略分析

利用财务战略矩阵图，可以进行财务战略分析与选择。

1) 对于"创造价值、现金短缺"(即增值型短缺)

投资资本报酬率大于资本成本，说明能够给企业创造价值；销售增长率大于可持续增长率，说明企业出现现金短缺。财务战略选择方法是：如果判断高速增长是暂时的，则可以通过借款来筹集所需要的资金，等增长率下降后再以多余的现金偿还借款。如果判断高速增长具有长期性，则不能依赖借款来筹措资金，此时解决资金短缺的途径有两种：一是通过提高经营效率、改变财务政策来提高可持续增长率，使得可持续增长率向销售增长率靠近；二是增加权益资本，为企业提供长期资金。

2) 对于"创造价值、现金剩余"(即增值型剩余)

投资资本报酬率大于资本成本，说明能够给企业创造价值；销售增长率小于可持续增长率，说明企业有现金剩余。由于企业可以创造价值，加速增长可以增加股东财富，所以首选的财务战略是利用剩余现金加速增长，而加速增长的途径包括：一是内部投资；二是从外部收购业务。如果加速增长后仍然有现金剩余，而又找不到好的投资机会，那可将资金分配给股东，具体分配方式包括：一是增加股东分红；二是从市场上回购股份。

3) 对于"减损价值、现金剩余"(即减损型剩余)

投资资本报酬率小于资本成本，说明企业价值在减损；销售增长率小于可持续增长率，说明企业有现金剩余。企业首选的财务战略应该是提高投资报酬率，即保证增加企业价值。具体途径有：一是提高税后经营利润率，包括扩大规模、提高价格、控制成本；二是提高资产周转率，降低应收账款和存货等资金占用。在提高投资资本回报率的同时，如果负债比率不当，可以适当调整资本结构，以降低平均资本成本。如果企业不能提高投资资本回报率或者降低资本成本，则应该将企业出售。

4) 对于"减损价值、现金短缺"(即减损型短缺)

投资资本报酬率小于资本成本，说明企业价值在减损；销售增长率大于可持续增长率，说明企业出现现金短缺。如果盈利能力低是本公司独有的问题，并且觉得有能力扭转价值减损局面，则可以选择"彻底重组"；否则，应该选择出售。如果盈利能力低是由整个行业的衰退引起的，则应该选择的财务战略是"尽快出售"以减少损失。

【阅读资料 12-3】 战略规划的五个核心问题。

本 章 小 结

战略管理理论的蓬勃发展，促使人们开始重新审视现行管理会计的理论与方法，自 20 世纪 80 年代以来，人们开始将战略的因素引入管理会计的理论与方法中，从而将其推向战略管理会计的新阶段。战略管理会计是服务于战略比较、战略选择和战略决策的一种新型会计，是管理会计向战略管理领域的延伸和渗透，也是帮助企业管理层制定、实施战略计划以取得竞争优势的手段。战略管理会计不是对传统管理会计的否定和取代，而是为了适应社会经济环境的变化而对传统会计理论进行的丰富和发展，它具有外向性、信息的全面性、方法的全新性、注重企业的长期目标和整体利益等特征，具体包括制定战略管理目标、建立战略管理会计信息系统、战略成本管理、战略投资决策、战略绩效评价等方面的内容。

自 测 题

一、单选题

1. PEST 分析中的"P"指的是(　　)。

    A. 政治因素　　　B. 经济因素　　　C. 价格因素　　　D. 技术因素

2. 销售价格最高、单位产品利润达到最大是产品生命周期中的(　　)。

    A. 引入期　　　　B. 成长期　　　　C. 成熟期　　　　D. 衰退期

3. 潜在进入者的威胁取决于"结构性障碍"和"行为性障碍"两方面，下列属于"行为性障碍"的是(　　)。

    A. 规模经济　　　　　　　　　B. 现有企业关键资源控制

    C. 现有企业市场优势　　　　　D. 限制进入定价

4. 影响供应者和购买者讨价还价能力的是(　　)。

    A. 规模经济　　　　　　　　　B. 产品差异化程度

    C. 整个产业发展缓慢　　　　　D. 产业进入壁垒较高

5. 企业的竞争对手如果定位于"向目标市场提供相同或相似产品及服务的企业"，则竞争的核心是(　　)。

    A. 成本与营销　　　B. 价格与质量　　　C. 产品性能　　　D. 消费者习惯

6. 如果某种资源具有物理上的独特性、路径依赖性、因果含糊性或者经济制约性，则称其具有(　　)。

    A. 不可模仿性　　　B. 不可替代性　　　C. 稀缺性　　　D. 持久性

7. "高市场占有率、高市场增长率"的产品属于(　　)。

    A. "问号"产品　　　　　　　　B. "明星"产品

    C. "现金牛"产品　　　　　　　D. "瘦狗"产品

8. "出现新的竞争对手"属于 SWOT 中的(　　)。

    A. 威胁　　　　　B. 优势　　　　　C. 机会　　　　　D. 劣势

9. 下列(　　)属于结构性成本动因应当考虑的内容。

    A. 员工参与　　　B. 企业规模　　　C. 能力应用　　　D. 产品外观

10. 为了提高销售量，商场将大瓶装的洗发水重新包装成小瓶装的洗发水，这属于(　　)战略。

    A. 市场渗透　　　B. 市场开发　　　C. 产品开发　　　D. 稳定

11. 为了抢占即将到来的"春节"商机，厂商提前生产各种的产品组合"礼盒"，这属于(　　)产能计划。

A. 领先策略　　　B. 滞后策略　　　C. 匹配策略　　　D. 产品组合策略

12. "投资报酬率大于资本成本、销售增长率大于可持续增长率"属于财务战略矩阵中的(　　)。

　　A. 减损型剩余　　B. 减损型短缺　　C. 增值型剩余　　D. 增值型短缺

二、多选题

1. 战略成本管理的内容包括(　　)。
　　A. 价值链分析　　　　　　　　　B. 战略投资分析
　　C. 成本驱动因素分析　　　　　　D. 战略定位分析

2. 产业环境分析的主要方法包括(　　)。
　　A. 产品生命周期分析　　　　　　B. 波特竞争力模型分析
　　C. 波士顿矩阵分析　　　　　　　D. SWOT 分析

3. 下列各项属于 SWOT 分析中的"S"因素的是(　　)。
　　A. 国家政策支持　　　　　　　　B. 顾客需求增加
　　C. 健全的服务网络　　　　　　　D. 优越的地理位置

4. 下列属于战略成本动因分析中的"执行性成本动因"内容的是(　　)。
　　A. 全面质量管理　　　　　　　　B. 经验积累
　　C. 能力应用　　　　　　　　　　D. 业务范围

5. A 汽车制造公司合并 B 房地产开发有限责任公司，此行为不属于(　　)战略。
　　A. 市场开发　　　B. 产品开发　　　C. 发展　　　　D. 多元化

6. 职能战略包括(　　)。
　　A. 低成本战略　　B. 市场营销战略　C. 财务战略　　D. 集中化战略

7. 如果企业处于"增值型剩余"，则可以选择的战略包括(　　)。
　　A. 收购相关业务　B. 增发股份　　　C. 增发债券　　D. 增加股利

三、判断题

1. 战略管理会计的形成和发展是对传统管理会计的否定和取代，而不是为了适应社会经济环境的变化而对传统会计理论的丰富和发展。　　　　　　　　　　　　(　　)

2. 有人提出"战略管理会计已不是会计"的观点，是因为战略管理会计具有"运用的方法具有全新性"的特点。　　　　　　　　　　　　　　　　　　　　　　(　　)

3. 如果经过净现值原则分析，得出某项投资是可行的，则其具有战略投资的价值。
　　　　　　　　　　　　　　　　　　　　　　　　　　　　　　　　　　(　　)

4. 如果某产业进入壁垒低而退出壁垒高，则表明产业现有企业竞争比较激烈。(　　)

5. 价值链分析、五力模型分析及三大业务单位竞争战略都是波特教授的理论成果。
　　　　　　　　　　　　　　　　　　　　　　　　　　　　　　　　　　(　　)

6. 当企业出现"创造价值、现金短缺"时，应及时向银行申请信贷资金。(　　)

7. 为了保证原材料供应，汽车制造商兼并了一家玻璃生产企业，这属于前向一体化战略。　　　　　　　　　　　　　　　　　　　　　　　　　　　　　　　(　　)

8. 手机制造商针对学生、成年人、老年人推出不同类型、不同价格的手机，则制造商采用的是差异化市场营销战略。　　　　　　　　　　　　　　　　　　　(　　)

四、思考题

1. 如何理解战略管理会计的特征?
2. 战略管理会计包括哪些内容? 它们与传统的管理会计有何区别?
3. 企业怎样进行战略定位分析?
4. 企业如何选择财务战略? 如何为各个财务战略制定实施途径?

附录

终值、现值系数表

附表 1 复利终值系数表

n	1%	2%	3%	4%	5%	6%	7%
1	1.010	1.020	1.030	1.040	1.050	1.060	1.070
2	1.020	1.040	1.061	1.082	1.102	1.124	1.145
3	1.030	1.061	1.093	1.125	1.158	1.191	1.225
4	1.041	1.082	1.126	1.170	1.216	1.262	1.311
5	1.051	1.104	1.159	1.217	1.276	1.338	1.403
6	1.062	1.126	1.194	1.265	1.340	1.419	1.501
7	1.072	1.149	1.230	1.316	1.407	1.504	1.606
8	1.083	1.172	1.267	1.369	1.477	1.594	1.718
9	1.094	1.195	1.305	1.423	1.551	1.689	1.838
10	1.105	1.219	1.344	1.480	1.629	1.791	1.967
11	1.116	1.243	1.384	1.539	1.710	1.898	2.105
12	1.127	1.268	1.426	1.601	1.796	2.012	2.252
13	1.138	1.294	1.469	1.665	1.886	2.133	2.410
14	1.149	1.319	1.513	1.732	1.980	2.261	2.579
15	1.161	1.346	1.558	1.801	2.079	2.397	2.759
16	1.173	1.373	1.605	1.873	2.183	2.540	2.952
17	1.184	1.400	1.653	1.948	2.292	2.693	3.159
18	1.196	1.428	1.702	2.026	2.407	2.584	3.380
19	1.208	1.457	1.754	2.107	2.527	3.026	3.617
20	1.220	1.486	1.806	2.191	2.653	3.207	3.870
25	1.282	1.641	2.094	2.666	3.386	4.292	4.427
30	1.348	1.811	2.427	3.243	4.322	5.743	7.612

n	8%	9%	10%	12%	14%	16%	18%
1	1.080	1.090	1.100	1.120	1.140	1.160	1.180
2	1.166	1.188	1.210	1.254	1.300	1.346	1.392
3	1.260	1.295	1.331	1.405	1.482	1.561	1.643
4	1.360	1.412	1.464	1.574	1.689	1.811	1.939
5	1.469	1.539	1.611	1.762	1.925	2.100	2.288
6	1.587	1.677	1.772	1.974	2.195	2.436	2.700
7	1.714	1.828	1.949	2.211	2.502	2.826	3.185
8	1.851	1.993	2.144	2.476	2.853	3.278	3.759
9	1.999	2.172	2.358	2.773	3.252	3.803	4.435
10	2.159	2.367	2.594	3.106	3.707	4.411	5.234

续表

n	8%	9%	10%	12%	14%	16%	18%
11	2.332	2.580	2.853	3.479	4.226	5.117	6.176
12	2.518	2.813	3.138	3.896	4.418	5.936	7.288
13	2.720	3.066	3.452	4.363	5.492	6.886	8.599
14	2.937	3.342	3.797	4.887	6.261	7.988	10.147
15	3.172	3.642	4.177	5.474	7.138	9.266	11.974
16	3.426	3.970	4.595	6.130	8.137	10.748	14.129
17	3.700	4.328	5.054	6.866	9.276	12.468	16.672
18	3.996	4.717	5.560	7.690	10.575	14.463	19.673
19	4.316	5.142	6.116	8.613	12.056	16.777	23.214
20	4.661	5.604	6.728	9.646	13.743	19.461	27.393
25	6.848	8.623	10.835	17.000	26.462	40.874	62.669
30	10.063	13.268	17.449	29.960	50.950	85.850	143.371
n	20%	24%	28%	32%	36%	40%	50%
1	1.200	1.240	1.280	1.320	1.360	1.400	1.500
2	1.440	1.538	1.638	1.742	1.850	1.960	2.250
3	1.728	1.907	2.097	2.300	2.515	2.744	3.375
4	2.074	2.364	2.684	3.036	3.421	3.842	5.062
5	2.488	2.932	3.463	4.007	4.653	5.378	7.594
6	2.986	3.635	4.398	5.290	6.328	7.530	11.391
7	3.583	4.508	5.630	6.983	8.605	10.541	17.086
8	4.300	5.590	7.206	9.217	11.703	14.758	25.629
9	5.160	6.931	9.223	12.166	15.917	20.661	38.443
10	6.192	8.594	11.806	16.060	21.647	28.925	57.665
11	7.430	10.657	15.112	21.199	29.439	40.496	86.498
12	8.916	13.215	19.343	27.983	40.037	56.694	129.746
13	10.699	16.386	24.759	36.937	54.451	79.371	194.620
14	12.839	20.319	31.691	48.757	74.053	111.120	291.929
15	15.407	25.196	40.565	64.359	100.712	155.568	437.894
16	18.488	31.243	51.923	84.954	136.690	217.795	656.840
17	22.186	38.741	66.461	112.139	186.277	304.913	985.260
18	26.623	48.039	85.071	148.024	253.338	426.879	1477.890
19	31.948	59.568	108.890	195.391	344.540	597.630	2216.800
20	38.338	73.864	139.380	257.916	468.574	836.683	3325.260
25	95.396	216.542	478.905	1033.590	2180.080	4499.880	25 251.000
30	237.376	634.820	1645.504	442.070	1043.000	2401.400	19 150.000

附表2 复利现值系数表

n	1%	2%	3%	4%	5%	6%	7%
1	0.990	0.980	0.971	0.962	0.952	0.943	0.935
2	0.980	0.961	0.943	0.925	0.907	0.890	0.872
3	0.971	0.942	0.915	0.889	0.864	0.840	0.816
4	0.961	0.924	0.889	0.855	0.823	0.792	0.763
5	0.951	0.906	0.863	0.822	0.784	0.747	0.713
6	0.942	0.888	0.838	0.790	0.746	0.705	0.666
7	0.933	0.871	0.813	0.760	0.711	0.665	0.623
8	0.924	0.854	0.789	0.731	0.677	0.627	0.582
9	0.914	0.837	0.766	0.703	0.645	0.592	0.544
10	0.905	0.820	0.744	0.676	0.614	0.558	0.508
11	0.896	0.804	0.722	0.650	0.585	0.527	0.475
12	0.887	0.789	0.701	0.625	0.557	0.497	0.444
13	0.879	0.773	0.681	0.601	0.530	0.469	0.415
14	0.870	0.758	0.661	0.578	0.505	0.442	0.388
15	0.861	0.743	0.642	0.555	0.481	0.417	0.362
16	0.853	0.728	0.623	0.534	0.458	0.394	0.339
17	0.844	0.714	0.605	0.513	0.436	0.371	0.317
18	0.836	0.700	0.587	0.494	0.416	0.350	0.296
19	0.828	0.686	0.570	0.475	0.396	0.331	0.277
20	0.820	0.673	0.554	0.456	0.377	0.312	0.258
25	0.780	0.610	0.478	0.375	0.295	0.233	0.184
30	0.742	0.552	0.412	0.308	0.231	0.174	0.131
n	8%	9%	10%	12%	14%	16%	18%
1	0.926	0.917	0.909	0.893	0.877	0.862	0.847
2	0.857	0.842	0.826	0.797	0.769	0.743	0.718
3	0.794	0.772	0.751	0.712	0.675	0.641	0.609
4	0.735	0.708	0.683	0.636	0.592	0.552	0.516
5	0.681	0.650	0.621	0.567	0.519	0.476	0.437
6	0.630	0.596	0.565	0.507	0.456	0.410	0.370
7	0.584	0.547	0.513	0.452	0.400	0.354	0.314
8	0.540	0.502	0.467	0.404	0.351	0.305	0.266
9	0.500	0.460	0.424	0.361	0.308	0.263	0.226
10	0.463	0.422	0.386	0.322	0.270	0.227	0.191

续表

n	8%	9%	10%	12%	14%	16%	18%
11	0.429	0.338	0.351	0.288	0.237	0.195	0.162
12	0.397	0.356	0.319	0.257	0.208	0.169	0.137
13	0.368	0.326	0.290	0.229	0.182	0.145	0.116
14	0.341	0.299	0.263	0.205	0.160	0.125	0.099
15	0.315	0.275	0.239	0.183	0.140	0.108	0.084
16	0.292	0.252	0.218	0.163	0.123	0.093	0.071
17	0.270	0.231	0.198	0.146	0.108	0.080	0.060
18	0.250	0.212	0.180	0.130	0.095	0.069	0.051
19	0.232	0.195	0.164	0.116	0.083	0.060	0.043
20	0.215	0.178	0.149	0.104	0.073	0.051	0.037
25	0.146	0.116	0.092	0.059	0.038	0.024	0.016
30	0.099	0.075	0.057	0.033	0.020	0.012	0.007
n	20%	24%	28%	32%	36%	40%	50%
1	0.833	0.806	0.781	0.758	0.735	0.714	0.667
2	0.694	0.650	0.610	0.574	0.541	0.510	0.444
3	0.579	0.524	0.477	0.435	0.398	0.364	0.296
4	0.482	0.423	0.373	0.329	0.292	0.260	0.198
5	0.402	0.341	0.291	0.250	0.215	0.186	0.132
6	0.335	0.275	0.227	0.189	0.158	0.133	0.088
7	0.279	0.222	0.178	0.143	0.116	0.095	0.059
8	0.233	0.179	0.139	0.108	0.085	0.068	0.039
9	0.194	0.144	0.108	0.082	0.063	0.048	0.026
10	0.162	0.116	0.085	0.062	0.046	0.035	0.017
11	0.135	0.094	0.066	0.047	0.034	0.025	0.012
12	0.112	0.076	0.052	0.036	0.025	0.018	0.008
13	0.093	0.061	0.040	0.027	0.018	0.013	0.005
14	0.078	0.049	0.032	0.021	0.014	0.009	0.003
15	0.065	0.040	0.025	0.016	0.010	0.006	0.002
16	0.054	0.032	0.019	0.012	0.007	0.005	0.002
17	0.045	0.026	0.015	0.009	0.005	0.003	0.001
18	0.038	0.021	0.012	0.007	0.004	0.002	0.001
19	0.031	0.017	0.009	0.005	0.003	0.002	0.000
20	0.026	0.014	0.007	0.004	0.002	0.001	0.000
25	0.010	0.005	0.002	0.001	0.000	0.000	0.000
30	0.004	0.002	0.001	0.000	0.000	0.000	0.000

附表 3　年金终值系数表

n	1%	2%	3%	4%	5%	6%	7%
1	1.000	1.000	1.000	1.000	1.000	1.000	1.000
2	2.010	2.020	2.030	2.040	2.050	2.060	2.070
3	3.030	3.060	3.091	3.122	3.152	3.184	3.215
4	4.060	4.122	4.184	4.246	4.310	4.375	4.440
5	5.101	5.204	5.309	5.416	5.526	5.637	5.751
6	6.152	6.308	6.468	6.633	6.802	6.975	7.153
7	7.214	7.434	7.662	7.898	8.142	8.394	8.654
8	8.286	8.583	8.892	9.214	9.549	9.897	10.260
9	9.369	9.755	10.159	10.583	11.027	11.491	11.978
10	10.462	10.950	11.464	12.006	12.578	13.181	13.816
11	11.567	12.169	12.808	13.486	14.207	14.972	15.784
12	12.683	13.412	14.192	15.026	15.917	16.870	17.888
13	13.809	14.680	15.618	16.627	17.713	18.882	20.141
14	14.947	15.974	17.086	18.292	19.599	21.051	22.550
15	16.097	17.293	18.599	20.204	21.579	23.276	25.129
16	17.258	18.639	20.157	21.825	23.675	25.673	27.888
17	18.430	20.012	21.762	23.698	25.840	28.213	30.840
18	19.615	21.412	23.414	25.645	28.132	30.906	33.999
19	20.811	22.841	25.117	27.671	30.539	33.760	37.379
20	22.019	24.297	36.870	29.778	33.066	36.786	40.995
25	28.243	32.030	36.459	41.646	47.727	54.865	63.249
30	34.785	40.568	47.575	59.085	66.439	79.058	94.461
n	8%	9%	10%	12%	14%	16%	18%
1	1.000	1.000	1.000	1.000	1.000	1.000	1.000
2	2.080	2.090	2.100	2.120	2.140	2.160	2.180
3	3.246	3.278	3.310	3.374	3.440	3.506	3.572
4	4.506	4.573	4.641	4.779	4.921	5.066	5.215
5	5.867	5.985	6.105	6.353	6.610	6.877	7.154
6	7.336	7.523	7.716	8.115	8.536	8.977	9.442
7	8.923	9.200	9.487	10.089	10.730	11.414	12.142
8	10.637	11.028	11.436	12.300	13.233	14.240	15.327
9	12.488	13.021	13.579	14.776	16.085	17.518	19.086
10	14.487	15.193	15.937	15.549	19.337	21.321	23.521

续表

n	8%	9%	10%	12%	14%	16%	18%
11	16.645	17.560	18.531	20.655	23.044	25.733	28.755
12	18.977	20.141	21.384	24.133	27.271	30.850	34.931
13	21.495	22.953	24.523	28.029	32.089	36.786	42.219
14	24.215	26.019	27.975	32.393	37.581	43.672	50.818
15	27.152	29.361	31.772	37.280	43.842	51.660	60.965
16	30.324	33.003	35.950	42.753	50.980	60.925	72.939
17	33.750	36.974	40.545	48.884	59.118	71.673	87.068
18	37.450	41.301	45.599	55.750	68.394	84.141	103.740
19	41.446	46.018	51.159	63.440	78.969	98.603	123.414
20	45.762	51.160	57.275	72.052	91.025	115.380	146.628
25	73.106	84.701	98.347	133.334	181.871	249.214	342.603
30	113.283	136.308	164.494	241.333	356.787	530.312	790.948
n	20%	24%	28%	32%	36%	40%	50%
1	1.000	1.000	1.000	1.000	1.000	1.000	1.000
2	2.200	2.240	2.280	2.320	2.360	2.400	2.500
3	3.640	3.778	3.918	4.062	4.210	4.360	4.750
4	5.368	5.634	6.016	6.362	6.725	7.104	8.125
5	7.442	8.048	8.700	9.398	10.146	10.946	13.187
6	9.930	10.980	12.136	13.406	14.799	16.324	20.781
7	12.916	14.615	16.534	18.696	20.126	23.853	32.172
8	16.499	19.123	22.163	25.678	29.732	34.395	49.258
9	20.799	24.712	29.369	34.895	41.435	49.153	74.887
10	25.595	31.643	38.592	47.062	57.352	69.814	113.330
11	32.150	40.238	50.399	63.122	78.998	98.739	170.990
12	39.580	50.895	65.510	84.320	108.440	139.240	257.490
13	48.497	64.110	84.853	112.300	148.480	195.930	387.240
14	59.196	80.496	109.610	149.240	202.930	275.300	581.860
15	72.035	100.815	141.310	197.990	276.980	386.420	873.780
16	87.442	126.011	181.870	262.360	377.690	541.990	1311.700
17	105.931	157.253	233.790	247.310	514.660	759.780	1968.500
18	128.117	195.994	300.250	459.450	700.940	1 064.700	2953.800
19	154.740	244.033	385.320	607.470	954.280	1 491.600	4431.700
20	186.688	303.601	494.210	802.860	1298.800	2 089.200	6648.500
25	471.981	898.092	1706.800	3226.800	6053.000	11 247.200	50 500.300
30	1181.882	2640.916	5873.200	12 941.000	28 172.200	60 501.100	583 500.000

附表 4　年金现值系数表

n	1%	2%	3%	4%	5%	6%	7%
1	0.990	0.980	0.971	0.962	0.952	0.943	0.935
2	1.970	1.942	1.914	1.886	1.859	1.833	1.808
3	2.941	2.884	2.829	2.775	2.723	2.673	2.624
4	3.902	3.808	3.717	3.630	3.546	3.465	3.387
5	4.853	4.713	4.580	4.452	4.330	4.212	4.100
6	5.796	5.601	6.417	5.242	5.076	4.917	4.766
7	6.728	6.472	6.230	6.002	5.786	5.582	5.389
8	7.652	7.326	7.020	6.733	6.463	6.210	5.971
9	8.566	8.162	7.786	7.435	7.108	6.802	6.515
10	9.471	8.983	8.530	8.111	7.722	7.360	7.024
11	10.368	9.787	9.253	8.761	8.306	7.887	7.499
12	11.255	10.575	9.954	9.385	8.863	8.384	7.943
13	12.134	11.348	10.635	9.986	9.394	8.853	8.358
14	13.004	12.106	11.296	10.563	9.899	9.295	8.746
15	12.865	12.849	11.938	11.118	10.380	9.712	9.108
16	14.718	13.578	12.561	11.652	10.838	10.106	9.447
17	15.562	14.292	13.166	12.166	11.274	10.477	9.763
18	16.398	14.992	13.754	12.659	11.690	10.828	10.059
19	17.226	15.679	14.324	13.134	12.085	11.158	10.336
20	18.047	16.351	14.878	13.590	12.462	11.470	10.594
25	22.023	19.524	17.413	15.622	14.094	12.783	11.654
30	25.808	22.397	19.600	17.792	15.373	13.765	12.409
n	8%	9%	10%	12%	14%	16%	18%
1	0.926	0.917	0.909	0.893	0.877	0.862	0.847
2	1.783	1.759	1.736	1.690	1.647	1.605	1.566
3	2.577	2.531	2.487	2.402	2.322	2.246	2.174
4	3.312	3.240	3.170	3.037	2.914	2.798	2.690
5	3.993	3.890	3.791	3.605	3.433	3.274	3.127
6	4.623	4.486	4.355	4.111	3.889	3.685	3.498
7	5.206	5.033	4.868	4.564	4.288	4.039	3.812
8	5.747	5.535	5.335	4.968	4.639	4.344	4.078
9	6.247	5.995	5.759	5.328	4.946	4.607	4.303
10	6.710	6.418	6.145	5.650	5.216	4.833	4.494

续表

n	8%	9%	10%	12%	14%	16%	18%
11	7.139	6.805	6.495	5.938	5.453	5.029	4.656
12	7.536	7.161	6.814	6.194	5.660	5.197	4.793
13	7.904	7.487	7.103	6.424	5.842	5.342	4.910
14	8.244	7.786	7.367	6.628	6.002	5.468	5.008
15	8.559	8.060	7.606	6.811	6.142	5.576	5.092
16	8.851	8.313	7.824	6.974	6.625	5.669	5.162
17	9.122	8.544	8.022	7.120	6.373	5.749	5.222
18	9.372	8.756	8.201	7.250	6.467	5.818	5.273
19	9.604	8.950	8.365	7.366	6.550	5.878	5.316
20	9.818	9.129	8.514	7.469	6.623	5.929	5.353
25	10.675	9.823	9.077	7.843	6.873	6.097	5.467
30	11.258	10.274	9.427	8.055	7.003	6.177	5.517
n	20%	24%	28%	32%	36%	40%	50%
1	0.833	0.806	0.781	0.758	0.735	0.714	0.667
2	1.528	1.457	1.392	1.332	1.276	1.224	1.111
3	2.106	1.981	1.868	1.766	1.674	1.589	1.407
4	2.589	2.404	2.241	2.096	1.966	1.849	1.605
5	2.991	2.745	2.532	2.345	2.181	2.035	1.737
6	3.326	3.020	2.759	2.534	2.339	2.168	1.824
7	3.605	3.242	2.937	2.678	2.455	2.263	1.883
8	3.837	3.421	3.076	2.786	2.540	2.331	1.922
9	4.031	3.566	3.184	2.868	2.603	2.379	1.948
10	4.193	3.682	3.269	2.930	2.650	2.414	1.965
11	4.327	3.776	3.335	2.978	2.683	2.438	1.977
12	4.439	3.851	3.387	3.013	2.708	2.456	1.985
13	4.533	3.912	3.427	3.040	2.727	2.469	1.990
14	4.611	3.962	3.459	3.061	2.740	2.478	1.993
15	4.675	4.001	3.483	3.076	2.750	2.484	1.995
16	4.730	4.033	3.503	3.088	2.758	2.489	1.997
17	4.755	4.059	3.518	3.097	2.763	2.492	1.998
18	4.812	4.080	3.529	3.104	2.767	2.494	1.999
19	4.844	4.097	3.539	3.109	2.770	2.496	1.999
20	4.870	4.110	3.546	3.113	2.772	2.497	1.999
25	4.948	4.147	3.564	3.122	2.776	2.499	2.000
30	4.979	4.160	3.569	3.124	2.778	2.500	2.000

参 考 文 献

[1] 王静，骆笑红，郭海清，等. 管理会计[M]. 2 版. 北京：清华大学出版社，2023.

[2] 刘智英，张雪飞，赵菊茹. 管理会计[M]. 2 版. 北京：清华大学出版社，2021.

[3] 孙茂竹，文光伟，杨万贵. 管理会计学[M]. 7 版. 北京：中国人民大学出版社，2015.

[4] 温素彬. 管理会计：理论·模型·案例[M]. 2 版. 北京：机械工业出版社，2014.

[5] 冯巧根. 高级管理会计[M]. 南京：南京大学出版社，2009.

[6] 赵贺春，于国旺，洪峰. 管理会计[M]. 北京：清华大学出版社，2017.

[7] 胡国柳，刘学兵，段华友，等. 管理会计[M]. 2 版. 北京：高等教育出版社，2016.

[8] 谢达理，汤炎非，饶英华，等. 管理会计[M]. 北京：高等教育出版社，2014.

[9] 唐·R. 汉森，玛丽安娜·M. 莫温. 管理会计[M]. 陈良华，杨敏，译. 8 版. 北京：北京大学出版社，2010.

[10] 刘运国. 管理会计学[M]. 2 版. 北京：中国人民大学出版社，2015.

[11] 中国注册会计师协会. 财务成本管理[M]. 北京：中国财政经济出版社，2016.

[12] 冯巧根. 管理会计[M]. 2 版. 北京：中国人民大学出版社，2013.

[13] 孟焰. 管理会计学[M]. 3 版. 北京：经济科学出版社，2015.

[14] 颉茂华. 管理会计学：理论·实务·案例[M]. 南京：南京大学出版社，2011.

[15] 余绪缨，汪一凡，毛付根，等. 管理会计[M]. 2 版. 北京：中国人民大学出版社，2004.

[16] 吴大军，牛彦秀. 管理会计[M]. 5 版. 大连：东北财经大学出版社，2018.

[17] 秦娟，张艳，张明. 管理会计教程[M]. 成都：西南财经大学出版社，2013.

[18] 黄金曦，徐丹. 管理会计工具本土化路径探讨[J]. 财会通讯，2017(7)：33-36.

[19] 胡玉明. 管理会计研究[M]. 北京：机械工业出版社，2008.

[20] 黎春，李子杨. 相对业绩评价对平衡计分卡有效性的影响：一项实验研究[J]. 财经科学，2017 (6)：94-103.